W0235884

DIESTEL

Aus dem Leben
eines Taugenichts?

Geschichten aus 174 Tagen,
in denen Amateure und Profis
deutsche Geschichte machten

**Aufgeschrieben
von Hannes Hofmann**

Das Neue Berlin

Dank

Herzlichen Dank allen, die sich an diesem Projekt so engagiert beteiligt haben. Darunter vor allem Simone Diestel, die sich durch Berge von Bild- und Archivmaterial wühlte und ihren Familienfrieden dabei arg strapazierte, weil sie sich und alle anderen damit in eine Welt zurückversetzte, die längst zu den Familien-Akten gelegt war.

Besonderer Dank gebührt postum auch Stefan Heym, dem verlässlichen Diestel-Freund, der einst in der Mecklenburger Sommerfrische auf dem Diestelschen Anwesen den ersten Anstoß zu dieser Buchidee und auch zu diesem Buchtitel gab.

Danke auch den vielen Volkskammerabgeordneten sowie den ehemaligen Offizieren und MdI-Mitarbeitern, deren Wege sich einst mit denen des letzten Innenministers der DDR kreuzten und die sich ohne jede Geheimniskrämerei entschlossen, in ihren Tagebüchern zu blättern und – ohne dabei illoyal zu sein – aus ihren Erinnerungen berichteten.

Herzlicher Dank gilt dem Grafiker und Buchkünstler Horst Hussel, der sich bereits Anfang der neunziger Jahre den Spaß gönnte und seinem Freund Peter-Michael Diestel acht kleine Karikaturen zum Geschenk machte, die er nun freundlicherweise auch zur Veröffentlichung für dieses Buch freigab.

Ebenso muss an dieser Stelle auch dem Mecklenburger Maler Paul Eisel gedankt sein, der im Jahre 2009 diesen Peter-Michael Diestel in einem Ölgemälde 120 x 85 cm verewigte – in einer Haltung, die den Betrachter unweigerlich an Charles-Maurice de Talleyrand-Périgord erinnert. Das war jener geschickte französische Minister und Diplomat, der einst beim Wiener Kongress für Frankreich so günstige Bedingungen aushandelte, dass die Verliererseite keine Gesichts- und vor allem keine Gebietsverluste zu erleiden hatte.

Und natürlich muss auch der langjährige Freund und Skatpartner von Peter-Michael Diestel, Wolfgang Kohlhaase, an dieser Stelle genannt sein, der den cleveren Ratschlag gab, vom anfangs geplanten Buchtitel »Minister kann ich auch …« abzusehen, weil man sich so überheblich nicht öffentlich präsentiert. Recht hatte er. Von meiner Familie ganz zu schweigen …

Hannes Hofmann, Mai 2010

Inhalt

Diestel-Hymnos
Vereinigter Chor mit zehn Stimmen

»Ich betrachte es für mich als Ehre, zu den Freunden von Peter-Michael Diestel zu gehören.«

Juni 2010, Prof. Dr. h. c. Lothar de Maizière, Rechtsanwalt,
Ministerpräsident der DDR in der Zeit der Wiedervereinigung

»Den Innenminister kannte ich nicht einmal dem Namen nach, als ich dem ersten und letzten demokratisch gewählten Ministerpräsidenten der DDR zu seiner Regierungserklärung schrieb, ich könne jedes Wort unterschreiben, was nicht einmal für die Regierungserklärungen der Bundeskanzler galt, mit denen ich gearbeitet hatte. Während ich in Strausberg mithelfen sollte, die NVA aus dem Verband des Warschauer Paktes zu lösen, ohne dass die Sowjetunion es übelnahm, habe ich meinen Freunden in Bonn den Eindruck vermittelt, auf Diestel, dem ich noch immer nicht persönlich begegnet war, müsse man aufpassen. Er sei ein potenziell gefährlicher Mann, weil er erfolgreich dabei sei, die Riesenapparate der inneren Sicherheit mit ihren bewaffneten und informellen Mitarbeitern zu integrieren, also politisch für die CDU in Ostdeutschland zu gewinnen. Das war durchaus vergleichbar dem Bestreben von Willy Brandt. Der wollte, dass jedes Mitglied der SED, das nicht kriminell geworden war und unser Programm bejahte, ›erhobenen Hauptes‹ Mitglied der SPD werden konnte. Die Vorstellung nationaler Versöhnung – die Bezeichnung der inneren Einheit war noch gar nicht erfunden – wurde weder von der SPD noch der CDU verwirklicht, sondern PDS und die Linke wurden Faktoren, ohne die diese Aufgabe, die noch immer steht, nicht zu lösen ist.«

Juni 2010, Prof. Dr. h.c. Egon Bahr

»Der Karikaturist Willy Moese kannte den neuen Innenminister, und ich wollte ihn kennenlernen. Ich dachte über einen Film nach, der von den Terroristen handelte, die verborgen in der DDR gelebt hatten und die nun, durch bundesdeutsche Behörden gesucht, von der späten Volkspolizei verhaftet worden waren. Es stand in allen Zeitungen. Peter-Michael Diestel hatte nach dem Frühstück und vor der Fahrt ins Büro formlos eine halbe Stunde übrig. Er sagte mir, was er wusste, und ich leistete mir den Gedanken, dass er mir vielleicht nur sagte, was ich wissen sollte. Er musste ja wohl kraft seines Amtes auch an die kinoträchtige Welt der Geheimdienste geraten sein. Einer von denen löste sich gerade auf, so überstürzt wie zögerlich. Der Topf, in dem vieles kochte, brauchte einen Verwalter des Deckels, dachte ich.

Es war die Zeit, in der mit dem Umsturz der Verhältnisse die Gesichter getauscht wurden. Ein Pfarrer wurde Außenminister, ein anderer befehligte das Militär. Diestel war ein unverbrauchter Mann von beträchtlich athletischer Erscheinung, das sah ich, und mehr war nicht zu sehen. Erst als wir uns viel später trafen, wieder mit Hilfe unseres gemeinsamen Freundes Willy, hörte ich von seiner ostdeutschen Vergangenheit: Abitur und Rinderzucht, Schwimmlehrer und Bademeister, und schließlich Dr. jur. mittels einer Dissertation zu den Rechtsfragen landwirtschaftlicher Genossenschaften. Das war eher bunt als geradlinig.

Inzwischen sind die neuen Gesichter gealtert. Nicht alle Pfarrer sind wieder Pfarrer geworden, aber fast alle Rechtsanwälte sind wieder Rechtsanwälte, denn das Eigentum braucht eine Menge davon. Der kurzfristige Innenminister ist ein erfolgreicher und lebensfroher Teilnehmer der Geschäftslagen. Pferde verschönern seine Koppel. Hirsch, Reh und Schwein fallen unter seinem Schuss. Er ist gastfreundlich und bringt in schöner Landschaft auf dem halben Weg von Berlin nach Hamburg gern Leute verschiedener Herkunft zusammen, die sich sonst kaum treffen würden, zum Essen, zum politischen Gespräch und zum Erzählen von Geschichten. Die meisten Geschichten haben Vorgeschichten.

Man kann den Eindruck haben, dass Diestel gern von sich reden macht. Vielleicht aber geht es ihm im Hinblick auf die Geschichte in Deutschland um etwas Stilleres, das sich nicht von selbst versteht, um mittlere Gerechtigkeit.

Wir spielen manchmal Skat. Er verliert nicht gern, doch er hält es aus. Außerdem: Er ist ein hilfsbereiter Mensch.«

Juni 2010, Wolfgang Kohlhaase, Drehbuchautor, Regisseur und Schriftsteller

»Peter-Michael Diestel ist nicht nur ein ewiger Optimist, sondern strahlt eine ungeheure Menge an Lebenslust aus. Das hat was Ansteckendes, und schon deshalb besuchen ihn gern viele Leute. Außerdem lebt er gerne gut.

Peter-Michael Diestel ist darüber hinaus ehrlich und steht zu seinen Auffassungen, so dass er zur Politik von vornherein nicht wirklich passte. Es ist ihm auch egal, ob er sich mit seiner Partei, mit mir oder einem anderen anlegt. Er wird niemals seine Überzeugung aus opportunistischen Gründen aufgeben. Das alles würde ihn aber nicht so hervorheben, wie er es verdient, hervorgehoben zu werden. Das Besondere besteht bei ihm darin, dass er sich regelmäßig für jene einsetzt, denen es am schwersten fällt, ihr Leben in der Gesellschaft anerkannt und organisiert zu bekommen. Er weiß, dass er sich für diejenigen, die mächtig sind, nicht zu engagieren braucht. Insofern ist es kein Zufall, dass er einerseits zu DDR-Zeiten keine Kontakte zur Staatssicherheit hatte, denn sie war mächtig, und sich andererseits heute für ehemalige hauptamtliche und inoffizielle Mitarbeiterinnen und Mitarbeiter der Staatssicherheit der DDR einsetzt, weil sie nun ohnmächtig sind.

Nimmt man all das zusammen, kommt einfach heraus, dass man Respekt für Peter-Michael Diestel entwickelt, ihn mag und gar nicht lange überlegen muss, weshalb eigentlich.«

3. Juni 2010, Dr. Gregor Gysi, Mitglied des Deutschen Bundestages, Vorsitzender der Bundestagsfraktion DIE LINKE

»Peter-Michael Diestel ist eine wichtige und interessante Persönlichkeit im Übergang von der DDR zur Deutschen Einheit. Er stand mutig vorn an bei den Massenprotesten im Leipziger Herbst 1989. Aber Demonstrationen gegen die Diktatur reichten ihm nicht. Diestel wollte konkret und schnell Gerechtigkeit, Freiheit und Rechtssicherheit durchsetzen. Er sammelte Gleichgesinnte, knüpfte Verbindungen und verstand, dass es nötig war, Meinungen in Parteien zu organisieren.

Peter-Michael Diestel wollte die Deutsche Einheit zügig und auf Augenhöhe erreichen. Diestel reichte es nicht, dass von der DDR nur das Ampelmännchen und der Grüne Pfeil übrig bleiben sollten. Er wusste um die Vorzüge der Kinderbetreuung, die Achtung der Rolle der Frauen, die Stärken des Gesundheits- und Sozialwesens und die hohe Bedeutung von Arbeitsplätzen. Die Leistungen der Menschen unter den schwierigen Bedingungen der DDR sollten anerkannt werden. Alle Gutwilligen sollten eine Chance im wiedervereinten Deutschland erhalten. Nicht Rachefeldzüge gegen frühere Funktionäre, sondern Integration sollte das Ziel sein. In den letzten DDR-Monaten hat Diestel hohe politische Verantwortung wahrgenommen und einen großen Anteil daran, dass die Modalitäten der Deutschen Einheit erträglich gestaltet wurden.

In Brandenburg hat Peter-Michael Diestel als CDU-Vorsitzender Sacharbeit vor Parteienstreit gestellt und eine Konsensdemokratie praktiziert, die maßgeblich eine breite, konstruktive politische Arbeit in den ersten Aufbaujahren ermöglichte. Als sich der westliche Politikstil der Konfrontation durchsetzte, zog er sich aus der aktiven Politik zurück.

Der Kampf um Gerechtigkeit bleibt auch dem Anwalt Diestel wichtig, und heute wie damals kann er seine Anliegen sehr öffentlichkeitswirksam darstellen. Peter-Michael Diestel ist noch für viele Überraschungen gut. Es lohnt, auf ihn zu achten.«

Juni 2010, Manfred Stolpe,
ehemaliger Ministerpräsident des Landes Brandenburg

»Ich habe Peter-Michael Diestel 1990 bei einer Talkshow kennengelernt. Ein total sympathischer Typ, der nicht nur klug ist und kulturell hochgebildet, sondern der auch mächtig zupacken kann.

Für einen, der nur privat im Muckistudio trainiert, hat Diestel beachtliche Kraft. Er hat es mir im Armdrücken wirklich nie leichtgemacht. Seither verbindet uns eine gute Freundschaft. Vor allem auch deshalb, weil ich Menschen mag, die nicht abgehoben durchs Leben gehen und ihre Haltungen und Überzeugungen nicht hinter Beliebigkeit und Phrasen verstecken. Der Diestel ist einer, der sagt deutlich, was er denkt, und wenn andere dann über ihn herfallen, dann fällt er nicht um, sondern bleibt sich und seinen Freunden treu.

Für manchen in Not ist Diestel ein Fels in der Brandung.«

Mai 2010, Udo Beyer, Olympiasieger im Kugelstoßen und jahre-
lang Kapitän der DDR-Leichtathletik-Nationalmannschaft

»Peter-Michael Diestel: Einer, der gekonnt gegen den Strich bürsten kann, ideenvoll und faktenreich. Was er als richtig erkannt hat, vertritt er nachdrücklich – auch gegen eine Übermacht.

Solche Typen mag ich, besonders wenn sie – wie er – Kunst lieben, joggen, reiten, Gewicht heben, Politik und Wirtschaft durchschauen, die Leistungen der Vordenker in der Vergangenheit achten und ihre Erdentage nicht als Asket durchwandern.

Mich lässt der Gedanke nicht los: Es ist ein Glück für uns

Linke, dass seine Partei ihm oft nicht zuhört und ihn deshalb nicht versteht.«

Juni 2010, Dr. Roland Wötzel, Rechtsanwalt in Leipzig, einst Mitinitiator des Leipziger Aufrufs zur Friedlichen Revolution 1989

»Keine Frage – Peter-Michael Diestel ist eine schillernde Persönlichkeit, ›umtriebig‹ wohl eine zutreffende Charakterisierung. Was er anpackt – ob als letzter Innenminister der DDR, als Volkskammerabgeordneter, als Oppositionsführer im Brandenburger Landtag bis 1994 oder als Präsident mehrerer Sportvereine –, macht er kraftvoll. Halben Einsatz gibt's bei ihm nicht.

Diestel ist Kraftsportler, auch in seinem Beruf als Anwalt. Voller Selbstbewusstsein, auch im Hinblick auf die eigene Lebensleistung, macht er Mut. Und das Ganze ist bei ihm verbunden mit einer großen Portion Lebensfreude. Ich verrate sicher nicht zu viel: Peter-Michael Diestel versteht viel von schönen Frauen und ebensolchen Grundstücken, schätzt gutes Essen und guten Wein. Das ist kein Widerspruch; es ist die PMD-Synthese.«

Juni 2010, Matthias Platzeck, Ministerpräsident des Landes Brandenburg

»Welch eine Zeit: fünf Monate und drei Tage zwischen Ost und West, zwischen Traum und Wirklichkeit, auf Wegen und Irrwegen, eine emotionale Achterbahn sondergleichen, bisweilen auch eine Fahrt mit der Geisterbahn. Und mittendrin dieser athletisch-wache, meist fröhliche und mit seiner Karriere als Melker kokettierende Innenminister, der mit seiner frischen, unkonventionellen Art und dem Charme eines ›wilden Kindes‹ (*Die Zeit*, 3. April 1992) beeindrucken konnte und den man im nächsten Augenblick sonst wohin wünschen mochte, der auch ausgebuffte Journalisten mit seiner Schlagfertigkeit verblüffte, der (erfolgreich) nach ›Pilzen‹ und (weniger erfolgreich) nach dem Bernsteinzimmer suchte, der sich viel lieber von der Anmut eines vorüberschwebenden weiblichen Wesens beeindrucken ließ als von den gutmeinenden Argumenten eines bayerischen Beraters, der mich oft genug zur Verzweiflung und mitunter auch zum Zweifeln brachte, der aber konsequent seinen eigenen Weg in die deutsche Einheit ging: Peter-Michael Diestel eben.«

Karl Inhofer, Regierungspräsident von Mittelfranken a. D. Vom 1. Mai bis zum 3. Oktober 1990 Berater im Ministerium des Innern der DDR

»Ich habe Peter-Michael Diestel in den Wirren der Wendezeit kennengelernt. Ich schätze ihn als einen Mann, der ohne politische Verhärtung dafür gesorgt hat, dass es in einem hochsensiblen Spannungsfeld wie dem der deutsch-deutschen Geheimdienste zu Entspannung kam.

Peter-Michael Diestel hat mir in seiner Funktion als letzter Innenminister nie feindlich und boshaft gegenübergestanden, er hat sich als verlässlicher Mann gezeigt, der, soweit es in seiner Macht stand, mit dafür gesorgt hat, dass Menschen integriert und nicht ausgegrenzt werden. Das rechne ich ihm hoch an, und deshalb zähle ich ihn zu meinen Freunden.«

Juni 2010, Dr. Alexander Schalck-Golodkowski

Horrido

Ein Spätromantiker mit Waffenschein

Gegendarstellung. In *Der Spiegel* 46/2009 wurde in
einem Beitrag mit der Überschrift »Die Schläferin«
u.a. wie folgt über mich berichtet: »Peter-Michael
Diestel von der DSU trug bei ihrem ersten Treffen
die Dienstwaffe von Erich Mielke […], sagt Rühe.«
Hierzu stelle ich fest: Ich habe zu keinem Zeitpunkt
die Dienstwaffe von Erich Mielke getragen.

Weiter heißt es in dem Artikel: »und Diestel, der
ohne Vorwarnung durch die Gegend brüllte, was er
gerade im Polizeifunk gehört hatte.« Hierzu stelle
ich fest: Ich habe zu keinem Zeitpunkt den Polizeifunk gehört.

Ansbach, den 10.11.2009
Dr. Peter-Michael Diestel[1]

Wir sitzen im Garten seines riesigen Mecklenburger Anwe-
sens, plaudern über die Welt, über Gott und sind plötzlich auch bei Joseph von Eichendorff. Dieser Peter-Michael
Diestel, einst Innenminister und Vizeministerpräsident im
ersten und letzten frei gewählten Parlament der Deutschen Demokratischen Republik, ist immer wieder für
eine Überraschung gut.

»Ich mag es, wenn am frühen Morgen die Herbstnebel
vom Plauer See her über das Feld ziehen und einem die
Gedanken so richtig schwer machen.«

Diestel – Lederhose, Hirschfänger und Strickjacke mit
Hornknöpfen – fühlt sich erwischt. Er nestelt zerstreut am
silberbeschlagenen Kolben seiner Suhler Jagdflinte, erklärt
sich: »Manchmal denke ich, dieses Gewehr ist nur ein Alibi.
Es ist mein Ticket für den absolut ungestörten Aufenthalt
in der Natur.« Glaubhaft. Denn dass Diestel manchmal mit
einem Buch in der Hand auf seinem Hochstand einschläft,

anstatt einem wilden Schwein kräftig eins auf den Pelz zu brennen, macht ihn noch sympathischer. Nach spätestens einer Woche weiß der Gast: Die Diestelsche Büchse knallt seltener als befürchtet. Nicht jede Kreatur muss bei ihm sterben.

Diestel: »Im Grunde meiner Seele bin ich Romantiker. Eichendorffs Novelle *Aus dem Leben eines Taugenichts* hat mich schon in der Oberschulzeit begeistert – dieser Junge, der mit seiner Geige so sorglos durch die Welt streift, um zu seiner Berufung zu finden – ist das nicht ein wunderbares friedliches Bild …?«

Wir hätten auch über Grimmelshausen und seinen *Simplicius Simplicissimus* reden können – diesen im Dreißigjährigen Krieg von den Soldaten verschleppten Jungen, der mehrmals die Seiten wechselt, im Alter schließlich weise wird und der Welt entsagt. Diestel hat mich vor unserem Gespräch in seine Bibliothek gelockt. Er besitzt eine gut sortierte Sammlung deutscher Bildungsbürgerliteratur. Viele Erstausgaben sind darunter. Alle noch immer im Einband prächtig gut erhalten oder aufwendig und stilsicher restauriert.

Eichendorff also – warum eigentlich nicht. Diestel fühlt sich also zu den Spätromantikern hingezogen. So sei es denn.

***

Jeder hat so Tage in seinem Leben, die graben sich für immer ein. Für Peter-Michael Diestel ist es dieser Gründonnerstag vor Ostern 1990: »Ich wurde in der Volkskammer der DDR von der Parlamentspräsidentin Sabine Bergmann-Pohl, im Hauptberuf war sie übrigens Lungenärztin, zum Innenminister und stellvertretenden Ministerpräsidenten der Deutschen Demokratischen Republik berufen. Ich erinnere mich noch sehr genau daran, dass neben mir so einer mit einem rabenschwarzen Vollbart stand. Das war also der berühmte Landpfarrer Markus Meckel von der SPD. Der wurde damals unser Außenminister. Irgendwo in der Reihe stand auch der Pfarrer Rainer Eppelmann von der Berliner Samaritergemeinde. Dem einstigen Waffenverweigerer hatten sie das Militärressort angetragen. Und meinem damaligen Parteichef, dem Leipziger Pfarrer und DSU-Parteigründer Hans-Wilhelm Ebeling, wurde der Titel Entwicklungshilfeminister zugeordnet. Nein, den Günther Krause, der später dann als Staatssekretär den Einigungsvertrag mit Wolfgang Schäuble und den anderen aushandeln sollte, und auch die Angela Merkel, die gab es damals in unserer Ministerrunde noch nicht – die wurden erst später, als Deutschland wieder eins war, in den Ministerstand geadelt. Kurz bevor ich den damals von vielen atheistischen DDRlern diskutierten religiösen Eid[2] ablegte, kam mir verrückterweise die Geschichte des Hochstaplers Felix Krull in den Sinn: Menschenskind, was machst du eigentlich hier in dieser Runde? Jetzt könntest du noch leicht abhauen. Du trittst einfach aus der Reihe und … gehst: Pardon, liebe Freunde, ich bin ein Irrtum.«

Doch Diestel blieb.

Und … war Minister.

Am späten Abend fuhr die neue Regierung, die dann auch die letzte der DDR sein sollte, in ihrem – nach dem Geschmack ihrer SED- und Blockflöten-Vorgänger plüschig ausgepolsterten – Bus von der Volkskammer am Berliner Marx-Engels-Platz hinüber zum Molkenmarkt in den DDR-Ministerrat zur ersten Kabinettsitzung.

»Dort saßen wir nun in einem riesigen schlauchartigen Raum, mächtige Kristallleuchter an der Decke, auf den abgesessenen dunklen Veloursstühlen, auf denen einst schon Stoph, Mielke und Co. ihre Hintern für den Sozialismus breitgedrückt hatten.«

Genau über Diestel hing bedrohlich ein riesiges abgenutztes Hammer-Zirkel-Ährenkranz-Emblem. »Lieber Gott, mach, dass es nicht herunterkracht, dachte ich. Ich sah rechts neben mich zu unserem Staatsoberhaupt hinüber und schickte gleich ein zweites Stoßgebet gen Himmel: Und lieber Gott, wenn du schon einmal dabei bist, mach auch, dass Lothar de Maizière hier bei jeder Sitzung anwesend ist, damit ich nicht den Vorsitz übernehmen muss. Doch dann schaute ich mir meine eben berufenen Ministerkollegen genauer an, ich hörte sie reden und dachte mir: Na gut, Peter-Michael, Minister, das kannst du auch.«

Klang der letzte Satz nicht doch ein wenig zu abgehoben? Für Peter-Michael Diestel scheint er das nicht. Zufrieden lehnt er sich in seinem Teakholz-Gartenstuhl zurück und schaut versonnen hinauf in den blauen Mecklenburger Himmel. Kritisch lauscht er auf den Nachklang seiner Erinnerungen: »Ja, was soll man dazu sagen? So war das nun einmal.« Mit dieser harmlosen Art der Formulierung kann er gut leben. Diestel reckt sich. Er ist zufrieden.

Hinter uns plätschert Wasser aus einer Elektro-Pumpe in den Gartenteich. »In meinem privaten Biotop werden die Karpfen so dick wie in manchen Länderparlamenten die Minister – fast so dick«, erklärt er, freut sich über diesen Doppelsinn und zeigt voller Besitzerstolz auf seine Idylle: »Das ist meine Familienfestung. Hier finden wir Ruhe vor den Fährnissen des Alltags. Hier, inmitten meiner Bücher und Bilder, herrscht Frieden. Gäste sind willkommen, wenn sie die Toleranz, die in diesem Hause gelebt wird, akzeptieren. Und da: Sehen Sie die? Das ist meine Lieblingsringelnatter. Die frisst Fische, die sind zweimal, ach, was sage ich, dreimal dicker als sie selbst …« Wir schweigen und beobachten dieses Naturspiel. Ja, Diestel kann auch schweigen.

Diestel ist älter und kräftiger geworden, und eigenes Körpermaß verkleinert bekanntlich auch die Perspektive. Militärisch gefärbte Sätze wie jener: »Ich habe gemeinsam mit Günther Krause im Schützengraben im Kampf um die deutsche Einheit gelegen«, kommen ihm heute mit einem lausbubenhaften Lächeln, das ein wenig Abstand signalisieren will, über die Lippen. Peter-Michael Diestel hat über die Zeiten die Haltung gefunden, die es braucht, um im großen dramatischen Moment auch das Heitere zu sehen.

Während Diestel in seinem Jägeroutfit alle Besitztümer präsentiert, beobachtet er sein Gegenüber ganz genau. Später wird er bauernklug erklären, dass er während derartiger Präsentationen Neidhammel und Kleingeister, Naturliebhaber und fröhlich-barocke Genussmenschen ausmacht. Diestel kennt viele Tricks, mit denen er schlau die Spreu vom Weizen, die Schleimscheißer von den bolzengeraden Rücken scheidet. Wer diese erste Prüfung bei ihm bestanden hat, dem verrät er später mit dem schelmischen Grinsen eines großen Jungen: »Ja, stimmt schon. Wenn man es genau nimmt, bin ich der klassische Wendegewinnler.« Doch weil dieses »…innler« allemal negativ besetzt ist, legt er sofort nach: »Gewinner – so wie viele andere ehemalige Ostler auch, wenn sie ohne Larmoyanz ihre ehrliche Bilanz ziehen.«

Diestel zeigt auf seinen Bauernhof: »Nehmen wir doch nur dieses schöne Stück Land hier. Das hätte ich mir zur DDR-Zeit bestenfalls erträumen, mit den richtigen Beziehung zur Macht vielleicht auch pachten, aber doch nie und nimmer auch kaufen können …«

***

Jubiläen machen nachdenklich, ironisch, kritisch, realistisch und manchmal auch ein wenig sentimental. Eine Rückschau lohnt sich allemal. Der 20. Jahrestag der Bildung des ersten frei gewählten Parlaments der DDR, das sechs Monate später den Beitritt des Ost-Landes zur Bundesrepublik Deutschland und damit zugleich seine eigene Auflösung beschließen sollte, fordert geradezu zu Reminiszenzen heraus. Was Wunder, gibt es doch gewiss keine Zeit, die sich einschneidender in die Biografie eines jeden Ostdeutschen eingegraben und sein künftiges Leben fortan bestimmt hat, als jene 174 letzten DDR-Tage im Jahre 1990, in denen Deutschland Ost und Deutschland West nach vierzig Jahren Trennung erst finanzpolitisch und wenig später dann völkerrechtlich wieder zusammenkamen.

So viele Protagonisten es gibt, so viele Erinnerungen gibt es an dieses stimmungsgeladene und unruhige Jubeljahr, in denen sich für die meisten Ostdeutschen das Unterste zuoberst und das Oberste zuunterst kehrt. Und je nach der persönlichen Befindlichkeit des Zeitzeugen kommt der Rückblick mal glückselig oder weinerlich daher, mal sachlich oder euphorisch, mal fällt die Erinnerung weitschweifig-dröge aus, oder sie ist wirklich spannend und spektakulär.

Welche dieser Möglichkeiten auf Peter-Michael Diestel, den bis heute mit den meisten Legenden und Kolportagen behafteten Minister der DDR, zutrifft, ist eine Frage des Blickwinkels. In den folgenden Geschichten erklärt Diestel sich auf dem Hintergrund der einstigen Geschehnisse und mit dem Abstand von zwanzig Jahren. Doch weil bekanntermaßen jeder Mensch, noch dazu, wenn er in eigener Sache spricht, Partei ist, kommen in diesem Buch auch andere Parteien mit ihrer Sicht auf diesen Peter-Michael Diestel zu Wort. Darunter finden sich naturgemäß nicht immer nur wohlwollende Freunde, sondern auch, gewissermaßen als das Salz in der Suppe, bekennende Diestel-Kritiker. Doch damit kann und will er leben, verspricht er vorab, ehe er sich auf dieses Buch-Unterfangen einlässt, das keine Biografie sein will, sondern eine Projektion – Diestels Sicht auf jene wenigen Monate, in denen Amateure und Profis, so friedlich es ging, deutsche Geschichte schrieben.

***

Dann also los: 45 900 Einträge (Stand 11. Juni 2010) bietet allein die Internet-Suchmaschine Google beim ersten Aufruf des Namens Peter-Michael Diestel an – Lebensläufe, Pressenotizen, Literaturzitate, Agenturmeldungen, Porträts von Journalistenkollegen und unzählige Interviews.

Die vor allem gab und gibt der letzte Innenminister der DDR reichlich – heute allerdings vor allem als Anwalt, der mit spektakulären Fällen immer wieder von sich reden macht. Dabei biedert sich der selbstbewusste und einzig frei und demokratisch gewählte »Innenminister und stellvertretende Ministerpräsident in der Zeit der deutschen Wiedervereinigung« – das hat er sich übrigens unlängst stolz sogar auf einige seiner Briefkopfbögen drucken lassen – bei Journalisten nicht an.

Anbiederei ist Diestels Sache nicht. Denn in der Journalistenmeute weiß man Nonkonformisten sehr wohl zu schätzen. Kurzum, immer wenn zu irgendeinem politischen Sachverhalt eine mahnende, ironische oder nachdenklich-kritische Stimme wider den Strich und gegen die Beliebigkeit von Partei-Phrasen gebraucht wird, dann empfiehlt sich Diestel als eine der ersten Adressen.

Und während Berufspolitiker ihre persönlichen Positionen allzu häufig hinter Parteizwängen verstecken, bei kritischen Nachfragen zumeist mit Beliebigkeiten schwadronieren und berechenbare Sprechblasen aufsteigen lassen, schert sich dieser 95-Kilo-Mann mit der immer noch sehenswerten Statur eines – wenn auch in die Jahre gekommenen – Preis-Boxers keinen Deut um die Meinung von Parteioberen und deren Medienverbündeten. Das heißt, immer dann, wenn ihm eine Sache wirklich wichtig ist.

Zur Illustration greift Diestel dann auch schon in einen Stapel mit Papieren und zieht stolz sein jüngstes Interview für eine Zeitschrift heraus. Darin wird er unter der Überschrift »Ungerecht, unmoralisch und verfassungswidrig« in einem Sonderheft zum 20. Jahrestag der ersten frei gewählten Regierung befragt. Der Interviewer konfrontiert ihn mit einer Äußerung anlässlich einer Podiumsdiskussion in der Schorfheide, in der er laut und ohne Zögern vor aller Öffentlichkeit erklärt hatte: »Als Rechtsanwalt vertrete ich Mandatsträger, die in der DDR für die Staatssicherheit gearbeitet haben, und sage, dass nur Gerichte entscheiden können, ob sie sich strafbar gemacht haben. Wenn dem nicht so ist, gibt es keinen Grund, ihnen das Mandat zu entziehen. Wir wählen ja auch den Fremdgeher oder Hochstapler als Landrat.«

Das will Diestels Gesprächspartner nun doch schon ein wenig präziser haben und fragt nach. Diestel zögert mit seiner Antwort keine Sekunde: »Die bloße Tätigkeit für das MfS kann verfassungsrechtlich gar kein Argument sein, eine Person aus demokratischen Rechten, wie dem aktiven und passiven Wahlrecht, zu verdrängen. Wenn Menschen ohne jegliches juristisches Votum ausgegrenzt werden, nur weil sie Kontakte zu einer bestimmten Institution hatten, und wenn dies bar jeder Prüfung geschieht, ob sie in einem straf- oder ordnungsrechtlichen Sinne vorwerfbare Handlungen begangen haben, dann zeigt sich darin ein inhumanes Denken. Solche Auswüchse werden von unserer Rechtsordnung nicht gedeckt – jener Rechtsordnung, die sich die Ostdeutschen 1989 mutig erkämpft haben. Die Bürger der DDR hatten die Chuzpe, sich gegen eine schwerbewaffnete Diktatur zu erheben und die Mauer einzutreten, und sie wollten in der Mehrzahl nicht, dass Menschen weiter ausgegrenzt und verfolgt werden. Die Wähler sollen entscheiden, ob es im Einzelfall nicht auch sinnvoll sein konnte, in einer Diktatur Kontakte zur Staatsmacht zu haben.« Und zur Erklärung legt er sogar noch nach: »Selbst der eigene Überlebenswille wäre ein hochmoralischer Grund, sich mit der Stasi zu arrangieren. Wer soll bewerten, was unter Gefängnisbedingungen angemessen erscheint und was nicht – sicher keine dahergelaufenen Moralapostel aus dem Westen. Die Menschenhatz in den Medien und der politischen Öffentlichkeit findet zwanzig Jahre danach noch immer ohne jede juristische Rechtfertigung statt. Ich kenne viele Fälle, bei denen Menschen durch Stasi-Vorwürfe in den Selbstmord getrieben wurden. So etwas wird den freiheitlich-demokratischen Grundlagen unserer Republik nicht gerecht, ist ungerecht, unmoralisch und verfassungswidrig. Ich persönlich habe mich in der Diktatur nie mit dem MfS arrangieren müssen, kann an meinen größtenteils geerbten Lebensumständen und Einstellungen aber nicht alle anderen messen. So viel gesunde und kritische Distanz zum eigenen Selbst würde ich auch vielen sogenannten Bürgerrechtlern wünschen, die letztlich nur die Ausgrenzung von Menschen und damit die Verletzung von Bürgerrechten im Auge haben.«

Rumms! Aber wer Diestel kennt, weiß: Im Grunde sagt er über all die Jahre hinweg immer dasselbe.

Dass so eine Position einem nicht überall Freunde macht, versteht sich von selbst. Denn während landauf, landab anlässlich des zwanzigjährigen Jubiläums der letzten DDR-Regierung kleine und große patriotische Keulen geschwungen, Fähnchen und schwarz-rot-goldene Weihrauchbehälter geschwenkt werden, streut Diestel ungebrochen Salz auf offene Wunden.

Allein gegen den Mainstream – diese Haltung scheint bei Peter-Michael Diestel die verinnerlichte Methode zu sein. Sein Credo: »Nur tote Fische schwimmen mit dem Strom.«

Dass sich eine derart kämpferische Haltung gleich auch noch als verdammt clevere Werbeidee für das eigene Anwaltsgeschäft bewährt, versteht sich von selbst. Schließlich verbieten die anwaltlichen Standesregeln die Werbung in eigener Sache – aber welcher beispielsweise mit Stasi-Vorwürfen belastete Ex-Mitarbeiter oder zu Unrecht von Kündigung bedrohte informelle Mielke-Mann geht nicht am liebsten zu einem Anwalt, von dem er aus der letzten Talkshow erfahren hat, dass auch Ex-Stasi-Leute nicht außerhalb des bürgerlichen Rechtsstaates stehen, und der dazu dann auch noch vollmundig erklärt, dass er bislang kaum einen Prozess in solchen Dingen verloren hat. Zum Ärger der Gegenseite, die sich dann häufig rachedurstig des Klischees vom »Stasi-Anwalt« bedient. Doch das geht bei diesem Diestel nicht auf. Wie kämen sonst der Radsport-Star Jan Ullrich aus der Schweiz oder der in den VW-Skandal verwickelte Ex-Gewerkschaftsboss Klaus Volkert aus Wolfsburg an Diestels Kanzleitisch, oder auch eine kleine Kommune nahe Berlin, die gegen den Bau einer Straße klagt, die künftig ihr Gemeinwesen wie eine Mauer spalten wird? Diestels Antwort ist simpel, ein wenig überheblich und oft gehört: »Jeder Mandant hat in einer Demokratie die beste Verteidigung verdient, die er bekommen kann. Das heißt noch lange nicht, dass ich mich mit Kriminellen solidarisiere.«

Das ist Diestel. Und er ist noch viel mehr. Schon während seiner Ministerzeit positionierte er sich gegen seine damalige Partei, die DSU, wenn es um den Rechtsschutz für Repräsentanten des abgewählten Systems ging. Ja, er traf sich als Christenmensch und ohne Arg sogar mit dem von einstigen SED-Mitgenossen ausgegrenzten Erich Honecker in seinem Russenexil bei Berlin. Spektakulär auch seine Angriffe auf die ostdeutsche CDU, der er, obgleich selbst frischgebackenes Parteimitglied, immer und überall den Vorwurf machte, als Blockflöte doch nur vom Notenblatt der DDR-Staatspartei abgelesen zu haben. Aber kaum wollte ihn daraufhin jemand von der SED-Nachfolgepartei PDS ideologisch für sich einverleiben, kam er denen mit seinem konservativ-christlichen Menschenbild, das mit linken PDS-Ideen so absolut nicht kompatibel ist.

Erstaunlicherweise nimmt ihm das keiner wirklich krumm. Diestel beweist, dass man auch als Einzelkämpfer recht gut und bislang ungebrochen durchs Leben gehen kann. »Man muss mit Diestel nicht immer einer Meinung sein«, sagte beispielsweise vor kurzem der letzte SED- und DDR-Chef Egon Krenz, der sich bis heute als Kommunist bezeichnet. Na klar: Ideell trennen die beiden Männer aus

Ostdeutschland Welten. Und doch reden sie miteinander. Haben es übrigens immer getan. Und zwar zum Erstaunen des unbedarften Lauschers an der Wand friedlich und ohne Schaum vor dem Mund. Möglicherweise ist ja auf beiden Seiten bei solchen Gesprächen bei Kaffee, Kuchen und Ehefrauen auch ein wenig Bekehrungshoffnung dabei. Möglicherweise diskutieren die beiden dann auch die jahrhundertealte Frage über Nähe und Abstand zwischen Kommunismus und Christentum. Eine Frage übrigens, die Diestels Freund Lothar Bisky und CDU-Urgestein Heiner Geißler zu ihrer Verwunderung in einem Gespräch im Berliner Hotel »Adlon« einmal näher zueinander brachte, als beide es vermuteten.[3]

Aber möglicherweise bestimmen solche Gespräche auch nur Neugier und Toleranz, diese wunderbaren und deshalb so ganz seltenen Eigenschaften von Alpha-Männern über fünfzig, die für sich beschlossen haben, weiterhin nach dem Unterschied zwischen einem Standpunkt und einem Stehpunkt zu suchen.

Mit Sicherheit jedoch ist Achtung im Spiel. Achtung vor einer Haltung, die einst unsere Vorväter »ehrenwert« nannten und die heute zur Phrase verkommt. Denn Tatsache ist: Beide, Krenz und Diestel, sind keine leichtgewichtigen Umfaller, die bunte Saison-Mäntelchen clever nach dem Wetterbericht heraushängen und die Diestel ironisch mit den Vokabeln »weltanschaulich flexibel«[4] bezeichnet.

Möglicherweise ist es ja das, was andere, vom verstorbenen Schriftsteller Stefan Heym bis hin zu Altkanzler Helmut Kohl so an ihm schätzen. Der Schreiber erinnert sich beispielsweise noch gut an eine Szene, als Diestel und Kohl im Berliner Konrad-Adenauer-Haus aufeinandertrafen. Zwei Schwergewichte unter sich. Der kraftstrotzende Diestel neben dem vom Tagesgeschäft arg gebeutelten und dennoch absolut in sich ruhenden Kohl. Kein Stück Papier passte da dazwischen. Das war übrigens zu jener Zeit der sogenannten Spendenaffäre, als der Altkanzler schwersten Angriffen auf die eigene Person ausgesetzt war und dennoch beharrlich bei seiner Haltung blieb, ein »Ehrenwort« sei nun einmal ein »Ehrenwort«. Damals war Diestel einer der wenigen, die laut und mit breiter Brust in aller Öffentlichkeit für diese Haltung Hochachtung aufbrachten – und das nachweislich nicht um irgendeiner Parteikarriere willen.

Derartiges Verhalten karikiert Erbsenzähler, verstört Neider, ärgert Eiferer, nährt Verschwörungstheorien von angehenden Enthüllungsjournalisten und schürt immer Gerüchte.

Wie jenes über Diestels Himmelfahrtsfeiern auf seinem Mecklenburger Anwesen. Doch es gibt sie wirklich: Da sieht man dann SPD-Urgestein Egon Bahr freundlich mit Linken-Vormann Gregor Gysi plaudern, dessen Links-Kollegen Lothar Bisky locker im Streitgespräch mit einem führenden Mitglied der CSU, den letzten SED-Chef Egon Krenz beim Bier mit dem allerletzten DDR-Staatschef Lothar de Maizière und russische Diplomaten im feucht-fröhlichen Talk mit hochrangigen bundesdeutschen Sicherheitsexperten vor einer Gips-Stalinbüste, die Diestel wie eine Trophäe vor einem gigantischen Stapel Kaminholz aufgestellt hat.

Sein Kommentar: »Der Stalin ist ein Geschenk eines guten Freundes, des ehemaligen UdSSR-Botschafters in der DDR, Wjatscheslaw Kotschemassow. Er dokumentiert bei mir den Sieg der Geschichte über einen Diktator, und ich betrachte ihn als eine persönliche Jagdtrophäe.« Wie erkannte schon Brecht: Menschen, die über ernste Dinge auch mal lachen können, wären ihm lieber als jene, die über fröhliche Dinge immer nur ernst reden würden. Bei Diestel in Mecklenburg darf am Himmelfahrtstag gelacht werden!

Dabei halten alle ein perfekt-kühles Bier in der Hand – die Brauerei liegt gleich um die Ecke – und ein von einem italienischen Restaurantchef am nahen Plauer See zubereitetes Eisbein liegt vor der Gabel.

Diestel ist ein Tausendsassa, wenn es darum geht, menschliche Zusammenkünfte menschlich zu organisieren und dabei zugleich für sich und seine Heimatregion Werbung zu machen.

***

Spätestens nach so einem Fest auf Diestels Bauernhof, wo Prominente unterschiedlichster politischer Couleur friedlich-freundlich beisammen sind, merkt selbst der kritischste Beobachter, wie schwer es ist, diesen Peter-Michael Diestel in eine Schublade zu stecken.

Der aufmerksame Rechercheur merkt nach reichlichem Durchstöbern der vorliegenden Dossiers, dass sich aus der Menge des Puzzle-Materials nie und nimmer ein Diestel-Gesamtbild fügt. Überall finden sich die gleichen, mit seinem Zutun listig in Umlauf gebrachten Klischees von einem sportlichen, redegewandten, polemischen, hantelnstemmenden, joggenden, schwimmenden, melkenden, geschäftstüchtigen, politisch engagierten Genussmenschen mit christlichem Hinterland, der allenthalben – auf rätselhafte Weise völlig ungestraft und unbeschadet – lustvoll gegen den Strom schwimmt. »Das scheint dann doch meine bevorzugte Fortbewegungsmethode zu sein«, kokettiert er gern und am liebsten natürlich in der Öffentlichkeit.

Doch so wird man nicht Minister. Oder vielleicht doch – in jenen bewegten Wendezeiten? Aber bleibt man es dann auch?

Die Frage stellt sich: Wie hält sich ein junger Mann Mitte dreißig ohne große politische Erfahrung an der Macht? Und wie behält er seine Position, die ihn zum Herren macht über 160 000 gut bewaffnete Volkspolizisten und mehr als 200 000 für das ganze DDR-Ungemach verantwortlich ge-machte und mehrheitlich verbitterte Stasi-Leute? Nicht mitgerechnet alle vor ihrer sogenannten Enttarnung und vor Existenzangst bibbernden Inoffiziellen Mitarbeiter.

Wie also hält ein solches Greenhorn, das plötzlich kraft seines Amtes zum Herren über Tausende hochbrisante Spitzel- und Geheimdienstinformationen geworden ist, das Land friedlich? Und wie hält dieser Peter-Michael Diestel seine Ministerkollegen im Zaum, wenn er ohne Vorwarnung den Chef vertreten muss in diesen explosiven Zeiten? Denn das muss er mehr, als ihm zu Beginn seiner Ministerzeit lieb war, in diesen wenigen Tagen bis zur Selbstauflösung des letzten DDR-Parlaments.

Anders gefragt: Wer also ist der Mann hinter diesem Sunnyboy-Image wirklich? Wie kam der bis dato relativ unbekannte Leipziger Justiziar, der zur DDR-Zeit Dutzende landwirtschaftliche Betriebe in Sachsen beriet, seine Nische in Antiquitäten, Bücherlesen und christlichem Fam-ilienalltag gefunden hatte und zudem wie nebenher noch lässig eine Doktorarbeit über das Genossenschaftswesen in der sozialistischen Landwirtschaft5 verfasste, plötzlich aus der »inneren Emigration« hinein ins Scheinwerferlicht der Politik? Was hatte dieser Peter-Michael Diestel, das andere nicht hatten?

Woher kam dieses Selbstbewusstsein, Politik-Profis wie dem einstigen CSU-Generalsekretär Huber oder dem damaligen Kanzler der Bundesrepublik Deutschland, Helmut Kohl, so locker und auf Augenhöhe die eigene breite Schwimmerbrust darzubieten?

Woher kam der Mut, hemdsärmelig auf dem Dach einer Haftanstalt mit streikenden Knackis in Kapitulationsverhandlungen zu treten? Woher kam die Frechheit, schon wenige Tage nach seinem Amtsantritt in Moskau beim Chef des mächtigsten Ostblock-Geheimdienstes an die Tür zu klopfen?

Bislang hat sich Peter-Michael Diestel solchen sehr persönlichen Fragen verweigert. Meist konterte er alle Angebote zum Veröffentlichen von Erinnerungen mit einem flapsigen: »Ich habe keine Zeit für so was, und im Übrigen macht einen eine Biografie mächtig alt.« Und wenn die

Gegenpartei nicht locker ließ, legte er noch einmal nach und machte es damit besonders spannend, wenn er einge-steht: »Ich weiß sehr viel, aber ich sage eigentlich wenig. Ich behalte eine Menge für mich und nehme es eines Tages mit in den schwarzen Container …«[6]

Doch die Zeit lässt manches trivial erscheinen, was vormals als Herrschaftswissen streng geheim gehandelt wurde. Manches ist in der gelassenen Rückschau dann doch nur noch komisch, was vor Zeiten tragisch war, man-ches ist sehr tragisch, was einst nur lächerlich und komisch schien. Möglicherweise waren es ja auch diese Einsichten, die Peter-Michael Diestel dazu brachten, mir ungezwun-gener aus seinem Leben in dieser kürzesten Regierungs-zeit der DDR-Geschichte zu berichten, Dokumente vor-zulegen und Geschichten zu erzählen, die er bislang für sich behielt und die einen Blick hinter die Kulissen einer Staatsmacht geben, die ein knappes halbes Jahr lang die Geschicke Ostdeutschlands lenken sollte.

Diestels Vertrauen ehrt und hat einen Grund: Wir sind gleichaltrig, sind im selben Land zur Schule gegangen und sind beide Facharbeiter mit Abitur. Wir lachen über die-selben Ost-West-Witze und ärgern uns über dumme Ost-algie genauso sehr wie über manche verklärende Wider-stands- und Wendehelden-Geschichte. Und wir kennen uns seit mehr als zwanzig Jahren. Mit allen Höhen und Tiefen, die so eine Bekanntschaft mit sich bringt. Beinahe hätte er mich beispielsweise wegen eines blöden Fehlers einmal ver-klagt, ein anderes Mal wollte ich ihm wütend ans Zeug, weil ich partout nicht verstand, warum er sich immer wieder so vehement für einstige SED- und Stasi-Größen einsetzt. Wie das so ist in unseren Jobs: Jeder macht seinen – er als Anwalt und Politiker, ich als Geschichtenerzähler.

***

Eine typische Diestel-Episode weiß ich übrigens von einem jungen bayerischen Kollegen – er möge das als Probe auf seinen Humor nehmen und mir die Kollegensauerei vergeben. Kurzum – dieser einstige Kollege fragt sich seit Jahren mit dem Dünkel des blau-weiß erzogenen Wessis aus einem fränkischen Dorf, wie dieser Diestel es zwischen Wende und Jetzt ohne fremde Hilfe und bei so wenig öffentlich demonstrierter Dankbarkeit überhaupt so weit bringen konnte. Eine geschmacklose Frage, die einen Zugereisten in Bayern in jedem Biergarten von vornherein fürs Viertele am Touristentisch disqualifiziert, die man aber mit entsprechendem Betroffenheitsgesicht und im Vollbesitz der historischen Deutungsmajorität jedem Ostler bis heute ungeniert stellen darf.

Also jener – damals sehr junge und unerfahrene – bayerische Kollege, von dem hier die Rede ist, saß einst mit dem bekannten ZDF-Journalisten Gerhard Löwenthal in einem Nobelrestaurant in Wiesbaden. Die beiden besprachen einen zeitgeschichtlichen Beitrag über Löwenthals Anteil bei der ideologisch-organisatorischen Beratung der Ostparteien vor der Wahl 1990. Dazu muss erklärt sein, dass Löwenthal von der CSU in Bayern persönlich gebeten worden war, sich zwischen Sassnitz und Sonneberg mit ganzer Popularität, Autorität und Erfahrung für die DSU-Partei und die »Allianz für Deutschland« ins Zeug zu legen.

Was lag bei diesem Thema näher, als sich auch mit der Reizfigur Peter-Michael Diestel, die einst in Leipzig aus dem Nichts heraus die DSU mitgründete, zu beschäftigen. Wie es der Zufall will, klingelte mitten in dieses Gespräch hinein das Telefon des besagten Kollegen. Am anderen Ende der Leitung ist eben jener Diestel, der seinerseits einen Gesprächstermin zum gleichen Thema bestätigen will. Der Kollege erklärte etwas weinselig-fröhlich, dass er sich eben genau dazu gerade im Gespräch mit Gerhard Löwenthal befände. Darauf Diestel lässig: »Dann rätseln

Sie zwei gewiss auch ein wenig über meine angebliche KGB-Vergangenheit?« Und weiter: »Haben Sie, verehrter junger Kollege, denn nun in Moskau schon meine Akte aufgetrieben?«

Mit solchen Dingen spaßt man besser nicht – wenn man, ja wenn man nicht Diestel heißt. Betretenes Schweigen in der Leitung. Plötzlich lachte Diestel laut los und beendet das Gespräch mit dem alten Jägergruß: »Als dann alter Scout: Gute Jagd und Horrido.«

Als ich Peter-Michael Diestel an diese Geschichte erinnere, fällt ihm – trotz der vielen Jahre, die seit diesem Zwischenfall vergangen sind – auch sofort der Name des damals noch ein wenig ungehobelten Kollegen ein. Nein, er nennt ihn nicht. Dazu ist dieser Diestel viel zu gewieft. Er klatscht sich auf die Schenkel und lacht, dass sich die Balken auf unserer Gartenbank biegen. Dann sagt er glucksend: »Ja, ja, so sind se ...«

Träger des Silber -
Distel - Ordens.

Cirsium heterophyllum

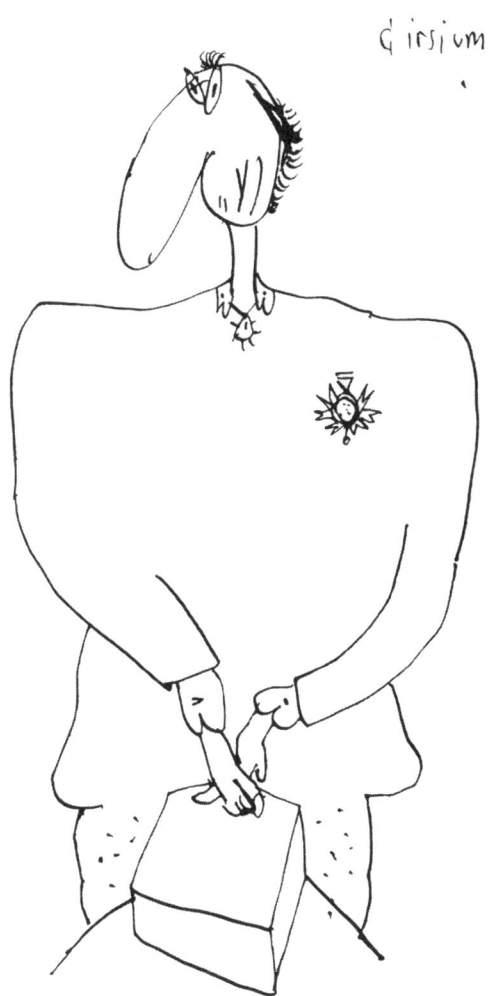

Reisekader
Im Parteiaufrag, Bewerbung bei Hofe

Obwohl in der Landesleitung ein eigenes Referat zur Bearbeitung der zahlreichen Anfragen aus der DDR zur Gründung einer Ost-CSU eingerichtet worden war, ist bis zum Jahreswechsel noch keine Strategie der Parteiführung zu erkennen gewesen. Zunächst wollte man lediglich vermeiden, dass es zu »wilden« CSU-Gründungen auf dem Gebiet der DDR kam. Waigel betonte noch Mitte Dezember, dass die Formen der politischen Zusammenarbeit mit politischen Organisationen in der DDR noch offen seien …

Andreas Kießling[7]

Diestel ist endlich allein. Keine feinpolitischen Einschätzungen über die revolutionäre Aufbruchstimmung in Ostdeutschland mehr. Nichts, worauf man ehrpusselig achten muss, um den guten ersten Eindruck wieder zu verwischen. Der Anfang scheint gemacht.

Wie hatte doch gleich während der Lehrzeit sein alter Melkmeister im Stall immer fatalistisch vor sich hin gebrabbelt, wenn einer gegen den vollen Milcheimer gerummst war: »Was der eine mit den Händen vorsichtig hinstellt, schmeißt der andere mit seinem dicken Hintern wieder ein.«

Peter-Michael Diestel stellt seine neue, braun-lederne Reisetasche aus dem Leipziger Exquisit-Laden auf den weichen Teppich seiner Suite im Bayerischen Hof und muss lächeln: Es gibt so Weisheiten, die haften fürs ganze Leben. Das hier war so eine.

Nein, er und Parteifreund Ebeling – warum nannte er eigentlich den Pastor der weltbekannten Leipziger Thomaskirche, sogar wenn er über ihn nachdachte, statt beim Vornamen meist nur »Parteifreund«? – hatten nichts ein-

umgeschmissen. Kein Eimer des gelernten Melkers Diestel und auch kein Hammer des gelernten Reichsbahnschlossers Hans-Wilhelm Ebeling waren durch den Beratungsraum in der bayerischen Staatskanzlei gescheppert. Na gut: Ein, zwei Unstimmigkeiten hatte es schon gegeben. Die Bayern wollten partout über kurz oder lang eine Vereinigung Deutschlands in den Grenzen von 1937. Sie hingegen hatten mehr an eine Konföderation zwischen beiden Ländern gedacht, basierend auf den realen Grenzen von 1989. Aber was soll's? Darüber würde halt noch weiter zu reden sein. Sie würden ohnehin noch viel miteinander zu bereden haben.

Festzuhalten war nach diesem Treffen jedenfalls, dass sie sich nicht wie die in diesen aufgeregten Zeiten vielmals karikierten Trabi-Ostdeutschen benommen hatten, die sich im Überschwang patriotischer Gefühle bei ihren westlichen Schwestern und Brüdern gleich am ersten Tag mit irgendeiner Ungeschicklichkeit in die Nesseln setzten. Nur das zählte. Alles andere würde sich schon finden.

Nein, sie waren aus dem Osten hierhergekommen, um den CSU-Leuten in München etwas wirklich Handfestes anzubieten: eine künftige Schwesterpartei. Ihre Partei – konservativ, bodenständig, heimatverbunden –, die sie, ob nun mit Westhilfe oder nicht, so schnell wie möglich zum Laufen bringen würden – im Grunde ja schon gebracht hatten. Jetzt ging es um geeignete Helfer. Sie brauchten Profis, Geld, Verbündete.

Was lag da näher, als sich an jene zu wenden, die das Erbe ihres großen Vorbilds Franz Josef Strauß angetreten hatten? Schließlich bot die CSU genau das, was auch Diestel, Ebeling und Freunde umtrieb und was bislang im ersten lauten Stimmengewirr der politischen Gruppen des Wendeherbstes 1989 untergegangen war: Es brauchte endlich eine Partei mit christlich-sozialer Wertordnung, die zugleich aber auch als politische Heimat für alle Bevölkerungsschichten offen und mit ihren konservativen Werten fest im Terrain verwurzelt war. Eine politische Kraft, die sich nicht in irgendwelche Stasi- und SED-Seilschaften verstrickt hatte.

Für Peter-Michael Diestel und seinen Parteifreund Hans-Wilhelm Ebeling war schon vor dieser ersten Begegnung Anfang Dezember in der Bayerischen Staatskanzlei klar: Der Verbündete konnte nur die CSU sein.

Erst Wochen später, als das Ost-West-Bündnis verbindlich besiegelt und Vertrauen auf beiden Seiten gewachsen ist, bekommen die beiden Ost-Emissäre bestätigt, was sie schon ahnten: Sie waren natürlich bei weitem nicht die erste »revolutionäre ostdeutsche Splittergruppe«, die in der Bayerischen Staatskanzlei vorstellig geworden war und um Hilfe bat. So manche tragikomische Geschichte über die Politikeleven aus dem Osten, in ihren der Mode der Zeit entsprechenden auberginefarbenen Vertreter-Anzügen, den bunten Schlipsen mit den preiswerten Blechnadeln dazu, wurde in Münchner CSU-Kantinen hinter vorgehaltener Hand kolportiert.

Da wundert es nicht, wenn die gewieften CSU-Kopfeten ihre neuen Politikschwestern und -brüder aus Mitteldeutschland – Revolution hin, Patriotismus her – erst einmal genau unter die Lupe nehmen. »Auf den Zahn fühlen«, wie Diestel es zwei Jahrzehnte später nennt, als er sich an diese seine erste Vorstellung bei Hofe erinnert.

Ihr Vorteil gegenüber all jenen, die vorher an die Münchner Staatskanzleitüren geklopft hatten: Der Thomaskirchen-Pastor Ebeling war im Alpenland kein Unbekannter. Er hatte in seiner Funktion als Pfarrer der weltberühmten Bachkirche schon viele westdeutsche Politiker bei sich in Leipzig zu Gast gehabt und wurde – trotz mancher Anfeindungen, weil er im Gegensatz zu anderen Pfarrerkollegen im Revolutionsherbst scharf zwischen kirchlichem und aktuell-politischem Auftrag trennte – als besonnener und wertkonservativer Mann eingeschätzt.

Ebeling gilt bei den Münchnern etwas. Der war so einer,

der lange überlegte, ehe er einen so bedeutenden Schritt aus der Kirche heraus in die laute Politik wagte. Ein Mann, der über sich selbst damals sagt: »Die Politik war niemals mein Ziel.« Der Pastor hatte Ende September 1989 lediglich zu einem Gesprächskreis ins Pfarrhaus geladen. Teilnehmer waren Vertraute, die er aus seiner Arbeit in der Thomaskirche kannte. Das Themenspektrum, das die Runde beschäftigt, war handfest und bodenständig: Was können wir als Kirche in dieser Aufbruchsituation für unsere Stadt Leipzig bewirken? Beim Aufbau? Bei der Umgestaltung? Bei der Suche nach neuen Wegen? Ebeling selbst schätzt die Anfangslage seines bürgerlich-intellektuellen Fähnleins der Aufrechten ganz ehrlich so ein: »Wir alle standen der neuen Situation ratlos gegenüber.«[8]

Und es gibt einen weiteren Namen, der im bodenständigen München für die Seriosität der beiden Leipziger bürgt und der möglicherweise – wenn auch unbewusst – ein wenig das Zünglein an der Waage ist: der Weltstar und Weltbürger Kurt Masur. Denn schließlich spielte sein Gewandhausorchester jeden Freitag und Samstag in der Thomaskirche. Ebeling bestätigt später in einem Gespräch: »Masur unterstützte den Kirchenkreis auch, als die Idee geboren wurde, eine neue Partei zu gründen.«[9]

Das alles geschieht etwa zu jener Zeit, als auch Peter-Michael Diestel zu den DSU-Begründern stößt. Diestel: »Ein Freund fragte mich, ob ich nicht einmal mitkommen wolle.« Das war übrigens schon im Sommer 1988. Und der Freund, von dem Diestel hier spricht, ist der Leipziger Kaufmann Rudolf Kaiser, einst Inhaber der in ganz Deutschland bekannten »brücol«-Werke. Der Grund für die Einladung war schlicht: Schließlich wäre Diestel Jurist, und so ein damals noch staatsfeindlicher Plan von einer Gruppen- und späteren Parteigründung hätte ja schließlich auch seine juristischen Tücken. Das fing bei der exakten Formulierung von Artikeln in Statuten an und ging bis hin zu unverfänglich-listigen Anschreiben an die Ämter. »Denn alles, was wir taten, sollte ja juristisch nicht angreifbar sein.« Voller Selbstironie fügt er hinzu: »Wir waren ja schließlich ganz ordentliche konservative deutsche Revolutionäre.« Frei nach Lenin: Wenn die Deutschen eine Revolution auf dem Bahnsteig beschließen, fragt mindestens einer der Revolutionäre, wo man denn bitteschön die Bahnsteigkarten kaufen könne.

Nun ist also auch Diestel Mitglied dieser heimlichen Widerstandsgruppe im Pfarrhaus von Ebeling. Der Schritt in diese Richtung war längst fällig: »Es war für mich allerhöchste Zeit, aus meiner Familien-Nische herauszukommen und mich politisch aktiv einzumischen.« Zur Bekräftigung bemüht er für sich das berühmte Zitat von John F. Kennedy: »Wann, wenn nicht jetzt? Wo, wenn nicht hier? Wer, wenn nicht wir?«, das abgewandelt auch die DDR-Schriftstellerin Christa Wolf einst ihrem Roman »Nachdenken über Christa T.« vorangestellt hatte.

Doch solche Namen aus der DDR-Literatur spielen bei den ersten pragmatisch-politischen Begegnungen in der bayerischen Landeshauptstadt natürlich keine Rolle. Dafür aber mit Sicherheit Diestels politische Motivation. Die vorsichtigen und gewieften CSU-Profis wollen schließlich wissen, mit wem sie es künftig zu tun haben werden, wer sich da bereits zu diesem Zeitpunkt als Generalsekretär der jungen Ost-Partei empfiehlt.

Für Diestel ist diese Examination kein Problem. Freimütig offenbart er den neuen Westbekannten seine ganz persönlichen Intentionen: »Der Gedanke, es muss alles anders werden, es wird alles anders, kam mir bereits im Mai 1989. Nach der Wahl. Als ich diese ungelenke und hilflose Reaktion auf den offenkundigen Wahlbetrug in der DDR erlebte, wusste ich, nun wird es einen Umschwung geben. Damit kommen die nie und nimmer weiter durch!«

Kurzum: Auch das Diestelfass war übergelaufen. »Genau deshalb bin ich mit meiner Familie bei den Montagsdemos mitgegangen. Raus aus der Nische. Jetzt oder nie!« Und spätestens nach der historischen Antwort des SED-

Politbüro-Mannes Günter Schabowski, der am 9. November 1989 auf die Frage eines italienischen Journalisten aller Welt mitteilte, dass die Mauer nun für jedermann ab »sofort« offen stünde[10], war Diestel klar, »jetzt musst du dich einmischen. Einmischen, damit nie wieder eine SED-Kreisleitung sagen kann, dieser Diestel da, der wird kein Rechtsanwalt. Du musst dich einmischen, damit nie wieder andere über dich bestimmen und richten können.«

Diestel ist offen, mag Hirschhornknöpfe am Freizeithemd, und er ist kein Polit-Phrasendrescher. Das gefällt in Bayern. Und auch, dass er ohne intellektuell-politische Pirouetten eingesteht: »Zugegeben, ich habe ein ganz persönliches, egoistisches Ziel. Aber wohl jeder, der im Leipziger Demonstrationszug mitlief, vom VEB-Pförtner bis zum Uniprofessor, vom unenttarnten Stasi-IM über den getarnten Volkspolizisten in Zivil bis zum Parteisekretär einer kleinen Blechbude – haben die nicht alle über ihre gesellschaftlichen Forderungen hinaus in diesen Tagen irgendein ganz privates Ziel? Ihren Traum vom persönlichen Glück?«

Wer so volksverbunden denkt, kann Volksparteien führen. Das oder Ähnliches denken die Münchner über ihre Gäste mit Sicherheit auch.

Pragmatismus, gepaart mit persönlicher Aufrichtigkeit in der Beurteilung politischer Situationen, überzeugt am Fuße der Alpen. Auch Ebeling ist offen bei der Darstellung seiner politischen Intentionen: »Ich hatte sehr schnell eingesehen, dass man mit einer reinen Diskussionsgruppe nicht viel erreicht. Wer sich keine Struktur gibt, kann sofort wieder aussteigen.«[11]

Ebeling, Diestel und Freunde wissen: Damals, in den letzten Monaten der DDR, gab es nur zwei Gruppierungen, die sich öffentlich organisiert darstellen konnten. Das waren zum einen die alten SED-Funktionäre. Die konnten reden. Und das waren zum anderen die Pfarrer. Die konnten es auch. Ebeling später: »So wurde ich im November gebeten, den Vorsitz der Christlich Sozialen Partei

Deutschlands zu übernehmen.« Und er nahm das Ehren-
amt in der CSPD an. Ebeling: »Ich wollte auch vor meinen
Kindern nicht dastehen wie einer, der sich in einer wichtigen Phase deutscher Geschichte zurückgezogen hat. Ich
erinnerte mich an die Vorwürfe an unsere Großväter: Wo
wart ihr 1933? Was habt ihr nach 1945 gemacht? Ich wollte
dieses DDR-System nicht mehr. Mein Bruder war zu zehn
Jahren Zuchthaus verurteilt worden. Mein erster Schwie-
gervater ist in Bautzen ums Leben gekommen ...«[12]

***

Für die anwesenden hochkarätigen Gesprächspartner, Otto
Wiesheu, Ex-Generalsekretär der CSU und Chef der par-
teinahen Hanns-Seidel-Stiftung, Gerd Müller von der Jungen Union, CSU-Generalsekretär Erwin Huber, Ministerpräsident Max Streibl und sein späterer Nachfolger Edmund
Stoiber, der ebenfalls den Gesprächen mit den beiden Gästen aus Sachsen für einige Zeit beiwohnt, sind das zwei
Botschafter aus einer anderen Welt. Einer Welt, die für sie
und die Mehrzahl ihrer Westkollegen bislang übersichtlich
und gut sortiert in Ost und West geteilt war. Einer Welt,
der man, wie Franz Josef Strauß es 1983 getan hatte, schon
gern einmal einen Milliarden-D-Mark-Kredit hinüberreicht,
mit dem dann der für alle Beteiligten überschaubare Status
quo erhalten blieb. Denn der bedeutete schließlich eine für
alle politischen Akteure völkerrechtlich kalkulierbare und
überschaubare Welt, in der sie sich allesamt so behaglich
eingerichtet hatten und auf deren weiteren Bestand sie noch
Monate zuvor ohne Zögern ihre millionenschwere Eigen-
tums-Ferienwohnung in Bayrischzell verwettet hätten. Bundeskanzler Helmut Kohl wird Monate später dieses Gefühl
vieler westlicher Protagonisten so beschreiben: »Dass die
deutsche Einheit nun in Sichtweite vor uns lag, war für
viele natürlich ein Schock – im In- wie im Ausland. Auch
in unserem Land hatten ja viele Zeitgenossen gemeint, die

Wiedervereinigung sei – wenn überhaupt – eine Frage des nächsten Jahrhunderts. Nicht wenige, die bei uns immer ›Einigkeit und Recht und Freiheit‹ gesungen hatten und sich dabei gelegentlich ein wohliges Nationalgefühl über den Rücken laufen ließen, dachten nun: Hoffentlich ändert sich für mich nichts durch die Einheit. Vor allem darf es nicht an mein Portemonnaie gehen.«[13]

Diese von Helmut Kohl so staatsmännisch beschriebene Diskrepanz zwischen Hurrapatriotismus auf der einen Seite und dem Geldbeutel mit harter Mark darin auf der anderen, lädt Peter-Michael Diestel geradezu dazu ein, von einem Vorgang zu berichten, der seit Februar 1990 bis heute der Lacher aller Eingeweihten in Ost und West ist.

Es geht um eine – nennen wir es einmal freundlich – »Ungeschicklichkeit«. Begangen von zwei Theologen aus Mecklenburg, die als Gäste der Fraktion der Europäischen Volkspartei im Westberliner Hotel Kempinski beherbergt wurden. Da die Protagonisten, dem historischen Abstand geschuldet, auch kein Problem damit haben, den Vorfall öffentlich zu machen, wurden nachfolgende Briefzeilen auch an keiner Stelle geschwärzt. In dem Brief aus dem Westen heißt es voller Befremden: »Wir waren selbstverständlich bereit, Ihnen nach dem Abendessen eine Unterkunft zu vermitteln, da sie zu dieser späten Stunde keine Gelegenheit mehr hatten, zurück nach Rostock zu fahren. Allerdings möchte ich Ihnen mein Erstaunen nicht vorenthalten, als ich die Rechnung des Hotels übermittelt bekam. Neben den üblicherweise nicht geringen Kosten für die beiden Einzelzimmer waren dort erhebliche Entnahmen aus Mini-Bars, die sich in Ihren Zimmern befanden, zu verzeichnen.«

Da es sich bei dem empörten Briefschreiber um einen Mann handelt, der allenthalben als sehr exakter Rechner bekannt ist, wird natürlich die Gesamtsumme des Verzehrs der ostdeutschen Gäste klar benannt: »Die Kosten dafür machen insgesamt 349,50 DM aus.« Und der Schreiber kommt zu dem vernichtenden Fazit: »Die Begleitzettel, die der Rezeption vorlagen, weisen darauf hin, dass Sie die beiden Mini-Bars mehr oder weniger vollständig ausgeräumt haben. Ich möchte Ihnen offen sagen, dass Sie damit unsere Gastfreundschaft doch nicht unerheblich überstrapaziert haben … in Anbetracht der Tatsache, dass wir schon während des Abendessens nicht gerade dursten mussten, wäre nach meiner Auffassung bei dem anschließenden Nachttrunk doch etwas Mäßigung angezeigt gewesen.«[14]

Ja, so ist das in solchen deutschen Revolutionszeiten, wenn euphorische Ostdeutsche auf ehrpusselig genau rechnende Westdeutsche treffen. Welten prallen da aufeinander. Martin Wisser, Empfänger des Briefes, lacht immer noch, wenn er sich an dieses Schreiben erinnert: »Ich gebe es ja ehrlich zu, wir haben uns fast den kompletten Inhalt der Bars vor Wendeglück in den Kopf gegossen und die Reste dann in kleine Plastiktüten gestopft – als Mitbringsel für die daheim. Die sollten doch auch etwas von unserem ersten großen aufregenden Westbesuch haben. Wir wussten doch nicht, dass dies extra in Rechnung gestellt wird.« Und man muss diesen Wisser schon sehr gut kennen, um die nachfolgende Ironie herauszuhören: »Hätten wir damals auch nur im Geringsten geahnt, dass wir damit den knappen Parteikassen im Westen einen so hohen finanziellen Schaden zufügen, hätten wir das doch nie und nimmer getan.«

Zum Abschluss dieser Episode soll dann nun endlich auch noch der Name des empörten prominenten Briefschreibers mitgeteilt werden – in der großen Hoffnung, er hat heute genauso viel Spaß an der Geschichte wie die beiden Mini-Bar-Räuber: Es handelt sich nämlich um Friedrich Merz, damals noch Mitglied des Europäischen Parlaments, der im Februar 2000 dann in der CDU eine steile Kariere als Chef der Bundestagsfraktion machen sollte.

Eins noch: Immer wenn Peter-Michael Diestel die Unterschiede zwischen Ost und West an einem Beispiel festmachen will, kommt ihm dieses verständlicherweise sehr gut zupasse. Sein Kommentar: »Nur gut, dass in diesen hektischen Zeiten mehrheitlich dann doch der Geist eines Helmut Kohl oder der eines Erwin Huber den Tenor der Wiedersehensfreude zwischen Ost und West bestimmte. Nicht auszudenken, wenn …«

Mehr sagt er nicht. Aber damit ist er auf Augenhöhe mit dem Humor seiner bayerischen Freunde, die sich selbstverständlich nach der Lektüre dieses Schreibens an die beiden ostdeutschen Revolutionstheologen ebenfalls die Bäuche vor Lachen halten und sagen: »Wer den Mut hat, eine Mauer umzuschmeißen, der darf sich auch schon mal den Inhalt einer Mini-Bar in einen Plastiksack kippen – des passt scho.« Doch auswerten musste er diesen »schlimmen« Vorfall der beiden »Reisekader« dennoch in seiner Funktion als Generalsekretär der DSU im Bundesvorstand seiner Partei – wenn auch mit einem Augenzwinkern.

So war das damals mit diesen Ostdeutschen und ihrer Revolution, die auch vor Nobelhotel-Kühlschränken im Westen nicht haltmachte.

Und zwei von denen sitzen nun also bei den Machern der CSU – überzeugend, bis zur Naivität politisch aufrichtig, konservativ, gut erzogen und gebildet und mit einem Mal gar nicht mehr so fremd. Und auch der vom Leben und vom Job sehr kritisch geschulte Chefredakteur des *Bayernkurier* und langjährige Freund und Weggefährte von Franz Josef Strauß, Wilfried Scharnagl, der ebenfalls bei den Gesprächen mit den beiden Laien-Politikern aus dem Sachsenland zeitweise anwesend ist, spürt, hier sitzen zwei, die wollen nicht schnorren und sich wichtigmachen. Die wollen mittun, anpacken. Die brauchen bayerische Hilfe.

Im Alpenvorland sagt man über jemanden, der die Zeit verpasst hat, er hätte den Schuss nicht gehört. Für die Beteiligten an diesen Ost-West-Gesprächen gilt das mit Sicherheit nicht – sie sind schließlich clevere Polit-Profis, mancher übrigens begeisterter Jäger. Auf jeden Fall ist keiner darunter, den man zum Jagen tragen muss!

Soll heißen: Die Bayern haben die innenpolitischen Vorteile, die sich ihnen mit einer derartigen Ost-Allianz, die alsbald gut und gern 10 000 Mitglieder aus dem Stand zu rekrutieren in der Lage scheint, sehr schnell erkannt. Was war das doch letztendlich für eine komfortable Machtposition – auch gegenüber der größeren Schwesterpartei CDU! Dazu muss gesagt sein, dass die Münchner ihre anfängliche Idee, wenigstens in Teilen der DDR eine eigene CSU zu installieren, sehr schnell wieder fallenlassen, aus Angst, die CDU könnte sich im Gegenzug in Bayern etablieren.[15]

Doch diese Zusammenhänge kennen die beiden Gäste aus Sachsen zu diesem Zeitpunkt noch nicht. Für sie ist nur wichtig, dass man sie versteht, ihnen zuhört und Hilfe zusichert.

***

Geschafft. Eine Hürde auf dem Weg zur neuen Partei sollte genommen sein. Peter-Michael Diestel lockert den Schlips, öffnet den oberen Knopf seines weißen Hemdes. Und holt Luft. Tief durchatmen. Sechsmal pro Minute. Entspannung. Der erste waghalsige Schritt in die richtige Richtung war getan.

Warum wohl sonst haben sie ihn und seinen Begleiter, den Parteifreund Ebeling, in dieser Nobelherberge von Weltrang einquartiert, die 1841 auf Wunsch des Bayernkönigs Ludwig I. eröffnet wurde, um dessen Gästen die höchste Ehre zu erweisen. Diestel hatte im Prospekt über das Gästebuch des »Bayerischen Hofes« nachgelesen – ein *who is who* der großen Welt: Adenauer und Brandt, Freud und Rilke, Remarque, Franz Josef I. Kaiser von Österreich, das Königspaar von Norwegen und und und.

Nun steht also auch er im Logis-Buch dieses legendären Münchner Hauses. Ein verrücktes, ein unwirkliches Gefühl. Und ihm ist klar: So eine Einladung sprechen Kapitalisten nicht an Leute aus, die nur aus Höflichkeit empfangen werden.

Peter-Michael Diestel aus Leipzig ist in Bayern angekommen. Genau 357 Kilometer hat der Tacho des alten Fiat Mirafiori, den der Pfarrer Ebeling von seiner Mutter aus dem Westen geschenkt bekommen hatte, bis zum Ziel angezeigt. Die Strecke zu Diestels Geburtsort Prora auf der Ostseeinsel Rügen ist exakt 199 Kilometer länger. Länger, aber bei weitem nicht so aufregend.

Dieses junge, neue und unbegreifliche Heimatgefühl hat Diestel in jener letzten Novemberwoche 1989 mit den meisten Ostdeutschen gemeinsam: Seine allsommerliche Ostseetour mit der Familie im 353er Zweitakter-Wartburg kennt der junge Leiter der Rechtsabteilung der Agrar-Industrie-Vereinigung Delitzsch schließlich, seit er nach der Scheidung der Eltern vom Meer mit der Mutter nach Leipzig gezogen war. Aber von einer gefahrlosen Passage nach Bayern – Personalausweis kurz herzeigen und durch – hatte er fünf Wochen zuvor nur geträumt.

36 Jahre lang hatten er und die Familie es sich in der den meisten Ostdeutschen nachgesagten Nische schlecht und recht, aber immerhin auch ganz kuschelig eingerichtet. Hier mal ein politisches Witzchen zu engen Vertrauten, dort ein Gelegenheitsgeschäftchen zur Wohlstandsabsicherung und Westfernsehen zur Seelentoilette gegen die Siegesmeldungen der Aktuellen Kamera. Wie hunderttausend andere auch, hatte er seinen ganzen Ehrgeiz auf die Einrichtung eines schmucken Häuschens gelenkt, hatte statt Briefmarken oder Münzen eben Antiquitäten, alte Bücher und historische Notenblätter gesammelt und immer listig darauf geachtet, dass es seiner Frau und den drei Kindern an nichts mangelte. Was nachgewiesenermaßen für den juristischen Leiter einer Landwirtschaftsvereinigung zur DDR-Zeit weniger aufregend und anstrengend gewesen sein dürfte als für den Buchhalter eines solchen Unternehmens. Denn während Letzterer wenig in der ost-

deutschen »Naturalware« gegen »Bückware«-Tauschwirtschaft zu offerieren hatte, konnte Peter-Michael Diestel immerhin juristische Dienstleistungen anbieten – hier mal eine freundliche Rechtsberatung für einen wasserdichten Erb- oder Kaufvertrag, dort mal ein, zwei heimliche Tipps bei der cleveren Abfassung eines Ausreiseantrages. »Ich habe aber immer nur beraten und nie meine eigene Schreibmaschine dazu benutzt. Ich wollte mir doch keine Schwierigkeiten mit der Stasi organisieren«, wird er Jahre später in einem Interview über diesen seinen ganz privaten Widerstandskampf gestehen.

Ein Kampf, der auch seine Vorzüge hatte. Denn im Gegenzug gab es nicht nur manches saftige Schinkenstück aus dem Unterm-Ladentisch-Sortiment oder einen kurzfristigen Termin für die Auspuffreparatur in der Autowerkstatt, sondern auch manch schönes antike Sammlerstück, das Diestels schmuckes Haus nahe der Leipziger Märchenwiese bereicherte. Osten, wie er eben war. Und wie ihn jeder kannte, der sich mit mehr oder weniger Schlitzohrigkeit hier fürs Leben eingerichtet und seine ganz private Ästhetik des Widerstandes gepflegt hatte. Diestel in einer ringsum mit viel Geschick und Klugheit abgesicherten Leipziger Familienfestung, in der ein mütterlicher, streng protestantischer Wind wehte. Einer Festung übrigens, die ihm auch noch ganz bequemen Raum bot, 1986 neben der Arbeit für die sozialistische Landwirtschaft seinen Doktor der Rechte zu machen – und das ohne SED-Mitglied zu sein! Ein wenig mag Ehrgeiz nach dem akademischen Titel und diesem beeindruckenden »Dr.« vor dem Namen im Briefkopf und an der Haustür ein Motiv für die wissenschaftliche Freizeit-Ochsentour über trockenes LPG-Recht gewesen sein, ein wenig war es gewiss auch Trotz. Trotz, frei nach dem Motto: Wenn ich hierzulande schon nicht Anwalt werden darf, weil ich statt in der Freien Deutschen Jugend lieber im Kirchenkreis musiziere, mache ich doch wenigstens meinen Rechtsdoktor. Der Abschluss gelingt mit sehr gutem Ergebnis – versteht sich. Ärger über dogmatisch-diktatorische Zulassungsvorschriften im SED-Staat kann schon eine mächtig starke Triebkraft sein. Wenn Diestel nach seinen ersten zaghaften Schritten heraus aus dieser Familien-Nische, hinein in die Opposition befragt wird[16], gibt er unumwunden zu: »Als wir am 7. Mai 1989 die Wahlzettel durchgestrichen haben, war das für uns schon ein gewaltiger Akt von Zivilcourage. Mehr war damals für mich nicht drin, der ich in einer Diktatur zu leben, Frau und drei Kinder zu versorgen hatte. Da mögen jetzt einige hämisch über mich lachen – es taugen nun mal nicht alle zu Heroen und Kämpfern. Ich bin in Leipzig großgeworden, habe hier den Verfall einer Stadt, die meine Vorfahren, meine Familie verdienstvoll mitgestaltet hatten, tagtäglich erlebt. Also, ich komme aus bürgerlichen Verhältnissen, meine Familie leistete in den Gründerzeitjahren beträchtliche Aufbauarbeit; der Name Diestel ist sehr eng mit der Leipziger Geschichte verbunden. Es tat mir weh, diese klassizistische oder Jugendstil-Substanz in meiner Heimat verfallen zu sehen.«

Diese Familien- und Heimatverbundenheit ist es dann auch, die Diestel nicht, wie viele andere aus seinem Freundes- und Bekanntenkreis, veranlasst, der Stadt und dem Land gen Westen den Rücken zu kehren. Ja, er leistet sich sogar politische Träume der besonderen Art: »Heute kann ich es ja ruhig zugeben – ich hatte und habe viele Visionen und wäre wirklich sehr gern Oberbürgermeister von Leipzig geworden. Doch der Lauf der Geschichte hatte anderes mit mir im Sinn.«

Bei den traditions- und titelbewussten Bayern macht sich so eine Heimatverbundenheit, die in einer bürgerlich-konservativen Familiengeschichte ihre Wurzeln hat, gepaart mit einem Doktor-Titel vor dem Namen, nicht übel aus. Auch das merkt Diestel gleich im ersten Gespräch.

Zufrieden steht er vor dem Spiegel seiner Suite und betrachtet sich. Der junge Mann mit dem exakt geschnittenen Haar und dem kecken Wirbel, den er von Geburt an hat und den er mit jugendlichem Charme für einen frechen Scheitel nutzt, kann sich sehen lassen. Der dunkelgraue Anzug sitzt auf seiner durchtrainierten Modelfigur wie maßgeschneidert, und die auf Hochglanz polierten Schuhe machen das Bild eines Dressmans perfekt.

Diestel wirft sein Sakko aufs Bett, krempelt die Hemdsärmel hoch und lässt sich mit leichtem Schwung auf den weichen Teppichboden fallen. Zwei Dutzend Liegestütze zur Entspannung können nicht schaden. Das soll einer seiner neuen Politikerkollegen erst einmal nachmachen! Diestel, Schwimmer, Gewichtheber, Leichtathlet, braucht seinen Sport, um wieder runterzukommen. Er genießt den Moment, wenn der Körper nur noch Körper ist und nichts mehr in ihm denkt. Heute will ihm das nicht so recht gelingen. Zu viel ist passiert. Allein der Briefumschlag mit dem Westgeld, den ihm die CSU-Leute als Vertrauensbeweis zugesteckt hatten …

Erst Jahre später wird ein sehr viel gewiefterer und inzwischen mit allen West-Wassern gewaschener Peter-Michael Diestel eingestehen: »Ich habe das Geld in Leipzig zum Kurs von eins zu zehn umgetauscht – als erste Wahlkampffinanzierung, wenn man so will, als Anschub für unsere junge Partei gewissermaßen.«

Nein, das Gefühl, eine Straftat begangen zu haben, kam ihm schon damals nicht in den Sinn – dazu kennt er seinen Pflicht-Lenin aus dem Schulunterricht und der Studienzeit an der Leipziger Karl-Marx-Universität zu gut: »In revolutionären Situationen geht es nur noch um die Frage: Wer wen? Im Übrigen hatten die anderen doch auch massig Geld, sich an die Macht zu klammern. Und Sieger der Geschichte werden ohnehin nie bestraft.« Lässig hingeworfener Zusatz: »Die Bayern werden wohl mit der Ausgabe klargekommen sein.«

Sie kamen damit klar. Und es sollte auch nicht die einzige Finanzspritze aus München gewesen sein, die der dann endlich im Dezember auch amtlich gegründeten neuen Partei und ihrem Generalsekretär Peter-Michael Diestel aus den Startlöchern heraus ins große Rennen um die Macht im DDR-Staat hilft.

Für Diestel ist im Ergebnis dieser zweitägigen Runde in der bayerischen Landeshauptstadt klar: »Die kräftige unkomplizierte Art, mit der man uns nun, dem Zögling aus dem Osten, materiell und personell zur Seite stand, stellte alle Anstrengungen der Kohl-CDU in dieser Zeit gewaltig in den Schatten.«

Damit ist nicht nur die inhaltliche Unterstützung bei der Ausarbeitung eines Parteiprogramms für die DSU gemeint, die sich am 20. Januar unter Führung von Ebeling und Diestel in Leipzig gründet und elf junge Parteigruppierungen vereint, sondern auch die künftige freundschaftliche Hilfe jener Berater, die ihn später in seiner Ministerzeit so manchen politischen Sturm überstehen lassen. Diestel: »Das waren keine Besserwessis, sondern Leute mit Erfahrung, die sich aus Überzeugung in die schwierige Arbeit der Umgestaltung gestürzt haben. Ich nenne ihre Namen gern – Dr. Thomas Bauer, Karl Inhofer und Christoph Hillenbrand – weil sie noch immer zu meinen ganz engen persönlichen Freunden zählen und ich ihnen für klugen politischen Rat auch in meinem Leben nach der Ministerzeit sehr dankbar bin.«

Wie erwartet, wählen die Delegierten im traditionsreichen Leipziger Gasthof »Goldene Krone« den Pastor Hans-Wilhelm Ebeling zum Parteivorsitzenden und Peter-Michael Diestel zum Generalsekretär. Die hochkarätige Westmannschaft, unter ihnen Erwin Huber und Otto Wiesheu, sichert der jungen Partei für den künftigen Wahlkampf umfassende Hilfe zu.

In Zahlen gibt es – wenn man den sorgfältig recherchierenden Statistikern der *Süddeutschen Zeitung* glauben – darf neben einem halben Dutzend Last- und Lautsprecherwagen für die allabendlichen Großkundgebungen auch an die 25 Tonnen Wahlkampfmaterial, darunter zwei Millionen Flugblätter und eine Million frischgedruckte DSU-Grundsatzprogramme – sowie später, als personelle Draufgabe, alle zwölf hauptamtlichen Wahlkreisgeschäftsführer der CSU zur Wahlkampfberatung. Die Kosten sollen mehr als eine Million D-Mark betragen haben. Doch das ist für den jungen Rechtsanwalt aus Leipzig, der da Ende November in seiner Suite im Bayerischen Hof in München seinen Einstandserfolg auf höchstem Politik-Parkett stolz genießt, noch Zukunftsmusik. Jetzt will er erst einmal den Erfolg seiner ersten Westdienstreise genießen. Aber als er den Kleiderschrank seiner Suite öffnet, bekommt er einen ersten mächtigen Konsumschock: 1250 D-Mark haben sich die Bayern seinen Aufenthalt für eine Hotelnacht kosten lassen, wie die Preisliste innen an der Schranktür verkündet. Was hätte man mit dem Geld nicht alles machen können? »Die Minibar habe ich dann schon erst gar nicht mehr geöffnet«, erinnert er sich.

Diestel macht sich auf den Weg durchs vorweihnachtliche München. Nur fünf Minuten sind es vom Hotel bis zum Stachus. Später wird er von diesem ersten Spaziergang über die Glitzermeilen der Bayern-Metropole berichten: »Da habe ich zum ersten Mal einen Obdachlosen gesehen. Der Mann hatte sich sein Lager auf einem alten Lüftungsschacht eingerichtet, um sich vor der Dezemberkälte zu schützen. Das war kein Dummer oder Fauler. Das war einfach nur ein Pechvogel – eine Geschäftspleite, eine Scheidung, Alkohol, der Absturz.«

Jetzt hat Diestel, der gelernte Ostdeutsche, zum ersten Mal Zweifel an seiner Revolution.

Doch der junge Agrarjurist aus Leipzig, der kurz vor seiner Abreise noch zu seinem Chef gesagt hatte: »Ich kündige zum 1. Januar 1990 und gehe für immer in die Politik«, beruhigt sich wenige Atemzüge später: »Das ist keine Systemfrage. Das ist eine Charakterfrage. Wer die Freiheit will, muss auch solche Schicksale aushalten können.«

Diestel macht sich selbst Mut: »Das wird dir nicht passieren, Peter-Michael. Dir nicht.«

***

Einige Jahre später wird ihm die legendäre ostdeutsche Rocksängerin Tamara Danz[17] erzählen, dass sie den Peter-Michael Diestel von damals für einen mächtigen Kotzbrocken hielt. Zu ihren Freunden hatte sie es noch prägnanter gesagt: »Schaut euch den da im Fernsehen ganz genau an. Der smarte Schönling mit der Bodybuilder-Figur verkauft gerade unsere komplette DDR zum Schleuderpreis.«

Als sich Danz und Diestel zum ersten Mal begegnen, gibt es die DDR nicht mehr, und Diestel ist vierzig Jahre alt. Die Silly-Sängerin wird entschuldigend zu ihm sagen: »Peter-Michael, ich hatte mich in dir getäuscht, bist doch einer von uns.«[18]

Das trug sich zu an einem Tag im Juni 1992, als Diestel gemeinsam mit PDS-Frontmann Gregor Gysi, seinem Freund, dem Schriftsteller Stefan Heym und vielen anderen die »Komitees für Gerechtigkeit« in Bewegung brachte. Eine Aktion, mit der sie trutzig und in Erinnerung an Wendezeiten ein neues widerborstiges Selbstbewusstsein von Ostdeutschen herauslocken wollten. Es war ein schon nach einem guten halben Jahr gescheiterter Versuch, über den Diestels Kollege Gregor Gysi dann in seiner flapsig-lakonischen Art sagen wird: »Es gibt nichts, was du beginnen könntest und was frei von Risiken ist.«[19]

die provisorische
Regierung

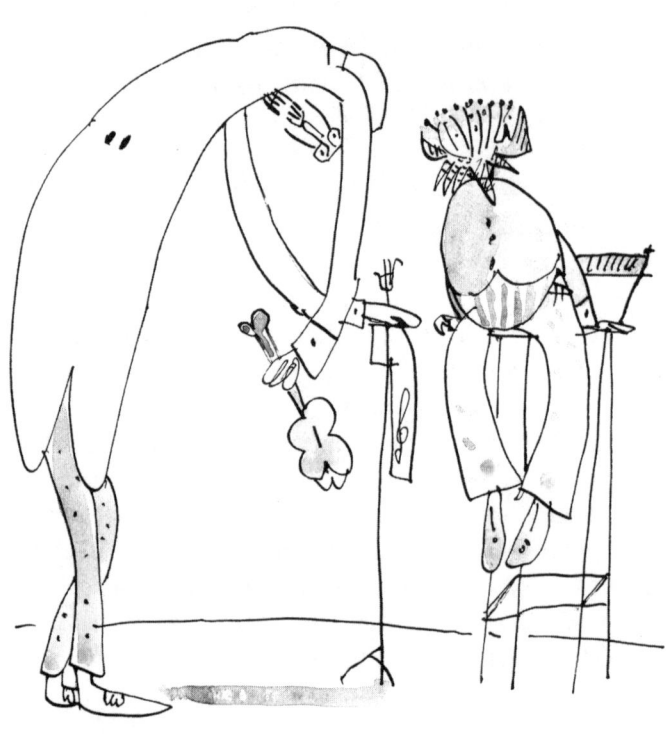

Machtkämpfe
Vom Katzen- zum Ministertisch

Am 7. Dezember 1989 fand im evangelischen Ge-
meindehaus hinter dem Friedrichstadtpalast in Berlin der erste Zentrale Runde Tisch der DDR statt. Er
wollte, ohne selbst Macht zu beanspruchen, doch
die Modrow-Regierung nicht mit der Macht allein-
lassen. Denn noch war nichts entschieden. Die Kon-
terrevolution schläft nicht, hätten Marx und Lenin
gesagt. Nur dass die zu fürchtenden Konterrevo-
lutionäre nun die Marxisten und Leninisten selber
waren.

Die Zeit [20]

Peter-Michael Diestel führt kein sehr gründliches Tage-
buch. Er verlässt sich vielmals auf seine zuverlässige
Kalendersammlung mit wichtigen Terminen und seinen
»unbedingt merken«-Zitaten sowie auf sein umfangrei-
ches Kopfwissen. Natürlich ist jener legendäre Wintertag
in Berlin, an dem sich um 14 Uhr zum ersten Mal Staatsmacht und Opposition im kirchlichen Dietrich-Bonhoef-
fer-Haus in der Ziegelstraße öffentlich präsentieren, so ein
wichtiger Termin. Der »Zentrale Runde Tisch der DDR« ist
ins Leben gerufen worden.
Im Fokus einer gigantischen Medienmeute stehen 33 Männer und Frauen – 15 Vertreter der DDR-Opposition und
15 Kader aus SED und Blockparteien. Zu Moderatoren
bestellt sind drei Kirchenleute: Martin Ziegler, Pastor und
Direktor des Diakonischen Werkes der Evangelischen Kirche in Berlin-Brandenburg, der katholische Pfarrer Karl-
Heinz Ducke, und der Pastor der Evangelisch-methodisti-
schen Kirche, Martin Lange. Diese drei sollen den friedlichen Dialog am Laufen halten.
Politisches Credo der für DDR-Verhältnisse ungewohnten

Runde: Auflösung der Stasi, freie Wahlen, eine demokratische Verfassung für die DDR.

Diestel sieht, wie Millionen DDR-Bürger auch, dieses erste Aufeinandertreffen der Kontrahenten in seiner Leipziger Wohnung live im Fernsehen: »Es hatte schon etwas Unwirkliches, wie sie da alle im Betsaal der Herrnhuter Brüdergemeine in Berlin unter einem großen Adventsstern beisammensaßen und wuselig hin und her diskutierten, während draußen alles drunter und drüber ging – Demonstrationen, wilde Streiks, die Wirtschaft im freien Fall, die nicht abebbende Ausreiseflut.«

Irgendwie ist ihm, während er wie gebannt auf den Bildschirm schaut, unterbewusst klar: Was da passiert, ist zwar ein löbliches, aber auch ein etwas naives politisches Unterfangen. »Es fiel mir schwer, mir vorzustellen, wie man mal eben so einer machterfahrenen SED-Riege an einem Runden Tisch – der übrigens eckig war – die Macht abnehmen könnte.«

So gut kennt Diestel seine DDR, dass er den Verdacht nicht loswird, dass die alten Funktionäre ihre letzte Chance in der Flucht nach vorne, an einen »Runden Tisch« sehen. Ein probates Mittel, aufmüpfige Oppositionelle über denselben zu ziehen. Rückblickend schätzt Reinhard Schult vom Neuen Forum ein, der von Anfang an am Runden Tisch saß, dass die SED-PDS in dieser Zeit wieder einen leichten Aufwind für sich verbuchen konnte.[21] Diestel kommentiert: »Das Ganze hatte, bei aller Wertschätzung der Akteure, für mich auch ein wenig etwas von einer runderneuerten Nationalen Front.«

Auch an der beruhigenden Wirkung, die diese Gespräche auf die Stimmung im Land haben sollen, hat der Polit-Newcomer Peter-Michael Diestel seine Zweifel: »So einfach lässt sich ein Protest- und Ausreisezug von Hunderttausenden aufgebrachten Leuten nicht ruhigstellen.«

Die innenpolitischen Nachrichten des Tages bestätigen ihn. So muss am gleichen Tag Wolfgang Schwanitz, der Chef des Amtes für Nationale Sicherheit, einer am 17. November 1989 gebildeten Mutation des einstigen Ministeriums für Staatssicherheit, vermelden, dass in Berlin die Zentrale des früheren MfS in der Normannenstraße wegen des großen öffentlichen Drucks zur Besichtigung geöffnet wurde – für eine Kontrollgruppe, weil Bürgerrechtler Aktenvernichtung im großen Stil vermuten. Sogar das Drohwort »Ausnahmezustand« – von dem aber zum gegenwärtigen Zeitpunkt, so Schwanitz, noch nicht die Rede sein soll – fällt.

Die Agenturen melden an diesem Tage auch wieder Demonstrationen. Zum Beispiel in Berlin. 2000 Protestierer treffen sich vor dem Staatsrat zu einem Trillerpfeifenkonzert. Sie erklären, wider den Mainstream, aufgebracht: »Wir brauchen weder Krenz noch Kohl – nur wenn wir selbst regieren, wird uns wieder wohl!«

Peter-Michael Diestel hat da schon andere Töne gehört. In seiner Heimatstadt Leipzig. In jenem Demonstrationszug, in dem er und seine Familie jeden Montag mitmarschieren. Längst hört man hier nicht mehr nur dieses trotzige »Wir sind das Volk«. Bei vielen der Demonstranten heißt es nun immer deutlicher »Wir sind ein Volk«.

Bis heute ist übrigens strittig, wo und wann dieser abgewandelte Slogan erstmals unter die Menschen kam. Mal wird er den Leipziger Montagsdemonstranten zugeschrieben, mal einem Protestzug aus dem sächsischen Plauen. Der ZDF-Geschichtspapst Guido Knopp meint sich sicher zu sein, wenn er sagt: ›Wir sind ein Volk‹ erklang am 20. November in Leipzig. Für andere ist ein – wie so oft in diesen Tagen – prophetischer Beitrag in der *Bild* vom 11. November 1989 die Geburtsstunde des Einheits-Slogans. Die Zeitung kommentiert schon zwei Tage nach Maueröffnung: »›Wir sind das Volk‹ rufen sie heute – ›Wir sind ein Volk‹ rufen sie morgen.«

Im Grunde aber ist es egal, wer der Ideengeber für den populären Slogan ist. Viel wichtiger für einen Mann wie Diestel, der sich nun Stück um Stück in die politische Arbeit stürzt, ist die Stimmung der Menge. Mit Realismus und dem bodenständigen Gefühl für Mehrheiten, das einen cleveren Politiker ausmacht, erkennt er: »Zunehmend taucht überall als Losung in den Demonstrationszügen zwischen Sassnitz und Sonneberg die Strophe aus der DDR-Nationalhymne vom ›Deutschland einig Vaterland‹²² auf.« Ein offizieller Text von Staatsdichter Johannes R. Becher, mit dem viele der DDR-Demonstranten bereits ihre Hoffnungen und Träume für die Zukunft signalisieren.

Diestel: »Ich hatte den Eindruck, dass die am Runden Tisch noch irgendwie die DDR retten und verbessern wollten, obgleich auf der Straße die Stimmung schon Stück für Stück umkippte, weil aus der Sicht der großen Mehrheit hier einfach nichts mehr zu retten war. Insofern war es gar nicht so schlimm für die DSU, dass sie sich am Leben orientierte und am Runden Tisch nur einen Beobachterstatus wahrnahm.«

Das klingt in der Rückschau ein wenig wie die Fabel vom Fuchs, der nörgelig abwiegelt, weil er nicht an die Trauben heranlangen kann. Denn dieser Generalsekretär Diestel und seine junge sächsische Partei, die sich zum damaligen Zeitpunkt noch CSPD nennt, ist nicht zu den Rittern der Berliner Tafelrunde geladen worden. Zwar haben sich vor Beginn der Auftaktveranstaltung noch einige der »Vergessenen« einen Platz am Tisch herbeidemonstriert – darunter Vertreter des Unabhängigen Frauenverbandes, der Grünen Liga und der ums Überleben kämpfenden SED-treuen Gewerkschaft FDGB –, doch Diestel und Freunde sind nun einmal nicht dabei. Er sieht es, mit Gorbatschow, gelassen: »Wer zu spät kommt, den bestraft halt das Leben.« Mit dem Abstand, den er zwanzig Jahre später zu diesem Geschehen hat, setzt er mit einem Augenzwinkern hinzu: »Wer weiß, wozu es damals gut war ...«

Fakt ist jedenfalls, dass die Ausgrenzung von Gruppierungen wie der späteren DSU der DDR-Bevölkerung deutlich vor Augen führt, dass diese Berliner Tischrunde keine wirklich breite Interessenvertretung ist.

Peter-Michael Diestel, der schon wenige Monate später als demokratisch gewählter letzter Innenminister der DDR zwangsläufig über ein Herrschaftswissen verfügt, von dem die Bürgerrechtler am Kirchentisch nur träumen konnten, beurteilt die Runde-Tisch-Situation ironisch. Er löst die parlamentarisch-politische Gleichung, dass von den 33 stimmberechtigten Teilnehmern 16 Personen zur alten Führung und 17 zur Bürgerrechtsbewegung gehörten, auf seine Art auf: »Es war schon eine historische Merkwürdigkeit, dass am Zentralen Runden Tisch – wie auch in allen anderen regionalen Gremien dieser Art – eine beachtliche Zahl von Stasi-IM platziert war. Es waren nach meiner Berechnung immerhin über fünfzig Prozent!«

Damit zielt er vor allem auf die beiden bekanntesten Namen am Berliner Tisch ab: den SPD-Mitgründer Ibrahim Böhme und den Chef des Demokratischen Aufbruch, den Berliner Anwalt Wolfgang Schnur, der sich bis heute selbst stolz als »Macher« von Kanzlerin Angela Merkel bezeichnet. Schließlich verkehrte er als Kirchenjurist und Freund im Kreis der Familie Kasner und bot der jungen Angela Merkel, geborene Kasner, in der Wendezeit einen Job im »Demokratischen Aufbruch«[23] an.

Diestel, mit dem ihm eigenen schrägen Humor: »Das ist schon ein unschlagbarer Witz der Geschichte – die beiden, die sich am lautesten und schärfsten für die Stasi-Auflösung einsetzten, waren selbst Mielke-Leute.«

Später werden Zeitgeschichtler dann aufrechnen, dass unter denen, die am Zentralen Runden Tisch für die ersatzlose Auflösung des MfS gestimmt hatten, mindestens fünf inoffizielle Mitarbeiter und zwei weitere Teilnehmer mit zumindest MfS-Kontakten waren. Diestel: »Mancher stimmte möglicherweise aus Überzeugung, mancher vielleicht auch nur, weil er sich durch seine Gegenstimme in dieser Runde nicht verdächtig machen wollte.«

Mit dem Wissen von heute fügt Diestel hinzu, während er nachdenklich in seinen alten Unterlagen blättert: »Im Grunde ist es schon komisch. Aber man muss ehrlicherweise feststellen, dass damals auch die Staatssicherheit mit Akribie ihre eigene Auflösung betrieben hat. Denn beinahe jede oppositionelle Neugründung hatte in ihrer Spitze solche Leute, von den alten Parteien ganz zu schweigen.«

Nur für die eigene Partei legt Peter-Michael Diestel die Hand ins Feuer. »Natürlich saßen anfangs auch bei uns im Ebeling-Kreis ein, zwei IM herum. Aber die hatten wenig Chancen sich hervorzutun und sind dann auch schnell wieder sang- und klanglos verschwunden. Möglicherweise ja auch, weil ihre Führungsoffiziere – selbst schwer enttäuscht von ihren Chefs – im Montagsdemonstrationszug mitmarschierten und anderes im Sinn hatten, als sich Berichte über unser konservatives Grüppchen durchzulesen.« Damit spielt er auch auf jene Geheimdienst-Profis an, die, enttäuscht und verbittert über die Schuldzuweisungen ihrer einstigen SED-Dienstherren, längst ihre Informationspäckchen in Richtung Westland gepackt hatten, um sich neuen Auftraggebern anzudienen, oder solche, die nur noch, vom eigenen schlechten Gewissen geplagt, mit Spurenverwischung beschäftigt waren.

Viel wirklich Neues zu berichten war in jenen Tagen ohnehin nicht mehr, denn – das erfährt Diestel dann zufällig Monate später – der Wirt ihres Leipziger Stamm-Gasthofes »Zum Goldenen Löwen«, in dem sich dann am 20. Januar 1990 die CSPD mit elf weiteren christlich-liberalen Gruppierungen zur DSU umwandelte, hatte ja auf Mielke-Ticket schon fleißig alles weitergepetzt. Diestel grinst: »Wer weiß, möglicherweise war ja irgendwann neben der wirklich geschichtsbestimmenden Nachricht, dass wir die erste Ostpartei waren, die eine rasche deutsche Einheit wollte, auch die von mir immer wieder gern erzählte Episode darunter, dass Kurt Biedenkopf mich einmal beim Wein um einen echten Herrnhuter Adventsstern gebeten hatte.

Die waren ja damals wieder groß in Mode, weil die ersten Beratungen am Runden Tisch in Berlin unter eben so einem Stern stattgefunden hatten.« Traditionsverwurzelt legt er noch einen nach: »Wir hatten um die Weihnachtszeit herum in der Familie schon immer so einen Stern an der Decke.«

Auch aus diesem Grund ist es für Diestel und Co. verschmerzbar, dass sie in jenen aufgeregten Dezembertagen nur ein Stühlchen am Beobachter-Katzentisch unter dem Adventsstern bekommen. Im Grunde haben sich Diestel und seine Parteifreunde da schon von der DDR verabschiedet. Und nicht nur sie. Auch der künftige Parteivorsitzende des Demokratischen Aufbruchs, Wolfgang Schnur, verkündet bereits in der ersten Dezemberwoche – ohne zu diesem Zeitpunkt von seinen Mitstreitern dafür legitimiert zu sein – als oberstes Ziel eine rasche Deutsche Einheit.

Etwas vorschnell. Denn nach dem Drehbuch von Bundeskanzler Helmut Kohl, der am 28. November seinen Zehn-Punkte-Plan für das künftige Deutschland vorgelegt hat, ist dieses Happy End der deutschen Teilungsgeschichte noch etwas weiter nach hinten gelegt. Doch im richtigen Leben geht es nicht nach Drehbuch.

Oder doch? Jedenfalls gehören die Ereignisse, die sich im Januar in der DDR-Hauptstadt zutragen, zu den mit den meisten Legenden behafteten Geschehnissen der Wendezeit: Am 15. Januar tagt in Berlin der Zentrale Runde Tisch zum Thema Staatssicherheit. Gleichzeitig hat das Neue Forum für den Nachmittag zu einer Demo vor der Stasi-Zentrale aufgerufen. Es sollen auch Ziegelsteine und Mörtel mitgebracht werden, um das Hauptquartier der Schlapphüte symbolisch zuzumauern, damit nicht weitere Akten aus dem Haus verschwinden.

Vor Ort herrscht eine aufgeheizte Stimmung. Hunderte stehen mit ihren Transparenten in der Kälte und warten wütend – irgendetwas müsste geschehen. Aber es geschieht nichts. Ein Beobachter schildert das nun Folgende so: »Der

Druck der verärgerten Menschen vor dem Tor wurde stärker und stärker. Einige haben sogar versucht, Drähte von Überwachungskameras durchzuschneiden«.²⁴ Schließlich geht das Tor, wie durch ein Wunder, von innen auf. Diestel: »Bis heute weiß man nicht, wer es geöffnet hat.«

Doch er ist von der Variante überzeugt, die ihm später auch die Geheimdienst-Profis bestätigen: »Die Sturm- und ganze Öffnungsgeschichte war inszeniert.« Sein späterer Mitarbeiter im Innenministerium der DDR, der Volkspolizei-Generalleutnant Karl-Heinz Schmalfuß, dessen Aufgabe es gemeinsam mit den anderen Polizeikollegen auch ist, das Allergeheimste vor Übergriffen zu schützen, und der die damalige Situation beurteilen kann, teilt mit vielen anderen seiner einstigen Kollegen diese Auffassung: »Der ganze Ablauf der Sturmaktion trägt eindeutig professionelle, also geheimdienstliche Züge.« Diestel ergänzt: »Anfangs habe ich den Sturm auf die Normannenstraße als etwas Urwüchsiges, Revolutionäres, Großes empfunden.« Später, als er dann als Innenminister in der Verantwortung steht, beurteilt er die Sache differenzierter: »Es ging nach der Meinung der Insider letztlich darum, ein Druckventil für die gegen die Staatssicherheit aufgeheizte Menge zu öffnen und brisante Akten, soweit sie sich zu diesem Zeitpunkt überhaupt noch im Haus befanden, für die eigenen Belange zu sichern. Es ist ein offenes Geheimnis, dass unter denen, die damals losstürmten, auch MfS-Leute und Geheimdienstler westlicher Dienste waren, die maßgeblich den Ablauf der Aktion bestimmten. Denn alles, was nach der Toröffnung geschah, trägt die Handschrift von Profis, die clever hinter den Kulissen die Strippen gezogen haben. Das haben mir später auch die mir unterstellten Restpersonalbestände der Staatssicherheit bestätigt. Um es auf den Punkt zu bringen: Die haben schon drei bis vier Wochen vorher gewusst, dass an diesem bewussten Tag eine entsprechende Revolte stattfinden würde, dass man sich also darauf vorbereitet hatte, den Volkszorn zu kanalisieren.«

Viele Merkwürdigkeiten des Geschehens, das er sich später in seiner Funktion als Innenminister noch einmal genau berichten lassen wird, erhärten seine Theorie: »Zum Beispiel raste die Menge, gesteuert wie von einer unsichtbaren Hand, in Richtung Versorgungstrakt. Die Archive aber waren ganz woanders. Und vor die Tür der HVA gelangte seltsamerweise nur ein kleines Grüppchen der Protestierer …«

Wenn dem so war, hatte das Ablenkungsmanöver der Profis Erfolg. Von den westlichen Insidern abgesehen, dringen, am Ende nur »ausgesucht« wenige der Erstürmer bis zu den Büros der Hauptabteilung Aufklärung vor. Jene, die es schaffen, werden von den HVA-Männern bereits unaufgeregt erwartet. Ein Zeitzeuge: »Die erklärten uns freundlich, sie seien fürs Ausland zuständig, und die Stasi-Erstürmer meinten, dann seien sie da wohl an der falschen Adresse.«

Eine durchaus verständliche Reaktion, denn für die Mehrzahl der Eindringlinge sind die mit allen Wassern gewaschenen HVA-Geheimdienstprofis ja nicht die Gegner.

David Gill, damals Vorsitzender des Bürgerkomitees Normannenstraße und Sekretär des Volkskammerausschusses zur Stasi-Auflösung, beurteilt die damalige Situation ähnlich: »Bis heute ist nicht geklärt, ob die Erstürmung der Zentrale ein – durch wen auch immer – lancierter Vorgang war, um unauffällig Akten verschwinden zu lassen. Augenzeugen berichten nämlich, dass, bevor die Demonstranten überhaupt das Gelände betraten, schon in verschiedenen Häusern Licht brannte und Papierbündel aus den Fenstern flogen. Erstaunlich ist auch, dass gerade die wichtigen Gebäudeteile wie die Hauptabteilung XX und das Archiv des Staatssicherheitsdienstes, die die Überwachung der Bevölkerung zum Gegenstand hatten, oder die für Spionage zuständige Hauptverwaltung Aufklärung nicht in Mitleidenschaft gezogen wurden.« Gill sagt zu dieser Thematik abschließend: »Auch eine Expertengruppe der Kriminalpolizei«, die später zur Untersuchung der Ereignisse eingesetzt wurde, »entwickelte zur Klärung dieser Fragen wenig Aktivitäten und lieferte keine Erkenntnisse.«[25] Was Wunder!

Hier kommen dann auch wieder Diestels anfängliche Zweifel am Runden Tisch und sein Verdacht vom cleveren Taktieren mancher Altgenossen ins Spiel: Geschickt gelingt es denen nämlich unter der Führung ihres frisch installierten Staatschefs Hans Modrow, den Runden Tisch vom Kontrolleur zum Mitregierenden zu machen. So gibt die Arbeitsgruppe Sicherheit des Zentralen Runden Tisches am 23. Februar 1990 den Mitarbeitern der ehemaligen Hauptverwaltung Aufklärung den Auftrag, ihre Diensteinheiten gewissermaßen selbst aufzulösen – unter Respektierung der internen HVA-Geheimhaltungsregeln, versteht sich. Im Abschlussbericht liest sich das später so: »Die Aktenreduzierung des zentralen Bestandes erfolgte ... unter Kontrolle des Regierungsbeauftragten, des Komitees zur Auflösung des Amtes für Nationale Sicherheit und unter Einbeziehung der lokalen Bürgerkomitees. Sie wurde unter Beachtung des personen- und sachbezogenen Datenschutzes durchgeführt mit dem Ziel, die Interessen der DDR, ihrer Verbündeten, anderer Staaten, aber auch die von Einzelpersonen zu schützen. Die entsprechenden Schritte wurden protokolliert und damit verbundene Transporte durch das MdI (Ministerium des Innern) begleitet.«[26]

Ein weiterer Katalysator des historischen Laufs, der mit einem Schlag auch Diestel und seine junge Partei ins Rampenlicht des großen Geschehens rückt, ist die hochspannende Nachtsitzung des Runden Tisches am 28./29. Januar 1990 im Gästehaus der DDR-Regierung »Johannishof« in Berlin. Hier schilderte der Ministerpräsident Modrow den Rundtisch-Leuten die Lage der DDR in den allerschlimmsten Untergangsfarben. Er appelliert an das Verantwortungsgefühl seiner Zuhörer. Das gelingt. Am Ende eines Gesprächs-

marathons von sieben Nachtstunden sind die Oppositions-
vertreter bereit, in Modrows Kabinett einzutreten. Sie werden am 5. Februar als Minister ohne Geschäftsbereich in
Modrows neu geschaffener Wagenburg, einer »Regierung
der nationalen Verantwortung«, vereidigt.

Doch noch eine weitaus bedeutsamere Entscheidung
fällt in dieser Sitzung: Die Vorziehung der Volkskammer-
wahl um sieben Wochen, auf den 18. März 1990.

Peter-Michael Diestel ist noch nicht lange hauptbe-
ruflich in der Politik, aber um die Tragweite dieser Nachricht zu begreifen, bedarf es für ihn keines aktuellen Brie-
fings seiner hilfreichen CSU-Berater aus München. »Mit
diesem Tempo sollte allen anderen die Wahlvorbereitung
schwergemacht werden.« Unter Insidern macht zudem
ein Gerücht die Runde: Dieser Wahl-Coup war ausge-
kungelt. Kolportiert wird, die SED-Führung hätte gemeinsam mit Ibrahim Böhme, zu diesem Zeitpunkt Geschäfts-
führer der ostdeutschen Sozialdemokraten, hinter dem
Rücken der anderen verhandelt, um der SED/PDS weiterhin ein Plätzchen an der Macht zu sichern. Diestel: »Es
ist davon auszugehen, dass der damaligen SED-Führung
das gesamte Herrschaftswissen des Staates zur Verfügung
stand – somit auch die Arbeitsergebnisse des MfS. Demzufolge kann man ruhig sagen, dass die SED-Führung ganz
genau wusste, wer IM war und wer nicht, und dass sie mit
diesem Wissen Einfluss nehmen konnte, versteht sich von
selbst.«

***

Diestel ist, wenn es um Stasi-Verwicklungen geht, mit seinen Äußerungen ein sehr vorsichtiger Mann. Deshalb kommentiert er diesen Teil der Vorwahlgeschichte auch äußerst
zurückhaltend: »Ob bei der Hinterzimmer-Absprache zwischen SPD-Böhme und den SED-PDS-Oberen auch schon
Böhmes Doppelleben als Stasi-IM ›Paul Bongartz‹ eine Rolle

gespielt hat, werden nur die Betroffenen wissen.« Er aber weiß mit Sicherheit: »Dass dieser Ibrahim Böhme, der mit seinem richtigen Vornamen übrigens Manfred hieß, mehr als ein Jahrzehnt lang für die Staatssicherheit gearbeitet hat, war mir und vielen anderen schon vor der Wahl bekannt. Sogar seine SPD-Freunde haben ja bisweilen Zweifel geäußert, sich aber nicht an Böhme herangetraut. Er hatte, aus welchen Geheimgründen auch immer, mächtige Fürsprecher aus der West-SPD. Und die wollten ihn zu gern als Ministerpräsidenten sehen.«

Diestels Aussage vom schon frühzeitig bekannten »Doppelleben« des Ibrahim Böhme wird übrigens von seinem damaligen Parteivorsitzenden Ebeling bestätigt. Der erinnert sich: »Mir wurden von zwei abtrünnigen Stasi-Leuten bereits im Januar 1990 für 10 000 Mark Akten über diesen Böhme zum Kauf angeboten. Ich habe das abgelehnt, weil mir solche Dinge zu schmierig sind, und ich habe nur deshalb nicht öffentlich darüber geredet, weil ich meinen Stab nicht über jemanden breche, ohne wirkliche Beweise zu haben. Die Akten von professionellen Schwindlern sind für mich keine Beweise.«[27]

Auch Diestel hat sich in der Öffentlichkeit mit solchen Enthüllungen bislang zurückgehalten. Dennoch kann er zu dieser unsäglichen Böhme-Geschichte noch eine Episode beisteuern: »Nachdem ich von einem unserer CSU-Berater im Vorfeld des Wahlkampfes einen Tipp bekam, wer dieser Böhme wirklich war, stellte ich ihn mal in einem Gespräch unter vier Augen. Das war, nachdem er am Runden Tisch wieder mal eine seiner selbstgefälligen Reden gehalten hatte und sich schon als Ministerpräsident sah.« Denn bereits im Januar hatten Meinungsforscher von »Infratest« der Ost-SPD eine absolute Mehrheit bei den Wahlen vorausgesagt. Nach ihren Erhebungen liegt die »Böhme-Partei« bei satten 44 Prozent.

Die Szene, die Diestel dann beschreibt, ist filmreif: »Böhme stand neben mir auf dem Klo, und ich sprach ihn dort mit seinem richtigen Vornamen an, den damals eigentlich nur die Stasileute kennen konnten. ›Manfred‹, sagte ich, ›Manfred – den Strahl immer schön flach halten in diesen revolutionär-bewegten Zeiten.‹ Mein Gott, war der plötzlich bleich im Gesicht.«

Diestel später: »Wir sind uns dann noch mehrmals begegnet, aber der war im Grunde nicht mehr mein Problem. Der war und wurde ja bekanntermaßen wenige Tage nach der Wahl das Problem der SPD-Leute. Und die haben die Peinlichkeit Ibrahim Böhme, den sie damals so gern sogar zum letzten DDR-Ministerpräsidenten gemacht hätten, so schnell und still es irgend ging zu den Akten gelegt.«

Richard Schröder, Fraktionschef der Ost-SPD ist im Grunde sogar erleichtert, dass Böhme nicht Ministerpräsident wird: »Denn dass Böhme völlig untauglich war, unabhängig von der Stasi-Verwicklung, sondern wegen seines ganzen Wesens, das war uns völlig klar.«[28] Sein Parteifreund und späterer Außenminister Markus Meckel fügt über Böhmes Stasi-Vergangenheit hinzu: »Mal gab es Phasen des Vertrauens, mal Phasen des Misstrauens. Dann, Ende 1989, war das Misstrauen sehr groß. Aber wir konnten nichts mehr tun. Er war der Sunnyboy der SPD, im Westen wie im Osten, und wenn wir ihm einen solchen Vorwurf gemacht hätten, wäre das wie eine Denunziation gewesen.«[30]

Nachzutragen bleibt nur: Böhme, der nach der verlorenen März-Wahl 1990 nicht mehr zwischen selbst- und fremdgestrickten Legenden und der Wirklichkeit unterscheiden konnte, starb einsam, mit sich selbst im Unreinen und von beinahe allen Freunden verlassen 1999, kurz nach seinem 55. Geburtstag in Neustrelitz.

***

Bedeutsamer aber als die Stasi-Geschichte Böhmes, den Diestel dennoch später noch einige Male treffen wird (»Er tat mir leid. Diese völlig gebrochene Biografie eines hochintelligenten und gebildeten Waisenjungen, der von falscher Umgebung manipuliert und charakterlich völlig verdorben wurde, hat mich tief betroffen gemacht«), ist für den DSU-Generalsekretär und seine Gesinnungsfreunde jetzt der vorgezogene Wahltermin. Für ihn und viele Konservative geht es nur noch um eine zentrale Frage: »Zwei Lager standen sich in jenen Tagen gegenüber – die Befürworter und die Gegner der Wiedervereinigung.« Und Diestel, in nur wenigen Monaten vom engagierten Laien zum politischen Profi gereift, ist davon überzeugt: »An dieser Frage wird sich die Wahl entscheiden.«

Eile ist geboten. Auch die Partner im Westen sind von diesem neuen Wahltermin im Osten überrascht. Prompt reagiert Helmut Kohl und stellt in Berlin »Die Allianz für Deutschland« vor, die, bestehend aus den neu gegründeten Oppositionsgruppen Demokratischer Aufbruch (DA) und Deutsche Soziale Union (DSU) sowie der DDR-CDU, als bestimmende Kraft gemeinsam zur Wahl antreten will. Seine noch kurz zuvor immer wieder geäußerten Vorbehalte gegen die Ost-CDU hat der Politprofi und Pragmatiker Kohl, der aktuellen Situation geschuldet, aufgegeben.

In seinen *Erinnerungen* beschreibt Kohl, welche Probleme er mit der Ost-CDU hatte: »Viele ihrer Funktionäre hatten jahrelang als Vertreter der sogenannten Blockparteien treu den Wünschen der SED entsprochen und waren nichts als freiwillige Erfüllungsgehilfen der Kommunisten.« Kohl gesteht: »Die Vertreter der neugegründeten Oppositionsgruppen fand ich weit interessanter. Doch viele von ihnen waren noch im Umbruch, und die führenden Köpfe waren für uns noch gar nicht zu erkennen. Nicht jeder, der von sich behauptete, er sei ein Oppositioneller, war es auch wirklich.«[31] Und Kohl erinnert sich, ganz staatsmännisch distanziert, wie es zu dem Schulterschluss der C-Parteien kam. »Von vielen Seiten ermutigt«, habe er sich mit dem ostdeutschen CDU-Chef Lothar de Maizière verabredet und mit ihm über »familiäre Hintergründe und weltanschauliche Prägungen« gesprochen. Man wäre sich zwar »nicht besonders nahe« gekommen, habe aber trotzdem mögliche Formen der Zusammenarbeit erörtert.[32]

Peter-Michael Diestel, den das nicht tangiert und der in diesen hektischen Tagen immer zwischen Leipzig, München und Berlin unterwegs ist, um Stimmung für seine Partei zu machen, beurteilt die Lage so: »Historisch verbürgt ist, dass sich Kohl noch am 23. Januar 1990 im CDU-Bundesvorstand skeptisch über die DDR-CDU geäußert hatte. Bei seinem Abgrenzungskurs wurde er von CDU-Generalsekretär Volker Rühe massiv unterstützt und bestärkt.«

Das untermauert ein Interview Rühes im Radio, in dem er sagt: »Es gibt eine Partei unseres Namens drüben, die aber nicht unsere Schwesterpartei ist.« Intern soll Rühe seine Zweifel am Zusammengehen mit der Ost-CDU in diesen Tagen noch viel drastischer formuliert haben, als er feststellte, wer sich neben einen Misthaufen stelle, finge selbst an zu stinken.

Doch Lothar de Maizière, Spross einer in Deutschland hochangesehenen Hugenottenfamilie, dessen Onkel auf der anderen Seite der Mauer als Generalinspekteur der Bundeswehr einen guten Namen hat, kann mehr wegstecken, als man dem schmächtigen Mann mit der bolzengeraden Haltung zutraut. Er lässt sich nicht beirren. Er will die Fusion der beiden C-Parteien, weil er weiß, dass nur so der Weg zum Wahlerfolg und damit zur Einheit des Landes gehbar ist.

Diestel, der zum damaligen Zeitpunkt diesem Lothar de Maizière und seinen Parteileuten ebenso skeptisch gegenübersteht wie Kanzler Kohl, sagt später voller Hochachtung: »Dieser Rechtsanwalt Lothar de Maizière ist ein Edelmann. Ein Ritter, der statt mit Schwert und Lanze mit einer Bratsche und intellektuellen Argumenten durchs Leben geht. Er hat trotz vieler – bisweilen sehr unqualifizierter, bitterböser – Nachreden getan, was getan werden musste.« Doch das ist schon zu einem Zeitpunkt, da de Maizière sich selbst mancher Stasi-Vorwürfe, erwehren muss und ihm Diestel loyal zur Seite steht. Seither verbindet die beiden Ostdeutschen eine tiefe und aufrichtige Freundschaft. Eine Freundschaft, die nach Diestels Erinnerung einen sehr menschlichen Ausgangspunkt hat: »De Maizière war schon Ministerpräsident, da stand er plötzlich nach einer Kabinettsitzung an einem Abend völlig aufgelöst vor meiner Tür und suchte einen, der ihn versteht – zum Quatschen. Nicht über Einheit, Stasi und Deutschlandpolitik, sondern über Allzumenschliches – sein Dackel Tabsi war gestorben. Also gossen wir uns ein, zwei Trauerschnäpse hinter die Binde, zogen durch den Treptower Park und redeten über die Beziehung zwischen einem Mann und seinem Hund, über Gott und die Welt.« Mit einer Handbewegung wischt der Jäger Diestel, der selbst ein großer Dackelfan ist, die kleine Episode wieder weg: »Das kann nur einer verstehen, der selbst einen Dackel hat …«

Doch zu jener Zeit, um die es hier geht, steht zwischen Diestel und de Maizière noch eine Wand. Der Diestel von damals: »Den hatte sich die Blockflöten-CDU doch nur ausgeguckt, um ihren politischen Wandel zu signalisieren, und er war sogar in der Modrow-Regierung. Mit denen wollten wir nichts zu schaffen haben.«

Anders und machtpolitisch realistischer sehen es viele westdeutsche Christdemokraten. Hier findet de Maizière schon sehr früh, trotz der Zweifel Helmut Kohls, Mitstreiter. Dazu zählen beispielsweise der Berliner Parteichef Eberhard Diepgen, Hessens Ministerpräsident Walter Wallmann und auch Innenminister Wolfgang Schäuble. Diese drei hatten den bekannten ostdeutschen Anwalt schon Ende 1989 zu ersten informellen Sondierungsgesprächen besucht.

***

Rückblende: Diestel erinnert sich an jene Zeit, als die Allianz geschmiedet wurde, so: »Mit der Entscheidung, die Wahlen vorzuziehen, geriet Helmut Kohl unter einen enormen Handlungsdruck: Aus den eigenen Reihen, von meinen Freunden in der CSU, die in uns ihren unbelasteten Partner längst gefunden hatten und hinter den Kulissen mit großem Geschick und Engagement agierten, und natürlich der SPD, die sich bereits als Sieger der bevorstehenden Wahl sah.«

Für Kohl ist das ein Dilemma. Denn der steht noch immer ohne Partner im Osten da. Nun handelt er prompt und empfängt am 1. Februar im West-Berliner Domizil des Bundeskanzlers in Berlin-Dahlem, Pücklerstraße 14, führende Vertreter vom Demokratischen Aufbruch, der Deutschen Sozialen Union und der DDR-CDU. Diestel: »Kohl war, wenn er sich dann einmal für eine Sache entschieden hatte, sehr zupackend. Wir von der DSU hatten über unsere Bayern-Allianz die Notwendigkeit eines konservativen Bündnisses und, als wichtigstes Kriterium für den Wahlkampf, eine schnelle Wiedervereinigung signalisiert. Darin sah ich die Chance, trotz aller gegenteiligen Prognosen, die Wahl zu gewinnen. Das hat Helmut Kohl letztlich mit überzeugt.«

Doch bis zur Gründung dieses Wahl-Zweck-Bündnisses gehen noch vier Tage ins Land. Diestel: »Es gab immer wieder Hickhack zwischen allen Beteiligten.« Der Bundeskanzler in seinen Erinnerungen: »Schon nach kurzer Zeit brach ein veritabler Krach aus, weil Kirchner sofort – im Falle eines Wahlsieges der CDU – den Posten des Ministerpräsidenten für Lothar de Maizière beanspruchte. Diestel widersetzte sich diesem Ansinnen energisch. Er wolle mit den ›roten Socken‹ – bei der Gelegenheit hörte ich erstmals diesen Ausdruck – nichts zu tun haben, schimpfte auf die Ost-CDU und bezeichnete sie sogar als Verräter. Schnur wiederum meinte, das Amt des Ministerpräsidenten stehe ihm zu. De Maizière und Kirchner hielten dagegen. Keiner traute dem anderen, jeder glaubte, selbst der Größte zu sein. Ich bin immer wieder dazwischengegangen, habe zu schlichten versucht.«³²

Von einer anderen Unstimmigkeit berichtet Lothar de Maizière. So hätte beispielsweise nach einem Gespräch mit Kohl Generalsekretär Volker Rühe vorgeschlagen, die DDR-CDU könne sich doch umbenennen. Rühe soll damals den Vorschlag gemacht haben, dass sich die Ost-CDU künftig in »Demokratische Union Deutschlands« (DUD) umbenennen solle. Das empfindet de Maizière als Affront: »Ich habe geantwortet, dass ich in keiner Partei sein will, die ›Dutt‹ heißt. Ich habe bewusst ›Dutt‹ und nicht ›D-U-D‹ gesagt, um diesen Vorschlag lächerlich zu machen.«³³

Für das Polit-Urgestein Helmut Kohl sind das Details. Er will jetzt handeln. Diestel: »Aber schon in solchen Kleinigkeiten offenbarte sich, warum der Pfälzer Katholik mit dem spröden Berliner Protestanten menschlich und politisch wenig anzufangen wusste. Mit mir war das anders. Ich war unbelastet, lebte finanziell unabhängig und hatte nichts zu verlieren. Das war eine sehr komfortable Situation – wenn ich mich mit de Maizière und auch mit Schnur vergleiche. Beide hatten doch zu ihrem Unglück auch noch mit ihren Stasi-Verwicklungen zu schaffen – wenn auch mit völlig unterschiedlichem persönlichem, charakterlichem und politischem Hintergrund.«

Und dann äußert Diestel einen Verdacht, den er bislang für sich behielt: »Ich bin mir absolut sicher, dass die Bundesregierung sehr viel früher, als es dann öffentlich wurde, von diesen Verwicklungen erfahren hat. Es gab schon Ende 1989 einen MfS-Überläufer, der in einem Koffer Stasi-Unterlagen über die Kontakte zwischen SED-Staat und Kirche an den Bundesnachrichtendienst und damit an die Bundesregierung verkauft hat. Das Herrschaftswissen war vorhanden – aber wie sollte man sich verhalten …?« Kohl bestätigt das dann Jahre später auch indirekt in seinen Erinnerungen: »Trotz aller Verdächtigungen hielt ich zunächst an den Spitzenleuten der Ost-CDU und des Demokratischen Aufbruchs fest.«[34] Diestel: »Das war schließlich der einzige Weg, um das Tempo der Zeit beizubehalten.«

Das ist nicht der einzige Nebenschauplatz, an dem sich die Allianz als Zweckbündnis offenbart. So gibt es bis heute Diskussionen, wer eigentlich der Urheber des Begriffes »Allianz für Deutschland« ist. Kohl reklamiert die Urheberschaft für sich, de Maizière bestreitet das. Und Diestel ist sich absolut sicher: »Die Idee kam von uns und ist in Gesprächen dann von meinem Parteifreund Ebeling und mir eingeführt worden. Kohl wollte unsere Vereinigung nämlich ursprünglich schlicht und einfach Allianz der Union nennen.« Dass Diestel und Ebeling schon zu diesem Zeitpunkt unter Beschuss aus den eigenen DSU-Reihen gerieten, sei noch angemerkt: »Allen in der Partei war klar, dass es ohne die DSU, deren Rückgrat durch die Freunde der CSU mächtig gestärkt war, keine Allianz gegeben hätte. Dennoch gab es bereits Stimmen, die für meinen Ausschluss aus der Partei plädierten, weil ich nach deren Meinung den raschen Beitritt zur Allianz und damit das Zusammengehen mit der Ost-CDU zu sehr forciert hatte und somit für den Wahlsieg der CDU-Ostpartei gesorgt hätte.«

Letztlich bekommt der Deutschland-Slogan dann die Zustimmung aller an der Allianz Beteiligten. Für viele ist es eine »geniale« Idee, weil sie die Einheit Deutschlands, die sich erstmals bereits vorgedacht im Programm der DSU findet und damit die Stimmung im Wahlvolk bereits vorwegnimmt. Diestel, für den solche kleinlichen Streitereien um die Urheberschaft eines Wende-Begriffs Nebenschauplätze sind, sagt: »Fakt ist, dass unsere ›Allianz‹ ohne den erfahrenen Wahlkämpfer Kohl, der bei Auftritten in sechs DDR-Städten rund eine Million Bürger anzog, niemals so erfolgreich gewesen wäre. Kohl war unbestritten die Zugmaschine und das Gehirn der ›Allianz für Deutschland‹.«

Kurzum, das Wahlbündnis, das dann endlich am 5. Februar gegründet wird, zieht unter dem Motto »Freiheit und Wohlstand – Nie wieder Sozialismus« in den Kampf um die Macht. Viele dieser nun folgenden Wahlkampf-Auftritte hat Diestel selbst organisiert; er ist dem Kanzler dabei näher gekommen als mancher der alten West-Parteifreunde. Diestel: »Ich erinnere mich bis heute an die gewaltige Kundgebung im März 1990 in Leipzig, die ich gemeinsam mit dem CDU-Urgestein Hans Terlinden und anderen Kohl-Vertrauten organisiert hatte. Es war ein unvergessliches Erlebnis, diese Woge der Zuneigung zu verspüren, die damals dem Bundeskanzler entgegenschlug. Helmut Kohl sagte mir hinterher voller Rührung, dass er so etwas Gewaltiges und Großes noch nie in seinem Leben verspürt habe.«

Solche gemeinsamen Erlebnisse können zwei Männer für ein Leben verbinden. Das beweist eine Zusammenkunft zwischen dem Altkanzler und Peter-Michael Diestel, die viele Jahre später zu Diestels 50. Geburtstag in seiner Potsdamer Kanzlei stattfindet. Ohne Voranmeldung taucht plötzlich Helmut Kohl bei Diestel auf, um ihm die Hand zu schütteln. Diestel, der sich stolz und gern an diesen hochrangigen Überraschungsbesuch erinnert: »Ich habe Kohl damals übrigens mit meinem Freund, dem Maler Professor Willi Sitte, zusammengebracht. Die beiden kamen sich persönlich und menschlich nahe. Es war sehr anrührend, das mitzuerleben – zwei große alte Männer mit einer wunderbaren tiefen, aufrichtigen Bodenständigkeit. Kohl wollte sich dann sogar von Sitte porträtieren lassen.« Doch zu diesem Ölbild sollte es nicht kommen. Der Beinahe-Beziehungsstifter Diestel: »Sitte hatte anderes zu tun und lehnte ab. Schade. Damit ist uns mit absoluter Sicherheit ein Bild von großer Symbolkraft entgangen.«

***

Zurück in den Wahlkampf: Mit seinem Freund, Pressesprecher und Wahlkampfleiter Thomas Junker, einem Journalisten aus Bayern mit allerbesten CSU-Kontakten, der in
Leipzig Verwandte hat und den Diestel im Ebeling-Kreis als
klugen Westratgeber kennenlernt, düst er zwischen Rostock
und Dresden durchs Land. Diestel inspiziert Bühnen und
Lautsprechertechnik und schreit sich auf Kundgebungen
für die Allianz die Lunge aus dem Hals. Die beiden organisieren Plakataktionen und trommeln, wo sie auftauchen,
mit ihren Losungen das Wahlvolk zusammen.

Sein damaliger Begleiter Junker erinnert sich an diese
turbulenten Zeiten wie an ein Road-Movie: »Diestel war
sich für nichts zu schade.« Damit spielt er auch auf das
organisatorisch-heimwerkerliche Geschick des trainierten
DDR-Bürgers Diestel an, der, wenn etwas zu kopieren ist,
selbst mit Hand anlegt, und wenn irgendwo der Kleister für
die Plakate knapp wird oder ein Lautsprecherkabel defekt
ist, genau weiß, wie man das wieder in die Reihe bekommt.
Junker: »Einen so verrückten Generalsekretär einer Partei
wie den habe ich nie wieder erlebt.«

Es muss schon ein eigenartiges Bild gewesen sein: Junker lenkt den getunten alten VW und spielt die ganze Zeit
Musik-Kassetten, um hinter dem Steuer munter zu bleiben, und Diestel liegt, vom Wahlkampf gebeutelt, hinten im Wagen und schläft. Junker: »Heute kann ich es
ja sagen – manchmal, wenn so eine Großveranstaltung
gelaufen war, waren wir so high vor Begeisterung, dass
wir uns in irgendeinem Landgasthaus auch mal kräftig
einen hinter die Binde kippten.«[35] Da kann es, im Überschwang der Gefühle, dann auch einmal passieren, dass
Diestel, der schon während seiner Studienzeit als »Frau-
enaufreißer« einen legendären Ruf hatte, mit einer hüb-
schen Bedienung hinter dem Bartresen anbandelt. Junker
lacht: »Das werde ich nicht bestätigen. Dazu müsste Diestel sich schon selbst outen.«[36] Tut er auch – in einem Interview 1992: »Mit Fäusten habe ich in meiner Jugend schon

öfter mal ganz schön zugelangt. Zarter, aber ebenso selbstbewusst auch bei den Mädchen. Das gebe ich schon gern zu. Ist aber alles Geschichte ...«[37]

Dass solch einer jugendlich unbeschwert-potenten und zudem wirtschaftlich geballten Organisationsmacht aus Ost und West die gerade erst dem politischen Untergrund entstiegenen Basisleute vom Runden Tisch und die Vereinigungs-Bedenkenträger von der SPD nicht viel entgegenzusetzen haben, zeigt das Wahlergebnis: Am 18. März stimmten gerade einmal 2,9 Prozent der DDRler für die im »Bündnis 90« vereinten Bürgerbewegungen, die »Grüne Partei« der DDR erhielt 1,8 Prozent, die »Ost-SPD« kam mit 21,9 Prozent auf weniger als die Hälfte der konservativen »Allianz für Deutschland«, die mir 48,0 Prozent ganz oben lag. Die auf Schulterschluss eingeschworene »PDS« fuhr 16,4 Prozent der Stimmen ein.

***

Rückblende: Sechs Tage vor diesem grandiosen Sieg der Konservativen tritt der Runde Tisch zu seiner letzten Sitzung im Gästehaus des DDR-Außenministeriums in Schloss Niederschönhausen (wo er seit Ende Dezember getagt hat) zusammen. Wehmut liegt in der Luft. Moderator Pfarrer Martin Ziegler nennt jene Runde in seiner Abmoderation eine »Schule der Demokratie«. Als dann um genau 20.33 Uhr Monsignore Karl-Heinz Ducke den Runden Tisch beschließt, sagt er: »Ich wünsche Ihnen allen, dass es auch danach eine gute Zeit wird.«

Diestel sagt später – aber da ist er schon Innenminister – staatsmännisch fair und anerkennend: »Der Runde Tisch hat gute Arbeit getan: In nur drei Monaten wurden von hier aus die rechtlichen und praktischen Grundlagen für freie Wahlen im Land geschaffen.«

Eine Distelfinte.

Stallgeruch
Der Gefreite und die Generäle

Die neue DDR-Regierung, die an diesem Donners-
tag in der Ost-Berliner Volkskammer gewählt wird,
ist eine große Koalition aus der Allianz für Deutschland, der SPD und den Liberalen. Die CDU stellt den
Ministerpräsidenten und zehn Minister. Die SPD
übernimmt sieben Ressorts. Die Liberalen haben
drei Minister, die Deutsche Soziale Union (SU) …
stellt zwei Minister und der Demokratische Aufbruch einen … Minister für das Ressort Innen und
zugleich Stellvertreter des Ministerpräsidenten:
Peter-Michael Diestel …

DPA am 11. April 1990.

Wir blättern in einem Fotoalbum. Peter-Michael Diestel
steht im Kreis der anderen eben gewählten Kabinettsmit-
glieder, etwas versteckt in der zweiten Reihe unter einem
großen DDR-Emblem. Über ihm spreizt sich der Zirkel im
Ährenkranz, und genau über Diestels Scheitel hängt der
gigantische Hammerstiel. Vom Hauch der Geschichte ist
diese Versammlung nicht gerade geprägt. Auch staats-
männischer Geist ist der Szene auf dem Foto vom 12.
April – bei allem Wohlwollen – nicht abzugewinnen. Die
24-köpfige Regierungsmannschaft, die sich da um ihren
Chef, Lothar de Maizière, herum aufgestellt hat, wirkt ein
wenig wie eine Versammlung von Lehrern einer Erwei-
terten Oberschule, nachdem sie im DDR-Ministerrat eine
Auszeichnung zum »Verdienten Lehrer des Volkes« erhalten haben: Alle sind ein wenig schüchtern, ein wenig stolz,
ein wenig aufgeregt, ein wenig unsicher, ein wenig nerv-
lich gerädert, und alle haben sich für diesen großen Tag ihr
Allerschönstes aus dem Kleiderschrank geholt.

Vergessen sind in diesem historischen Moment die Grabenkämpfe, in denen es gut drei Wochen lang um das Aushandeln der Ministerposten ging. Diestel: »De Maizière führte viele der vorbereitenden Gespräche im CDU-Hauptquartier im Nuschke-Haus in der Berliner Jägerstraße. Ich habe ihn für seine Konsequenz und für sein Verhandlungsgeschick sehr bewundert. Denn es war nicht leicht, den unterschiedlichen persönlichen und Partei-Interessen bei der Besetzung bestimmter Minister- und Staatssekretärsposten Rechnung zu tragen und auch gegenüber den Ratschlägen unserer Allianz-West-Berater, die natürlich ebenfalls ihre Interessen hatten, Souveränität zu wahren.«

Natürlich hätte Lothar de Maizière das Land nach dem grandiosen Wahlsieg der Allianz auch allein regieren können, doch er ist – auch um seiner Unabhängigkeit willen – clever und lebenserfahren genug, auch die Sozialdemokraten mit ins Regierungsboot zu holen. In einem Interview schildert er später seine Beweggründe so: »Ich wusste schon, dass im Zuge der nächsten Monate von der bundesdeutschen Seite eine ganze Menge Zumutungen auf uns zukommen würden, dass die uns sagen würden, wir sollten dieses, jenes, sonst was machen. Und ich hoffte sagen zu können: Ja, liebe Leute, ich muss aber Rücksicht nehmen auf meinen Koalitionspartner! Und der sieht das ganz anders, und insofern kann ich diesem Ansinnen nur bedingt folgen.«[38]

Diestel beim Betrachten des historischen Gruppenbildes: »Wenn ich mir unsere Mannschaft so ansehe, dann hat es de Maizière, der ja bei der Besetzung der Ministerposten das letzte Wort hatte, sehr klug angestellt, in seiner sachlich-pragmatischen Art das Kabinett mit Persönlichkeiten zu besetzen, die sich von Haus aus fachlich mit der Materie auch anfreunden konnten. Das ist im Vergleich zur Beliebigkeit, mit der üblicherweise in der Politik Posten vergeben werden, einmalig, und das wird es in Deutschland wohl auch nie wieder geben.« Auch wenn man sich das Arbeitspensum dieser Mannschaft anschaut, die von manchem westlichen Kollegen abschätzig als de Maizières »Laienspielertruppe« bezeichnet wird, kann man nur den Hut ziehen. In diesen sechs Monaten Regierungszeit werden insgesamt 759 Kabinettsvorlagen behandelt, 143 Verordnungen unterschrieben und 96 Gesetze verabschiedet! Diestel: »Von Laienspielern kann da wirklich nicht die Rede sein!«

Dabei spielt Diestel weniger auf jene Positionen an, für die sich ausgewiesene Fachleute wie Kurt Wünsche als Justizminister oder der Bahn-Experte Horst Gibtner als Verkehrsminister allein schon durch Qualifikation für die Aufgaben empfahlen. Auch beim Agrarwissenschaftler Peter Pollack als Landwirtschaftsminister, dem Finanzminister Walter Romberg, der von Haus aus Mathematiker ist, dem Kunstwissenschaftler Herbert Schirmer als Kulturminister oder dem Uni-Professor Frank Terpe als Forschungsminister dürfte das nicht sehr problematisch gewesen sein. Diestel erinnert sich an einen alten Freund aus Landwirtschaftszeiten, den er in der Regierungsmannschaft als Staatssekretär im Landwirtschaftsministerium unterbrachte. Dieser Dr. Dieter Schwarze machte gleich zu Beginn seiner Mitarbeit durch mehrere sehr kluge Vorlagen von sich reden. Diestel: »Irgendwann fragte mich einmal de Maizière bewundernd, wo der denn herkäme. Ich antwortete: Woher schon – direkt aus der SED.«

Diestel: »Ich war schon damals ein Gegner von dümmlich-einfältigen Ausgrenzungen. Wenn Leute gut sind, muss man sie einsetzen und nicht in Schmollecken verbannen.«

Von Friede, Freude, Eierkuchen kann in diesen Verhandlungen zur Regierungsbildung dennoch keine Rede sein. Schon bei der Besetzung der Ressorts gibt es naturgemäß auch Schwierigkeiten. De Maizière erklärt das in Gesprächen gern an folgendem Beispiel: »Die Sozialdemokraten beanspruchten selbstverständlich für sich das Ressort Arbeit und Soziales. Und ich habe damals gesagt, also,

das kann nicht sein, dass ihr alle Lob- und Dankministe-
rien kriegt und wir alle Prügelministerien! Und vor allem,
wer soziale Botschaften verteilen will, muss wissen, wer
sie finanziert. Also Arbeit und Soziales geht an euch, wenn
ihr wollt, aber dann nehmt ihr auch Finanzen. Und das
führte dann zu der Konstellation Regine Hildebrandt und
Walter Romberg.«[39]

Doch dieses Problem scheint für den Ministerpräsidenten noch verhältnismäßig klein. Später wird er sich an jene
Zeit der Kabinettsbildung seufzend erinnern: »Machen
Sie mal mit einer Reihe von Pastoren Gesetze. Au weia.
Gesetze kann man mit so einem Gutmenschenansatz nicht
machen, die müssen einfach logisch stimmen. Da können
Sie noch so viel Herz-Jesu-Sauce haben und drüberkip-
pen wollen – das bringt nichts. Das wurde mir dann als
unfreundliche Nüchternheit angelastet, aber damit muss
ich leben.«[40]

Die konkreten Zahlen veranschaulichen die Pein des
Ministerpräsidenten: Neun von 24 Kabinettsmitgliedern
und sieben Staatssekretäre kamen aus dem Kirchenbe-
reich.

Diestel nennt prompt ein Beispiel aus den eigenen Alli-
anz-Reihen: »Vor allem im Problemfall des Pfarrers Ebeling schieden sich die Geister. Der war als Vize von de
Maizière und vor allem auch als Innenminister gegen die
SPD-Kirchenleute und die Stimmen der Mehrheit nie und
nimmer durchzubringen. Also bekam ich diese Posten, die
eigentlich ihm zustanden. Ein Job auf einem Minenfeld,
um meine künftige Aufgabe mal mit einem militärischen
Ausdruck zu beschreiben.«

Breit grinsend setzt er hinzu: »Der damalige CDU-
Generalsekretär Kirchner und Herr Rühe, die eng miteinander verbandelt waren, die müssen sich wohl gesagt
haben, diesen vorlauten Diestel da aus der DSU, der ist so
sehr von sich überzeugt, den lassen wir das mal machen.
Da kommen die Stasiauflösungen, der Umbau der Poli-

zei und vieles andere auf ihn zu, daran wird er sich sehr schnell abarbeiten und das Genick brechen.«

Lothar de Maizière charakterisiert das, was Diestel in den kommenden Monaten zu leisten haben wird, wenige Tage später in seiner Regierungserklärung am 18. April vor der Volkskammer so: »Wir alle wissen, dass unser Neuanfang schwierig ist. Ihn leicht zu nehmen wäre leichtfertig. Unsere Gesellschaft wurde gezwungen, viezig Jahre lang von der Substanz zu leben, nicht nur materiell. Wir haben Schäden auf vielen Gebieten und einen großen Nachholbedarf. Und oft sind die Schäden derart, dass der Weg zu ihrer Heilung erst noch ausgearbeitet werden muss. In dieser Situation sind fortwirkendes Misstrauen, Verdrossenheit und Ermattung vieler Mitbürger nur zu verständlich … Wir haben es nicht mit Problemen zu tun, die erst jetzt entstehen, sondern mit alten, verdeckten Wunden der Gesellschaft, die jetzt offengelegt werden müssen, damit sie heilen können. Dazu gehören auch Struktur und Wirkungsweise der ehemaligen Staatssicherheit. Dazu gehört, dass sich betroffene Menschen aussprechen dürfen. Es hilft nicht die Veröffentlichung der Verstrickung Einzelner, bei denen man kaum sagen kann, wieweit sie Opfer oder Täter waren. Wir haben in diesen Wochen zu spüren bekommen, wie sich die junge Demokratie von neuem in dem Spinnennetz der ehemaligen Staatssicherheit verfing. Wir werden eine Regierungskommission einsetzen, die Aufklärung und Auflösung der gesamten Organisation des Ministeriums für Staatssicherheit bzw. des Amtes für Nationale Sicherheit betreibt. Diese Kommission wird dafür sorgen, dass die verdienstvolle Arbeit der Bürgerkomitees einen rechtsstaatlich geordneten Abschluss findet. Die Bewältigung der Stasi-Vergangenheit verlangt die unbedingte Beachtung der Rechtsstaatlichkeit. Um die Bürger in Zukunft vor Bespitzelung zu schützen, werden wir ein umfassendes Datenschutzgesetz vorlegen. In Deutschland darf es nie wieder eine zentrale Stelle geben, die unkontrolliert Informationen über das Privatleben und das Denken der Bürger sammelt …«[41]

Für Diestel, den Juristen, der sich nun an eines der schwierigsten Ämter in den letzten Tagen der DDR herantasten muss, sind das nicht nur Worte, die in jener Wendezeit zum Pflicht-Repertoire eines demokratisch gewählten Staatsoberhauptes gehören. Er weiß, wie ernst und auch wie zutiefst persönlich diese Worte von Lothar de Maizière sind. Denn Diestel hat durch seine West-Berater längst auch um die Verstrickungen von de Maizière mit der Stasi erfahren. »Ich wurde beispielsweise in jener Zeit mehrfach und natürlich immer ganz diplomatisch-hintersinnig gefragt, welche sogenannten Sprachregelungen es in Bezug auf Lothar gäbe. Natürlich war mir die Stoßrichtung solcher Hinterzimmer-Gespräche klar: Es war die offen schmierige Aufforderung zu illoyalem Verhalten einem Mann gegenüber, der sich trotz seiner bisweilen inneren Zerrissenheit darauf einließ, diesen Staat DDR abzuschaffen und der dafür meine größte Hochachtung verdient.« Denn für den Juristen und gelernten DDR-Bürger Diestel ist es nur zu logisch: »Wie sollte ein Anwalt, der sich in solchen Sphären einer Diktatur bewegt und seinen Job im Interesse seiner Mandanten ehrbar erledigen will, das tun, ohne Kontakte zur Macht zu pflegen? Heißen die Juristen nun Gysi, de Maizière oder Stolpe – ja hätten die denn, wenn es um brisante Probleme zwischen Staat und Kirche, Opposition und Macht ging, mit dem Pförtner vom Zentralkomitee der SED verhandeln sollen?«

Für Diestel gibt es, wenn es um solche Angriffe auf DDR-Kollegen geht, kein Pardon.

Diestel, der dann im Laufe dieser sechs Monate Ministerzeit noch viele schmutzige Tricks der Politik auch am eigenen Leibe erfahren wird, verliert bei solchen Themen sein Strahlemann-Image und kommentiert knallhart: »Es ist hochgradig bigott und schmuddelig, wenn Leute, die für sich öffentlich gern ihre humanistische Bildung und die

Sozialisierung unter dem Grundgesetz wie einen Bauchladen herumtragen zu persönlichkeitsverletzenden Mitteln greifen.«

Machtspielchen sind mit Diestel nicht zu machen. Das werden bald auch jene merken, die sich am Tag der Ministereinführung in Ost-Berlin zufrieden auf die Schulter klopfen, weil es einer aus ihrem konservativen Lager in dieses hochsensible Amt und damit zum Herrscher über das geheimste Ost-West-Wissen aus der Zeit des kalten Krieges geschafft hat. Wie problematisch die Arbeit bisweilen mit seinen West-Beratern ist, belegt übrigens auch eine Episode, die ihm sein Mitarbeiter aus dem Innenministerium, Generalleutnant Karl-Heinz Schmalfuß, später zuträgt: »So wurde ich einmal von einem unserer Berater – den Namen nenne ich bewusst nicht – beiläufig gefragt, was denn nur mit diesem Minister Diestel los wäre. Als ich mich dumm stellte und damit zum Ausdruck brachte, die Richtung dieser Frage nicht verstanden zu haben, erläuterte er: Man hätte den Eindruck, dieser eigenwillige Diestel drohe zu entgleiten ...«[42]

***

Doch an jenem Tag der Einführung ins Ministeramt ist dieser Diestel noch voll auf Kurs. Das erkennt man auch auf besagtem Gruppenfoto der jungen ostdeutschen Regierungsmannschaft, deren Ziel Lothar de Maizière wenige Stunden vorher in seiner Regierungserklärung klar umrissen hat: »Anliegen, Tempo und Qualität lassen sich am besten gewährleisten, wenn wir die Einheit über einen vertraglich zu vereinbarenden Weg gemäß Artikel 23 des Grundgesetzes verwirklichen.«

Diestel fällt auf in der Ministerriege. Sein viel zu gut sitzender dunkler Zweireiher ist garantiert nicht mehr aus der DDR-Produktion, und auch das Hemd mit dem Button-Down-Kragen und die dunkle Seidenkrawatte, die mit

einem goldenen Klipp gehalten wird, verraten den gedie-
genen bürgerlichen Geschmack. Und während bei einigen
der anderen Herren in der illustren Runde aus der Brust-
tasche vom Sakko bisweilen ein helles Einstecktüchlein
blitzt, trägt der Antiquitäten-Sammler Diestel einen Füll-
federhalter. Zu vermuten ist: nicht irgendein Schreibgerät.
Möglicherweise ein Familien-Erbstück vom Diestel-Clan.[43]
Kurzum: Diestel dokumentiert schon mit diesem Schreibgerät persönlichen Stil und Arbeitslust.

»Dieses Gruppenbild entstand im Hause des Ministerrates nach unserer ersten Kabinettssitzung. Ich erinnere
mich, dass nach der Vereidigung in der Volkskammer auf
der Treppe zum Palast der Republik auch schon so ein
Foto gemacht worden war – Männergruppe mit Damen.
Da stand ich rechts von Lothar de Maizière genau in der
Mitte.«

Fototermine, Interviews, erstes Abtasten der jungen Regierungsmannschaft im Kabinett. Diestel: »Als am Abend
für die Protagonisten endlich der sprichwörtliche Hammer fiel, machte ich mich auf zu meiner zweiten Schicht – ins
Ministerium des Inneren der DDR.«

Wenige Minuten nach 22 Uhr kommt Diestel aus dem
Ministerratsgebäude am Molkenmarkt und steigt in sein
neues Dienstauto. »Ein mulmiges Gefühl war es schon,
als ich da, flankiert von sechs oder sieben Personenschüt-
zern, die schon für die Sicherheit von Mielke und anderen gesorgt hatten, in Honeckers abgelegtem Citroen, von
dicken Panzerglasscheiben geschützt, wie in einem Aqua-
rium über die Leipziger Straße wegsauste.«

Die kurze Wegstrecke hinüber ins Innenministerium
in die Mauerstraße schafft der Regierungskonvoi, wie in
alten Zeiten, in gut fünf Minuten.

Warum man gerade ihm die Honecker-Limousine nebst
Mielke-Leibgardisten zugeteilt hatte, kann Diestel nur vermuten: »Entweder jemand wollte fortan den ganzen Volkszorn auf mich lenken, oder die vom Fahrdienst haben bei

der Aufteilung der Dienstkarossen für die Minister ohne Ansehen der Person einfach und praktisch entschieden.«

Ein Hochgefühl aus Stolz und Glück will sich an diesem ersten Minister-Abend aber nicht einstellen. »Auf Honeckers Polstern sitzend, ging mir durch den Kopf, was wohl meine Beschützer von mir denken mochten. Für die war ich doch nur der schwarze Anwalt aus Leipzig. Der Mann, den man nun auf dem Höhepunkt der allgemeinen Polizei- und Stasihysterie als ihren neuen Chef eingesetzt hatte. Der mit dem Schwert in der Hand, von dem nun viele erwarteten, dass er der alten Macht den endgültigen Gnadenstoß geben würde.«

Da ist es nur verständlich, dass Diestel an diesem Abend auch ein klein wenig Schiss hat, vor denen, die auf ihn aufpassen mussten und vor denen, die er künftig regieren sollte.

Unberechtigt. Doch das wird er erst Wochen darauf begreifen, als er nach einem stressigen Tag auch mal mit seinen Leibgardisten in der Sauna im Gästehaus des Innenministeriums Berlin-Zeuthen zusammen schwitzt. Da wird er übrigens auch so ganz nebenher seine Leibwächter fragen, was die denn eigentlich mit ihm anstellen würden, wenn sich die Geschichte noch einmal wenden würde. Die verblüffend ehrliche Antwort weiß Diestel bis heute: »Dann würden wir sie, Herr Minister, natürlich als Konterrevolutionär und Terroristen verhaften …«[44]

Der Innenminister hat es in seiner Umgebung nur mit absoluten Profis zu tun, die ihren Job qualifiziert und ohne sichtbare persönliche Gefühle erledigen – und zwar genau für den, auf den sie eingeschworen sind. Von den Gesichtern seiner Bodyguards jedenfalls ist bei diesem ersten Aufeinandertreffen nichts abzulesen. Sie machen ihren Job wie tausendfach trainiert und beobachteten dabei ihren neuen Chef aus den Augenwinkeln. Diestel: »Ich bin mit Sicherheit kein Weichei und war damals körperlich in Topform, aber dem einen mochte ich nicht im Streit begegnen.«

Der große Blonde ist heute 57 Jahre alt und wohnt längst nicht mehr in Berlin-Hellersdorf, drei Zimmer, Plattenbauwohnung aus dem Kontingent des Ministeriums für Staatssicherheit, sondern in einem Haus im Grünen. Er war im Gegensatz zu manch anderem seiner einstigen Genossen trotz der gesamtgesellschaftlichen Stasi-Hysterie nie arbeitslos. Dazu erklärt er: »Ich hatte – auch Diestel sei dafür Dank – Glück. Denn Sicherheitsprofis und Antiterror-Spezialisten werden immer gebraucht. Heute, wie es scheint, übrigens sehr viel mehr als zur DDR-Zeit.«[45]

Das bestätigt später auch Generalleutnant a.D. Karl-Heinz Schmalfuß. Als intimer Kenner der gesamten Abwicklungsproblematik von Betriebs-Kampfgruppen und auch des DDR-Geheimdienstes verrät er: »Es gab Bereiche, die wurden einfach weiter gebraucht.«[46]

Darunter sind zum Beispiel nicht nur die durchtrainierten Diestel-Aufpasser, die zu einer weltweit anerkannten hochspezialisierten MfS-Einheit für Terrorabwehr gehörten, sondern auch die Fachleute, die zwei Jahrzehnte lang als Berater der späteren Gauck-Birthler-Behörde helfen müssen, sich im Wust der kilometerlangen und vielmals verschlüsselten Stasi-Akten überhaupt zurechtzufinden.

Schmalfuß' Fazit: »Das waren allesamt Fachleute, die für die friedliche Abwicklung und den Aufbau der neuen Sicherheitsstrukturen im Land unverzichtbar waren.«

So beschreibt der VP-General, der heute als Pensionär in einem Berliner Vorort lebt, in der UdSSR studiert hat und dreißig Jahre lang die höchsten Stabspositionen im DDR-Innenministerium bekleidete, schnörkellos, was für alle Insider ein offenes Geheimnis ist, Monate vor Diestels Ministerzeit beschlossene Sache war und dennoch immer mal wieder als große Nachrichten-Enthüllung durch den deutschen Medienwald schallt: »Das Ministerium des Innern hat im Auftrag der Regierung und in Übereinstimmung mit dem Runden Tisch einige Tausend Angehörige des MfS übernommen. Ein Fakt, der dem nachmaligen

Innenminister Dr. Diestel mehrfach angekreidet wurde. Es handelte sich dabei um solche Dienstbereiche und Einheiten, die es in anderen Ländern auch gibt, aber nicht in jedem Fall geheimdienstlichen Einrichtungen unterstehen. Nicht wenige von ihnen wurden nach der Wende in sicherheitsrelevante Bereiche übernommen und leisten dort gute Arbeit.«[47] Zum Beleg für die Übernahmen von MfS-Leuten weit vor Diestels Amtsantritt mit Zustimmung der Bürgerrechtler vom Runden Tisch legt Diestel ein Dokument vor, das ihm unlängst für sein Privatarchiv zugespielt wurde. Es stammt vom 15. März 1990. Darin schlägt VP-Generalmajor Müller beispielsweise dem Arbeitskreis Sicherheit des Runden Tisches die Übernahme bzw. Neueinstellung von ehemaligen Angehörigen des Wachregimentes der Staatssicherheit »Feliks Dzierzynski«[48] vor. Für Peter-Michael Diestel ist das kein Einzelfall: »Ich habe immer darauf hingewiesen, dass die Übernahmen und Einstellungen von MfS-Leuten nicht unter meiner Regie, sondern vor meiner Zeit geschehen sind. Irgendwann war ich es dann aber leid, immer wieder darüber zu reden. Schade um die Energie. Wie heißt doch so schön: Toren belehrt am Ende nur ein Tor.«

Doch wer weiß schon, was sich damals bei den Betroffenen, die auf unzähligen Transparenten als die Urheber allen DDR-Übels angeprangert wurden, hinter der Fassade der Professionalität verbirgt? Diestels blonder Leibwächter über seinen neuen Dienstherren: »Anstrengend war der. Sehr anstrengend mit seinem wachen Verstand, seiner Neugier und seinen ständigen fixen Ideen. Der Diestel fläzte nicht dröge hinten im Auto rum, ließ sich von uns kutschieren, schlief oder genoss in den munteren Zeiten dazwischen seine Ministerwürde. Wenn der beschlossen hatte, da oder dort will ich hin, hatten wir immer Stress. Doch als ich dem zum ersten Mal persönlich gegenüberstand, dachte ich nur: Was für ein ungewöhnlicher Chef. Das war mir übrigens schon aufgefallen, als ich zur Wahlkampf-Zeit mit dem Schutz des Bundeskanzlers in der

DDR beauftragt war. Wenn es Gerangel gibt, da müssen ja die zu Beschützenden grundsätzlich abtauchen. Der Diestel aber mit seinem breiten Rücken funktionierte wie der Kanzler. Der packte ordentlich zu, wenn es mal hart zur Sache ging.« Dann beschreibt er diese Szene mit »dem Alten«, wie er seinen neuen Chef nennt: »Nach der Kabinettssitzung wurde ich mit einem Kollegen zum Alten gerufen. Der hatte im Ministerratshaus für sich das Zimmer von Willi Stoph okkupiert. Wir kamen rein und wollten den Dienstplan für die kommenden Stunden durchgehen, da bat uns der Diestel doch glatt um unsere Dienstwaffen.« Die beiden Profis staunten nicht schlecht. »Doch was sollten wir machen. Befehl ist Befehl. Also reichten wir die Pistolen rüber, ließen aber vorher zur Sicherheit noch schnell die Magazine aus dem Griff gleiten. Diestel überprüfte die Waffen, kontrollierte, ob auch keine Patrone mehr in der Kammer steckte, und gab sie uns mit der Bemerkung, dass wir die Prüfung bestanden hätten, wieder zurück. Also, so etwas habe ich im Verlauf meiner vielen Dienstjahre noch nie erlebt.«[49]

***

Kurz nach 22 Uhr stoppt Diestels Wagen an diesem historischen Gründonnerstag in der Berliner Mauerstraße 134, vor jenem Gebäudekomplex, in dem sich bis 1945 der Hauptsitz der Deutschen Bank und nun das Ministerium des Innern der DDR befindet. Diestels Schweigen ist verständlich. Er weiß, dass er nun im Sinne der ostdeutschen Geschichtsschreibung historischen Grund betritt: in diesem Haus residierten so unantastbare kommunistische Legenden wie Karl Maron – Stiefvater der Schriftstellerin Monika Maron –, SED-Größen wie Willi Stoph, Polizeigeneräle wie der Spanienkämpfer Friedrich Dickel.

Diestel ist aufgeregt. Denn er weiß auch, dass er in seinem neuen Amt auf Mitarbeiter stößt, die vor ihm jahrzehntelang seinen Vorgängern treu und aus tiefster Überzeugung gedient haben und nun allesamt sehr verunsichert sind. Ihre Gefühle sind eine Mischung aus Zorn, Zukunftsangst, Fatalismus, Opportunismus, Misstrauen und bestenfalls noch Loyalität aus Ehrgefühl.

Und alle sind bewaffnet. Denn schließlich unterstehen dem neuen Innenminister die Bereiche Polizei, Zoll, Strafvollzug und Staatssicherheit. »Ganz am Anfang hatte ich die Aufgabe gestellt, einmal zu erfassen, was an Bewaffnung überhaupt da ist«, wird er sich später erinnern. Ein schier aussichtsloses Unterfangen. »Denn bei der Übersicht, was an Waffen vorhanden sein sollte und was wirklich da war, stellten wir eine riesige Kluft fest. Sehr viele ehemalige MfS-Offiziere, die den Auflösungskomitees beratend zur Seite standen, wussten, wie viele Waffen in etwa hätten da sein müssen und wie viele letztlich abgegeben wurden. Ein völliges Chaos. Ich bin aus heutiger Sicht nur froh, dass in dieser Zeit kein Gebrauch von den Waffen gemacht wurde.«

Keine ungefährliche Situation. Diestel ist nervös. Die anderen sind es nicht minder. General Schmalfuß beschreibt das erste Zusammentreffen mit seinem neuen Dienstherrn militärisch knapp: »Es war später Abend, als wir in sein Zimmer gebeten wurden. Dr. Peter-Michael Diestel stellte sich uns vor und erläutert uns seine Berufung zum Innenminister. Er betonte, dass das MdI vor großen und schwierigen Aufgaben stehe, die nur gemeinsam bewältigt werden könnten. Daher bitte er die Mitglieder der bisherigen Leitung, in ihren Funktionen zu bleiben. Herrn Ahrendt ersuche er, ihm als Berater zur Verfügung zu stehen. Das sage er auch im Einvernehmen mit Bundsinnenminister Schäuble.«[50] Diestel: »Heute kann ich es ja sagen: Ich hatte diese Entscheidung erst mal für mich allein getroffen, weil mir klar war, dass ich die Leute brauchte. Die Initiative kam also von mir, und Schäuble trug das mit, weil er meine Überlegungen sinnvoll fand. Schließlich kann man nur die

Pferde reiten, die man auch hat. Alles andere ist intellektuelle Spinnerei. Und die konnte ich mir nicht leisten.«

Was sich bei Schmalfuß in der Rückschau so militärisch und trocken anhört, ist für Diestel einer der bewegendsten Tage seiner kurzen Ministerzeit. Er, der Zivilist, der es zu seiner Wehrdienstzeit nach zwei strengen Bestrafungen wegen unmilitärischen Verhaltens gerade einmal bis zum NVA-Gefreiten der Reserve gebracht hat, will in seinem neuen Amt das Überraschungsmoment nutzen. Noch am Vormittag, kaum zum Minister ernannt, hatte er seinem Amtsvorgänger, dem nun abgelösten Polizeigeneral Lothar Ahrendt, mitteilen lassen, dass er noch am selben Abend das gesamte Kollegium des Ministeriums zu treffen wünsche.

Er ist der einzige neue Minister, der sich noch am Abend des Wahltages an die Arbeit macht. Fairerweise muss dazu gesagt sein, dass solches Tun für seinen Parteifreund und Ministerkollegen Ebeling beispielsweise auch gar nicht möglich gewesen wäre. Ebeling: »Ich wohnte damals in einer winzigen Mietwohnung in einem Plattenbau nah der Stasi-Zentrale. Dort verbrachte ich, wenn ich es richtig in Erinnerung habe, die erste Nacht nach der Minister-Wahl. Ein Ministerium hatte ich ja noch gar nicht. Das musste ich mir doch alles erst aufbauen. Zwar hatte man mir zur Nutzung für mein Entwicklungshilfeministerium Räume im Außenministerium vorgeschlagen – doch bei dem Meckel wollte ich auf gar keinen Fall einziehen …«[52]

Diestel hat es, was Räume und Personal betrifft, leichter. Er übernimmt einen völlig intakten Apparat, der wenige Stunden vor seinem nächtlichen Dienstantritt noch wie ein Mann den Befehlen seines Amtsvorgängers gehorcht hat.

Für General Lothar Ahrendt ist dieser spätabendliche Besuch ein deutliches Signal. So kennt es ein alter Kommunist aus der Geschichte: Wer so spät an die Tür klopft, der kommt zum »Großreinemachen«. Der gelernte Kfz-

Schlosser Ahrendt, der dieser untergehenden DDR seine ganze berufliche und politische Karriere verdankt, hat für sich bereits den Abschied genommen und sich selbst vom Generalleutnant zum Zivilisten degradiert. Nein, diese Genugtuung gönnt er einem zwanzig Jahre jüngeren Emporkömmling wie diesem kohlrabenschwarzen Diestel nicht. Jahre später, als sich die Wege von Ahrendt und Diestel längst nicht mehr beruflich kreuzen, wird Diestel übrigens über diesen General sagen: »Das spätere Schicksal Ahrendts hat mich sehr bewegt: Er fuhr nach der Wende in einem Kleintransporter Essen für die Volkssolidarität aus. So geht dieses Land mit den Unterlegenen um!«

Als Diestels Wagen vor dem Ministerium in der Mauerstraße stoppt, wird er gleich an der Pforte von zwei Generälen in voller Ordensmontur empfangen. »Bei meinem Einmarsch ins Innenministerium standen sie alle, von der Sekretärin bis zur Generalität, stramm.«

Unvergesslich ist für Diestel, der sich ohne Begleiter nie und nimmer in diesem Labyrinth zurechtgefunden hätte, dass sogar die Zivilisten, die neugierig auf den Fluren wuseln, um einen Blick auf den Neuen zu erhaschen, die »Hacken zusammenknallen und die Hände an die Hosennaht legen«.

Diestel ist in einer anderen Welt. »Als ich dann den Vorraum zu meinem Dienstzimmer betrete, springen auch gleich zwei Sekretärinnen hoch und pressen ihre zitternden Hände an die Rocknähte.« Hilflos über so viel militärische Ehrenbezeugungen, lässt Diestel rühren. Er geht auf seinen Amtsvorgänger zu, der da im »schlecht sitzenden Präsent-20-Anzug« vor ihm steht, und er fragt sich im Stillen, warum viele Militärs ohne Uniform immer ein wenig hilflos und beinahe mitleiderregend verloren wirken? Diestel schaut Ahrendt gerade in die Augen, gibt ihm die Hand und bittet ihn ins Ministerbüro. »Zum zweiten Mal an diesem Tag kam ich mir wie ein Hochstapler vor. Denn ich hätte ja ohne Ahrendts Hilfe nicht einmal gewusst, dass es hinter dem gigantischen Büro auch noch ein Separee für Geheimabsprachen gab.«

Das Gespräch, das diese beiden so unterschiedlichen Männer dann unter vier Augen führen, wird auch dazu beitragen, dass das Land, für dessen Abwicklung die Menschen mehrheitlich votiert haben, sich nicht in Chaos und Anarchie verliert. Schmalfuß in seiner Erinnerung über die Stimmung vor diesem Gespräch: »Die Leitung des MdI, das waren die Offiziere Ahrendt, Generalleutnant Egon Grüning, Generalmajor Erwin Müller, Generalleutnant Karl-Heinz Schmalfuß und Helmar Wunderlich, sah ihre Tätigkeit als erfüllt an. Ein jeder war unter schwierigen Bedingungen bemüht gewesen, seine Kraft dafür einzusetzen, dass Ordnung und Sicherheit gewährleistet waren, was häufig sogar an die Grenzen der physischen Leistungsfähigkeit ging. Klar war auch geworden, dass sich die DDR in der Endphase ihrer Existenz befand. Was auf uns persönlich zukommen würde, war völlig ungewiss. Ein weiterer Verbleib im MdI erschien uns sinnlos.«[52]

Nicht für Diestel: »Ich habe mich meinem Amtsvorgänger mit meiner Biografie vorgestellt, offen zugegeben, dass ich mich in diesem Metier nicht auskenne und ihn schlicht und direkt um weitere Hilfe gebeten.«

Natürlich zieht der alte Fuchs Diestel bei dieser ersten Begegnung auch eine seiner wichtigsten Trumpfkarten. Und dieser Stallgeruch, den das Vorstellungsgespräch des jungen Mannes aus Leipzig verströmt, mag dann möglicherweise der Ausschlag für den alten Offizier Ahrendt gewesen sein, als er sich entscheidet, dem jungen Mann zu helfen. Diestel: »Ich habe von meinem Vater gesprochen. Ein Mann, der in seinem Leben immer nach Idealen gesucht hat. Zuerst war er Wehrmachtsoffizier im Generalstab von Feldmarschall Paulus in Stalingrad. Nach der Gefangenschaft trat er aus Überzeugung in die bewaffneten Organe der DDR ein und wurde Major in der NVA. Doch plötzlich war es in der DDR nicht mehr opportun, solche ehemaligen Wehrmachtsleute zu beschäftigen, und er wurde über Nacht gefeuert.«

Diestel, der seinen Vater sehr verehrt, sagt zu jenem Teil der DDR-Geschichte: »Mein Vater hatte aus der Vergangenheit gelernt. Aber er war für die Politik immer nur Mittel zum Zweck. Er ist, wie viele dieser Generation, zweimal schwer betrogen worden.« Diestel bittet Ahrendt, ihm zumindest als Berater weiter zur Verfügung zu stehen. Nach einer kurzen Bedenkzeit willigt der ein, und die beiden treten vor die im Ministerzimmer versammelte Riege der Generalität, das Kollegium des Innenministeriums.

Karl-Heinz Schmalfuß beschreibt die Szene im exakten Offiziersdeutsch so: »Wir Ehemaligen reagierten eher zurückhaltend, denn wer konnte schon die nächsten Ereignisse vorhersehen. Dr. Diestel betonte noch einmal, er könne und wolle auf unsere Erfahrungen nicht verzichten. Auch gehe er davon aus, dass keiner im Verdacht stehe, Menschenrechtsverletzungen begangen zu haben. Er machte darauf aufmerksam, dass in den nächsten Tagen eine Beratergruppe aus Bonn eintreffen würde, mit der die anstehenden Probleme gemeinsam beraten werden sollten. Nach einem Meinungsaustausch erklärten wir uns mit der weiteren Arbeit im MdI einverstanden. Mit einem Glas Sekt wurde abschließend auf gutes Gelingen angestoßen.«[53]

Später lobt Diestel dann immer wieder jene Polizei-Offiziere, die ihm loyal zur Seite standen und mithalfen, seine Aufgabe als Innenminister zu erfüllen. »Zudem habe ich nach meinem Amtsantritt noch zwei Staatssekretäre eingestellt, da ich unbedingt verhindern wollte, dass der sozialdemokratische Favorit für das Innenministerium, Dankwart Brinksmeier, eine Funktion bei mir bekommt. Zuerst berief Lothar de Maizière damals den stellvertretenden Parteivorsitzenden der NDPD, Dr. Eberhard Stief, in diese Funktion. Dann folgte der Chemnitzer Polizeichef Generalmajor Müller, der wohl jüngste Polizeigeneral in der DDR. Den brauchte ich, um mein Defizit in Polizeifragen auszugleichen.« Zu Eberhard Stief ist noch anzumerken, dass es sich hier um einen Vertrauten handelt, den Diestel schon recht gut kannte. »Ich hatte mit ihm eine Zusammenführung der DSU und der NDPD beabsichtigt. Dabei habe ich aus machtpolitischen Gründen auf den umfangreichen Parteiapparat dieser Blockpartei mit ihrer großen Anzahl von Mitgliedern und deren politische Erfahrungen geschielt. Doch daraus wurde nichts. Die NDPD-Führung sagte damals: Dr. Diestel, mit Ihnen immer alles und zu jeder Zeit, aber mit dem Chaotenverein DSU wollen wir nichts zu tun haben. Das gab mir schon mächtig zu denken und bestätigte, wenn ich ehrlich sein soll, schon recht frühzeitig mein eigenes Bauchgefühl …«

Nun sitzen die »Altkader« also künftig weiter in ihren alten Büros, Seite an Seite mit dem »Klassenfeind«. Schmalfuß zur neuen Lage kurz und knapp: »Uns war dabei natürlich klar, dass die Meinung von Minister Schäuble uns gegenüber kein Freundschaftsbeweis war. Ihm erschien diese Regelung offensichtlich sehr zweckmäßig und verpflichtete überdies zu nichts … Dabei war uns als MdI-Seite klar, dass unsere Verhandlungsposition keinesfalls auf einem aussichtsreichen Fundament beruhte. Wir nahmen uns vor, wenigstens einigermaßen vertretbare Lösungen zu finden. Gegenseitige Vorwürfe, Angst oder Zorn über die verlorene Schlacht, Schuldbekenntnisse oder Rechthaberei halfen hier nicht weiter. Es musste offen und sachlich diskutiert werden.«

Doch darin sehen Schmalfuß und die anderen Generäle das geringste Problem, denn »einigen Vertretern aus dem MdI der DDR waren Verhandlungen mit der bundesrepublikanischen Seite nicht ganz neu. Es gab sie bei der Vorbereitung und Durchführung der Passierscheinabkommen, bei Präzisierung des Verlaufs der Westgrenze und auch bei internationalen Symposien und Konferenzen.« Der Polizeigeneral: »Ich gehe davon aus, dass die Verantwortlichen aus Bonn die Problemlage ähnlich sahen. Das führte dazu, dass es von Anfang an keine Irritationen gab. Die Gespräche verliefen im gegenseitigen Respekt. Bis zur Wende hatte ich dreimal im Bonner Innenministerium zu tun, dabei bin ich immer mit der meiner Funktion zukommenden Aufmerksamkeit behandelt worden.« Und dann lobt er seinen neuen Chef: »Minister Diestel hat in den wenigen Monaten, die er an der Spitze des Ministeriums stand, mit sichtlichem Geschick agiert. Da es ihm ohnehin unmöglich war, in alle Detailbereiche des MdI einzudringen, ging es ihm im Wesentlichen darum, immer den berühmten roten Faden zu erfassen. Er hat damit das Beste aus der Sache gemacht.«[54]

Diestel beurteilt die ersten Tage in seinem neuen Amt ähnlich. Sein Freund und Studienkollege Dr. Reinhard Weise erinnert sich: »Wenige Wochen bevor feststand, welches Ministerium Peter-Michael übernehmen würde, rief er mich an. Er fragte mich, ob ich ihm nicht irgendwie helfen könne. Ich wollte. Deshalb kündigte ich meinen Job bei der Akademie der Wissenschaften und sagte bei Diestel zu – ohne übrigens ganz genau zu wissen, was ich bei ihm zu tun hatte. Anfangs vermutete ich noch, dass wir das Landwirtschafts- oder Justizministerium bekommen würden. Das hätte eher zur Qualifikation gepasst. Als es dann aber das Innenministerium wurde, musste ich erst einmal kräftig schlucken. Das war schon ein gewaltiger Brocken – und ich, plötzlich als Büroleiter in Zivil, allen diesen Generälen gegenübergestellt. Die ersten Tage waren für mich ein völliger Neuanfang in einem Bereich, von dem ich überhaupt keine Ahnung hatte.«[55]

Diestel geht es nicht anders: »Ich wusste, nachdem ich drei Tage Innenminister war, dass ohne Fachleute diese Aufgabe nicht zu schaffen war. Ich hatte schließlich einerseits Ordnung und Sicherheit zu gewährleisten und andererseits das gesamte Ministerium so zu strukturieren, dass es später nahtlos in den Westapparat integrierbar war. Zu allem Überfluss hatte mir der Ministerpräsident auch noch die weitere Abwicklung bzw. Auflösung des einstigen Stasi-Ministeriums zugeordnet.«

Vor allem Letzteres schien ohne einen West-Spezialisten, der sich im Geheimdienst-Dschungel einigermaßen zurechtfinden würde, für Diestel allein kaum zu schaffen. Diestel: »Deshalb habe ich auch zuerst meinen damaligen Amtsbruder Wolfgang Schäuble in Bonn besucht und ihm gesagt: ›Herr Kollege, geben Sie mir ihren besten Mann, damit ich diese für mich fremden und für mich auch ausgesprochen unsympathischen geheimdienstlichen Strukturen aufarbeiten, neutralisieren und bewältigen kann.‹«

Schäuble reagiert prompt, und Diestel bekommt einen, wie er sagt, »sehr eloquenten Herrn zur Seite gestellt, der dann auch in meinem persönlichen Ministerbereich tätig war«. Sein Name: Dr. Eckart Werthebach. Er berät Diestel in allen Fragen, die mit der Auflösung der Stasi-Strukturen im Zusammenhang stehen, und geht dabei, wie Diestel später erfahren muss, vielmals auch eigene Wege. Wege, die nur Schlapphüte gut kennen und, wie sich auch in diesem Fall zeigt, unbeschadet beschreiten können: Werthebach empfiehlt sich nach seinem »Fronteinsatz« in der DDR dann auch gleich für eine spätere Aufgabe. Von 1991 bis 1995 ist er Präsident des Bundesamtes für Verfassungsschutz. Und er wird Diestel später in einem Gespräch ganz unstaatsmännisch und freundschaftlich eingestehen: »Diese Monate im Innenministerium der DDR waren das größte Abenteuer meines Lebens.«[56]

Werthebach ist nicht der einzige Westberater auf dem Territorium der DDR, an den sich Diestels Polizei-Generäle in den nächsten Monaten gewöhnen müssen. Schon wenige Tage nach seinem Amtsantritt kommen zwei weitere Berater in Ost-Berlin an, und dann schickt auch das bayerische Innenministerium noch eine eigene CSU-Gruppe in die DDR, »die Diestel helfen soll, das Verständnis für die Sicherheitsprobleme des Landes wieder zu wecken …«, so der alte Ostgeneral Schmalfuß mit einem eigentümlich hintergründigen, wissenden Lächeln in einem Gespräch bei einer Tasse Kaffee. Diestel kann dieses Lächeln dann später erklären: »Wir hatten mal einen Polizeipräsidenten a.D aus Baden-Württemberg zu Gast. Den schickte ich mit einem meiner Generäle durchs Land, um die bestehenden Polizeistrukturen zu analysieren. Als er nach dem Abschluss seiner Mission wieder bei mir vorsprach, sagte er nur: Herr Diestel, das hier ist alles polizeilich und sicherheitspolitisch so perfekt organisiert, davon können wir im Westen nur träumen ...«

Nachzutragen wäre noch, dass Diestel nach seiner ersten Nachtsitzung im neuen Amt beinahe in eine Schießerei verwickelt wird. Sein Personenschützer: »Kurz vor Mitternacht düsten wir wie die Raketen mit dem Alten nach Leipzig. Er wollte unbedingt die Nacht nach der Minister-Ernennung bei seiner Familie verbringen.« Dazu muss erklärt sein, dass dieses Tempo nicht nur deshalb gefahren wird, weil die Chefs es immer eilig haben. Der Antiterrorexperte: »Es gibt bestimmte von Lichtschranken gesteuerte Sprengsätze, die können damit überlistet werden.« Kurz vor Leipzig blockieren plötzlich quer über die Fahrbahn gestellte Polizeiwagen den Ministerkonvoi. Der Personenschützer: »Wir rissen die Wagen rum, warfen uns raus und entsicherten unsere Heckler & Koch. Das ist nun einmal das übliche Procedere in so einer Situation.«[57] Sie löst sich dann allerdings in Heiterkeit und zum großen Glück für alle Beteiligten ganz schnell auf. Diestel, der vor Erschöpfung eingeschlafen ist und bei dem harten Bremsmanöver vom Rücksitz knallte, erzählt: »Der Leipziger Polizeichef hatte schlicht und einfach vergessen, meinen Sicherheitsleuten mitzuteilen, dass er mich, ich nenne es mal vorauseilenden Gehorsam – standesgemäß vor der Stadtgrenze in empfangen wollte. Das ist ihm gelungen.«

Kohl-Distel

cisium oleraceum

Aktenstaub
Der mit dem Wolf tanzt

Was genau der BND im Lauf der Jahrzehnte in der
DDR so tat, wüsste man gerne. Der Dienst gibt sich
jedoch schmallippig. Gerade mal 2000 Akten soll
er bislang ans Bundesarchiv übergeben haben. Ein
Witz im Vergleich zu den 160 laufenden Kilometern,
die in der Birthler-Behörde lagern. Dass man trotzdem noch immer erstaunlich wenig weiß über das
Wirken der Stasi in westdeutschen Parteien, Kirchen,
Gewerk- und Studentenschaften, muss kein Zufall
sein: Nicht jeder in Großdeutschland dürfte über-
wältigendes Interesse an Aufklärung haben ...

Frankfurter Rundschau, 26. März 2010

Peter-Michael Diestel sitzt auf der Bank an seinem Fischteich und legt zufrieden die Morgenzeitung aus der Hand.
Solche aktuellen Bewertungen aus der linksliberalen Ecke
freuen ihn. Sie bestätigen ihn in seiner Meinung, dass die
Verwaltung und vor allem die Bewertung von Stasi-Akten
höchst zweifelhaft ist. Und so wie einst Cato, der ans Ende
jeder seiner Reden setzte, dass er der Meinung wäre, Kar-
thago müsse zerstört werden, plädiert Diestel beinahe am
Schluss jedes politischen Disputs für die Abschaffung der
Gauck-Birthler-Behörde.

Dass er sich damit bei jenen, die mit diesen Geschichten aus den Geheimdienstküchen ihr Brot verdienen, nicht
gerade beliebt macht, versteht sich von selbst. So schätzt er
in einem Interview in der *Leipziger Volkszeitung* die Stasi-
Aktenlage ein: Den damaligen DDR-Bürgerkomitees sei
nur das übergeben worden, was man übergeben wollte.
Man habe seine eigenen Leute geschützt durch zielge-
richtetes Aussortieren von Akten. Und er kommt zu dem
Schluss über den Stasi-Akten-Bestand, darin fände sich

doch eh nur noch »der kleine, schwule, korrupte Friseur oder der Bäcker oder der Pastor, der unter Druck gesetzt werden konnte und der so in die Fänge der Staatssicherheit geriet. Der wurde nach der Wende erbarmungslos rasiert und hingerichtet.«[58]

Sein jüngstes Beispiel ist ein zu Beginn des Jahres 2010 gewonnener Prozess für den bekannten ostdeutschen Sport-Journalisten Heinz Florian Oertel. Diestel: »Im Grunde ging es darum, dass der allseits beliebte Moderator, der mit seinem Buch *Pfui Teufel* wochenlang auf *Der Spiegel*-Bestseller-Liste stand, auf der Grundlage von Stasi-Unterlagen beinahe demontiert und zu einem Täter gemacht worden wäre. Die ganze Geschichte kam anfangs ohne Wissen von Oertel über seine Akten in die Öffentlichkeit, und das konnte und wollte der natürlich nicht auf sich sitzen lassen.«

Oertel wendet sich also an Diestel, und der zieht gemeinsam mit einem Freund, dem bekannten Presseanwalt Sven Krüger aus Hamburg, für Oertel vor deutsche Gerichte. Dort folgen die Richter Diestels Argumentation: »Nach vorliegender Aktenlage ist meinem Mandanten keine Täterschaft im Sinne des Stasi-Unterlagengesetzes nachzuweisen. Keiner der Aktenverfasser wurde zur Qualität seiner Dossiers und zu den Umständen, unter denen sie entstanden, befragt. Kein einziger der Dossierschreiber wurde als Zeuge vernommen. Damit hat sich diese Behörde mit ihrer Einschätzung rechtswidrig verhalten, und sie hat die Würde meines Mandanten verletzt.«

Nur dem hohen Alter des Protagonisten ist es geschuldet, dass Diestel nach diesem Gerichtserfolg nicht gleich noch einen weiteren Prozess anstrengt. »Ich habe wirklich einige Zeit lang überlegt, ob ich nicht dieses Beispiel nutze und vor dem Bundesgerichtshof oder dem Bundesverfassungsgericht für die längst überfällige und komplette Abschaffung dieser unsäglichen Behörde plädiere. Nur das wollte ich meinem Mandanten nicht antun. Der braucht in seinem Alter Ruhe und Seelenfrieden und keinen weiteren Teufelsritt durch Gerichtssäle und Medienwelt.«

Was ist eigentlich der Grund dafür, dass Diestel immer wieder so gnadenlos gegen diese Form der Aufarbeitung der DDR-Geschichte anwaltlich zu Felde zieht? Die Frage ist kaum gestellt, da pariert er schon mit einer Antwort, die wie aus einem Lehrbuch für Politiker herausgemeißelt scheint: »Ich habe als letzter demokratisch gewählter Innenminister der DDR einen wesentlichen Beitrag dazu geleistet, dass dieses DDR-Land in den Geltungsbereich des Grundgesetzes der Bundesrepublik Deutschland überführt wird. Ein Gesetz, auf das alle Deutschen stolz sein können, weil es verhindert, dass unser Land jemals wieder der politisch-diktatorischen Willkür Einzelner zum Opfer fällt. Ein wichtiger Grundsatz in dieser Verfassung ist der Schutz der Persönlichkeit. Das dies so bleibt, dafür setze ich mich als Anwalt ein.«

Diestel beschreibt damit einen Anwalts-Job, der sich auf einem Terrain abspielt, in dem es von Verschwörungstheorien nur so wimmelt, und das weltweit genau den Stoff bietet, aus dem man Filme macht. Filme über Boshaftigkeiten, menschliche Abgründe und niedriges Verhalten, die aber bekanntermaßen mit ihren Thriller-Plots weniger ein Beitrag zur Aufarbeitung von Geschichte, sondern vielmehr zur Unterhaltung da sind – für ein Millionenpublikum in den Kinos in aller Welt. Das deutsche Oscar-Beispiel *Das Leben der Anderen* beweist es. Ein Film, über den Diestel lediglich respektlos bemerkt: »Der Streifen lag halt im Mainstream – Liebe, Tod und Schnüffelei. Ihn nun aber gleich euphorisch zum politischen Lehrstück hochzustilisieren, wie es manche Medien taten, ist einfach lächerlich. Ich fand es privat übrigens ekelhaft, wie sich der von mir sehr hoch verehrte Hauptdarsteller Ulrich Mühe damals ohne Not auch noch mit seiner ganz privaten Familien-Stasi-Geschichte hat öffentlich vermarkten lassen. Das hat ihm, wie ich von allen meinen Freunden aus der ostdeut-

schen Kunstszene weiß, sehr geschadet, und das ist betrüb-
lich. Die ganze Geschichte ist peinlich und geschmacklos,
und so etwas lässt man als gestandener Mann nicht mit
sich machen!«[59]

Mit dem Wissen von heute bewertet er die Qualität
und die Beurteilung der noch öffentlich zugänglichen
Stasi-Dossiers, die bei entsprechender Begründung in der
Gauck-Birthler-Behörde eingesehen werden können, so:
»Der nachrichtendienstlich bedeutendste Teil des Geheim-
dienst-Materials ist vor meiner Ministerzeit vielmals mit
Billigung des Runden Tisches vernichtet, ausgegliedert,
ehemals befreundeten Diensten übergeben oder verkauft
worden.« Sein Beispiel für den Versuch, HVA-Geheim-
dienstler umzudrehen, ist er Fall von Oberst Dr. Jürgen
Rogalla (HVA-Aufklärung Nordamerika und US-Einrich-
tungen in der BRD), von dem ihm einst der ehemalige
HVA-General Markus Wolf berichtete: Danach bekam Rogalla nach dem Mauerfall Besuch von einem Gesandten,
der ihm zur Legitimation sogar einen Brief von CIA-Chef
William Webster vorlegte. Webster hatte darin seinen Vertreter autorisiert, »one million West German Deutsch-
marks« anzubieten, wenn er die Identitäten aller »Penet-
rations« der HVA in der US-Regierung, den Nachrichten-
diensten und der Army offenbaren würde. Im Gegenzug
boten die Amerikaner die Lösung möglicher »legal prob-
lems« mit der westdeutschen Regierung und einen Umzug
samt Familie in den Westen. Diestel: »Rogalla informierte
seinen damaligen HVA-Chef Werner Großmann, und der
Amerikaner zog unverrichteter Dinge wieder ab.« Der
promovierte Jurist Rogalla soll die damaligen Ereignisse
gegenüber Freunden übrigens später so kommentiert haben, dass er nicht damit leben könne, wenn er nur einen
Einzigen verraten hätte.

Ein anderer, Werner Roitzsch, seit 1956 bei der HVA, tat
es. Er hatte im Auswärtigen Amt Klaus von Raussendorff
(Deckname »Brede«) und Hagen Blau (»Merten«) sowie

auch den Polizeidirektor beim Bundesgrenzschutz, Alexander Dahms (»Daemon«), geführt und bot diese Informationen 1990 dem Verfassungsschutz an. Bekanntermaßen landete er dort aber zu seinem Pech bei der HVA-Quelle »Stern« – mit Klarnamen Klaus Kuron, der ihn prompt in der DDR bei den HVA-Leuten in Berlin meldete.[60]

Aufgrund dieser und anderer Schlapphut-Geschichten verweist Diestel zum Umgang mit deutscher Geschichte auf den Westfälischen Frieden.[61] »Die Gauck- beziehungsweise die Birthler-Behörde war von vornherein ein stumpfes Schwert. Es wäre richtiger gewesen und hätte uns allen sehr viel sozialen Unfrieden erspart, wenn man nach der Wende die Stasi-Akten gleich vernichtet oder deren Überreste ins Bundesarchiv überführt hätte.«

Wenn Diestel von Akten-Überresten spricht, weiß er, wovon er redet.

∗∗∗

Rückblende: Die Auflösung des MfS und auch der HVA war von der Modrow-Regierung am 8. Februar 1990 angeordnet worden – übrigens exakt am 40. Jahrestag der Gründung Ministeriums für Staatssicherheit. Genau an jenem Tag trafen sich die führenden Geheimdienstler in einem konspirativen Objekt in Berlin-Treptow und besprachen die »Operation Reißwolf«. Als alle logistischen Fragen einer umfangreichen Aktenvernichtung bzw. deren Übergabe an befreundete Dienste besprochen waren, stieß die Mannschaft in der Hoffnung auf gutes Gelingen an.

Der HVA-Oberst Bernd Fischer, letzter Leiter der Abteilung 1, der jahrelang für die Nachrichten über »Stimmen und Meinungen« in den Bonner Ministerien zuständig war und der dann unter der Modrow-Regierung mit der Auflösung der MfS-Hinterlassenschaften beauftragt wurde, erklärte Diestel dazu später einmal: »In der Schlussphase der Vernichtungsaktion wurden sogar unsere Reißwölfe knapp. Von den rund einhundert Häckslern, die eilig aus Westberlin besorgt worden waren, arbeiteten noch fünfzig. Die anderen waren so heißgelaufen, dass sie den Geist aufgaben, und wir hatten natürlich keine Ersatzteile.« Über die brisante Aktenlage zu jenem Zeitpunkt, als Diestel Innenminister wurde, sagt Fischer in der Öffentlichkeit nur lakonisch: »Als der Diestel ran kam, war doch schon alles weg.«[62]

Damit ist der einstige DDR-Innenminister d'accord mit seinem damaligen Untergebenen, dem Polizei-Generalleutnant Schmalfuß. Der schätzt sachlich ein: »Eines der schwierigsten und politisch brisantesten Probleme war das weitere Schicksal des Archivs des MfS. Das ehemalige MfS war nach Auffassung der Bürgerbewegung und anderer Kreise der Sündenbock Nummer eins im Rahmen von Unterdrückung und Gesinnungsschnüffelei. Nach dieser Sicht bedurfte das System einer allgemeinen Entlarvung bis hin zur Bestrafung der Täter. Zu diesem Zweck sollte um jeden Preis, so die Meinung der Bürgerrechtler, eine besondere, eigenständige Behörde gebildet werden ...«[63] Doch davor warnen die im Diestel-Ministerium beschäftigten »Altkader« allesamt. Sie raten dem Minister, das MfS-Archiv unverzüglich an das Bundesarchiv Koblenz anzugliedern. Dort wären die Akten, wie international üblich, dreißig Jahre lang unter Verschluss geblieben und in Einzelfällen nur für relevante strafrechtliche Untersuchungen oder in begründetem Fall für die historische Arbeit freigegeben worden. Diestel: »Diese Argumentation leuchtete mir und auch meinem Kollegen Schäuble sofort ein – vor allem auch um des inneren Friedens im Land willen.«

Doch am Ende der DDR wurde anders entschieden und die Gauck-Behörde gebildet. Diestel: »Man wusste, dass große Teile des Westmaterials vernichtet oder über dunkle Kanäle ausgelagert war und damit nicht mehr verfügbar. Demzufolge lehnten sich die Westler zurück und ließen die Ostdeutschen machen.« Schmalfuß sagt über die

Arbeit der Unterlagen-Behörde sarkastisch: »Das ist eine Einrichtung, die zu ihrer Gründung etwa 3000 Mitarbeiter beschäftigte und einen Jahresetat von 250 Millionen Mark beanspruchte.« Auch wenn Schmalfuß damals als Polizei-General damit beauftragt war, das Stasi-Unterlagengesetz als loyaler Bürger dieses untergehenden Landes mit zu entwickeln, kommt er zu dem vernichtenden Schluss: »Die Behörde hat bis heute so gut wie nichts gebracht. Ich halte sie für eine reine Geldverschwendung. Sie hat nach meiner Meinung die Wiedervereinigung eher behindert als befördert. Notwendige Aussagen hätte das Bundesarchiv effizienter treffen können. Überlegungen, die Behörde zu schließen, halte ich für längst überfällig.«[64]

Nun mag man sagen, dass von einem einst staatsnahen ostdeutschen Polizeigeneral nichts anderes zu erwarten ist, wenn es um solche Probleme der Beurteilung von Opfern und ihrem Verhältnis zu Tätern, also damit auch um die Vergangenheit seiner früheren Kampfgenossen geht. Doch wie steht es mit Diestel? Der weiß aus vielen persönlichen Gesprächen, dass auch Helmut Kohl und sein Innenminister Wolfgang Schäuble anfangs genau diese Position zum Umgang mit den Hinterlassenschaften des MfS hatten. Aber: »Als denen dann auch klar war, dass alle wesentlichen und belastenden Unterlagen, die Prominente betreffen, gesichert sind, haben Kohl und Schäuble ihre Position aus ganz pragmatischen Gründen aufgegeben. Frei nach dem Motto: Wenn die Ostdeutschen so gern eine Behörde haben wollen, mit der sie sich selbst kasteien, so sollen sie die eben haben. Das ist nun nicht mehr unser Problem.«

Diestel überlegt lange, ehe er das eben Gesagte in ein deftiges Bild setzt: »Es hat – mit Verlaub – manchmal den Anschein, als hätte man an die Ostdeutschen kleine Schwerterchen verteilt, mit denen sie sich nun in einer Arena zur Unterhaltung von Westdeutschen einen Schaukampf liefern. Einen Kampf, der übrigens in der Regel im Osten keinen Gewinner hat und der zumeist einem Westler mehr zu einem Job im Osten verhilft, einen störenden Ost-Politiker mehr demontiert oder zumindest ins Abseits befördert und der so wunderbar von den wirklichen Problemen im Land ablenkt. Ich will es mal ganz zynisch sagen: Manchmal kommt mir die Gauck-Birthler-Behörde wie eine ABM-Firma für Westler vor, für die sich bürgerbewegte Ostdeutsche in verstaubten Stasi-Aktenregalen die Finger schmutzig machen. Mit seriöser Geschichtsaufarbeitung hat das nichts zu tun. Dieser Irrglauben an den Wahrheitsgehalt der Stasi-Akten ist aberwitzig: Auf der einen Seite weiß doch jeder, dass Geheimdienstler professionelle Lügner sind, und auf der anderen Seite werden diese Lügen dann nachträglich zur Wahrheit erhoben, wenn es politisch opportun ist.«

Woher kommt diese Bitterkeit bei einem Mann, der sich doch sonst im Alltag gern so abgeklärt und barock präsentiert? Diestel: »Das ist eine meiner großen persönlichen Niederlagen: Ich wollte während meiner Zeit als Innenminister, was diesen Teil meiner Aufgaben betrifft, wirklich Ordnung machen. Frieden zwischen den Betroffenen stiften. Das bedeutet nicht, dass ich jene laufenlassen wollte, die wirklich strafrechtlich Schuld auf sich geladen haben. Dieses Ziel habe ich nicht erreicht. Und ebenfalls habe ich es nicht erreicht, dass all jene alten Mitarbeiter in meinem Ministerium so behandelt wurden, wie ich es ihnen versprochen hatte. Ich hatte sie aufrichtig gebeten, mitzuhelfen, dass die Regierung ihre Aufgabe so konfliktlos es geht erfüllen kann. Und diese Aufgabe bestand darin, das Land abzuschaffen, dem sie einst aus Überzeugung gedient und die Treue geschworen hatten. Das war für viele dieser Männer eine persönlich sehr schmerzvolle Arbeit. Dafür hatte ich im Gegenzug versprochen, dass auch für sie ein Platz, irgendwo in dieser neuen Zeit, gefunden wird. Später bin ich sehr enttäuscht worden, dass von diesem Versprechen so wenig eingehalten werden konnte. Viele von denen, die sich damals ehrenhaft, mit Engagement und Wissen, in diesen Prozess der Veränderung eingebracht haben, wurden nach der Einheit kriminalisiert, ausgegrenzt, gedemütigt und finanziell ruiniert. Das ist unwürdig, und das beschämt mich bis heute.«

***

Diestels erster richtiger Arbeitstag in seinem neuen Ministerium ist der Dienstag nach Ostern. Der Kalender ist übervoll mit Terminen, denn alle wollen den neuen Innenminister sprechen. Zum Glück hat er seinen Ex-Studienfreund, den Juristen Dr. Reinhard Weise, als Rammbock und Büroleiter im Vorzimmer sitzen. Weise: »Diestel ließ mir bei der Koordinierung der Termine freie Hand. Er vertraute mir voll und richtete seine Aufmerksamkeit auf die wirklichen Schwerpunkte.«[65] Schnell kristallisieren sich für Weise und Diestel die wichtigsten Probleme heraus: »VP-Bereitschaft, Zoll, Strafvollzug und Abwicklung der Kampfgruppen schienen im Grunde zu laufen. Hier hatte ich Experten, denen ich vertrauen wollte und vertrauen konnte. Das waren alles gute Leute, die sich sehr schnell an die neue Situation angepasst hatten.« So erklärt sich der neue Minister auch wenig später seinem Offizierskorps. »Ich brauchte deren Hilfe und hatte gleichzeitig das Ziel, das Selbstbewusstsein meiner Männer« – ja, der Gefreite der Reserve Diestel sagt, wenn er über so etwas spricht, unbewusst wie ein alter General »meine Männer« – »zu stärken und ihnen ein Gefühl von Sicherheit zu vermitteln. Denn eins war mir klar: Wer, wenn nicht die Polizei, ist zuständig für die Sicherheit im Land. Sicherheit aber lässt sich nicht organisieren mit bürgerbewegten Schöngeistern und schon gar nicht mit Polizeikräften, die selbst total verunsichert sind.«

Clever wie Diestel ist, setzt er übrigens zu dieser ersten Ansprache an seine leitenden Generäle und Obristen seinen alten Vater neben sich ins Präsidium. Noch unorthodoxer kann ein junger Minister nicht für seine Sache werben, der in seiner Einstiegsrede den Wunsch des Vaters zitiert: »Junge, sagte mir dieser Mann, der hier neben mir sitzt, Junge, gehe anständig mit den Offizieren um, wenn du in diesen auch für sie so komplizierten Zeiten von ihnen Höchstleistungen verlangst …« Bis heute ist Diestel stolz auf diese Eingebung, die aus dem Herzen kam und die ihm damals das Entree in die Welt der Volkspolizisten verschaffte.

In einem Interview erklärt er Jahre später seine Intentionen so: »Warum gab es seit meinem Amtsantritt keine Polizistenwitze mehr? Die Polizei in der DDR wurde immer so karikiert: dick, dümmlich und Feind des Bürgers! Ich habe sofort dagegengehalten und alles getan, dieses Polizeibild zu ändern.«

Dazu holt sich Diestel bereits am zweiten Tag nach seinem Amtsantritt auch einen Professor von der Polizeischule in Berlin-Hellersdorf zur Hilfe. »Ich habe dem gesagt, der Polizist braucht ein anderes Ideal, für das er arbeitet. Und andererseits möchte ich ein anderes Image des Polizisten. Das hat funktioniert. Die Bevölkerung hat der Polizei umgehend verziehen und hat dieser Polizei, die ich nur wenige Monate führen durfte, wieder Vertrauen entgegengebracht. Im Übrigen bin ich stolz, dass keiner meiner Generäle strafrechtlich verfolgt wurde.«

***

Viel komplizierter als mit den Polizisten ist für Diestel der Umgang mit den Geheimdienstlern. Hier lässt sich beim besten Willen das alte Bild nicht modeln, hier muss abgewickelt werden. Diestel: »Zwar hatte ich mit meinem Westberater Werthebach einen cleveren Profi auf diesem Gebiet, aber auch der kam anfangs nur schwer vorwärts. Die ostdeutschen Geheimdienstler wussten natürlich, mit wem sie es da zu tun hatten, und brachten dem ausgewiesenen

Nachrichtenprofi von der anderen Seite verständlicherweise Skepsis entgegen.« Hier muss Diestel vermitteln, wenn er die von der Regierung gestellte Aufgabe zur ordnungsgemäßen Abwicklung und Auflösung der Restbestände des MfS vernünftig und vor allem gewaltfrei lösen will. Schließlich geht es darum, den »qualifiziertesten und nachweislich effektivsten Geheimdienst Europas« (Diestel) in der am stärksten militarisierten Region militärisch zu befrieden. Kurzum: Er muss die Ost-Geheimdienstler dazu bewegen, freiwillig und überzeugt ihren Beitrag zur Wiedervereinigung zu leisten oder sich zumindest diesem Prozess nicht entgegenzustellen.

Diestel: »So etwas ist mit Volkszorn-Plakaten, Bürgerdemonstrationen und Drohgebärden schwerlich zu schaffen.« Hier muss er klug taktieren und überzeugend argumentieren, ohne dabei opportunistisch die eigene Seele zu verkaufen. Diestel: »Für manche Zeitgeschichtler waren die Geheimdienstler ein Staat im Staate, für andere waren sie das Schild und Schwert der Partei und für die Mehrzahl der Bürgerbewegten einfach die Feinde, die es für immer auszugrenzen galt. Ich hatte damals nicht die Nerven und auch nicht die Lust, mich lange auf solche akademischen Diskussionen einzulassen. Ich hatte eine Aufgabe vom Ministerpräsidenten erteilt bekommen, und die wollte ich so friedlich und konsequent es ging erfüllen.«

Diestels Mitarbeiter Schmalfuß, den gute Freunde übrigens wegen seiner ausgezeichneten Russischkenntnisse »Kolja« nennen, erinnert sich: »Wir hatten natürlich immer auch manche persönliche Kontakte zur Generalität der Staatssicherheit, mit denen viele von uns ja eine gemeinsame Schulbank in der UdSSR gedrückt hatten. Als Diestel mich wenige Tage nach Amtsantritt bat, ihm doch eine Zusammenkunft mit Markus Wolf zu organisieren, habe ich mich gleich an die Strippe gehängt und bei Mischa unter seiner Privatnummer angerufen und einen Termin organisiert ...«[66]

Natürlich weiß Diestel, dass der einst zweite Mann hinter Mielke nicht mehr im Amt ist, aber er weiß längst auch, was jeder Insider weiß, dass dieser Generaloberst Wolf nach wie vor bei der Mehrzahl der MfS-Generäle großes Ansehen und hohe Autorität genießt.

Diestel ist gespannt auf den geheimnisumwitterten Mann, der jahrzehntelang in der Welt der Schlapphüte als einer der erfolgreichsten galt. Da ist er dann auch nur wie ein großer neugieriger Junge, der wissen will, wer der Mann hinter der eisernen Maske ist.

Markus Wolf wird das Treffen mit dem jungen Innenminister später dann in Gesprächen so beschreiben: »Ein hochintelligenter, blitzgescheiter Gesprächspartner, der von unserer Arbeit zwar keine Ahnung hat, aber durchaus bereit ist, zu lernen und ohne Vorurteile zuzuhören. Der ist kein naiver Eiferer.«[67]

Der Diestel von heute gibt in Erinnerung an diese für ihn sehr »angenehmen und klugen Gespräche« mit Markus Wolf ehrlich zu: »Leute, die für sich ausschließen, nie und nimmer mit einem Geheimdienst zusammenzuarbeiten, sind mir suspekt. Ich für meinen Teil habe herausbekommen, dass es nur eine Frage der richtigen Ansprache ist, einen Menschen zu einer Zusammenarbeit zu bewegen. Wenn die mir damals zur DDR-Zeit, aufbauend auf meinem grundkonservativen Weltbild, bestimmte Privilegien angeboten hätten – wer weiß, was dann aus mir geworden wäre. Ich hatte also nur Glück, dass ich so unbeschadet von einer Geheimdienst-Karriere in die Wende gekommen bin. Die hatten eben immer die falschen Leute auf mich angesetzt.«

Mit solchen Gedanken über den eigenen Lebensverlauf und den bekannt gewordenen Geheimtreffen mit einstigen Staatssicherheitsgrößen sorgt man naturgemäß für Aufregung. Daher sind Nachrichten wie jene, die schon wenige Wochen nach dem Amtsantritt des neuen Innenministers in der mit vertraulichen Schlapphut-Informationen gewöhnlich gut ausgestatteten Zeitschrift *Der Spiegel* zu lesen sind, nicht eben zur Freude des DDR-Ministerpräsidenten.

Da ist nämlich zu lesen, dass Diestel den einstigen Stasi-General Markus (»Mischa«) Wolf sogar als Berater in seinem Ministerium verpflichten will.[68] Diestel: »Die Aufregung kannte keine Grenzen. Alles empörte sich über dieses mir unterstellte Ansinnen.« De Maizière bewertet später einmal in einem Interview diplomatisch: »Peter-Michael Diestel hat seine Aufgabe sehr selbstbewusst, aber auch mit so manchem Alleingang gelöst ...«[69]

Diestel, längst trainiert im Mediengeschäft, kontert die Angriffe seiner Gegner prompt mit einer legendären und einleuchtenden Erwiderung: »Eine Beraterfunktion habe ich Wolf natürlich nicht angeboten. Das wäre mit dem auch nicht zu machen gewesen. Aber als Ratgeber habe ich ihn mit seinem gewaltigen Kopfwissen schon sehr gut gebraucht. Schließlich war er 34 Jahre lang der Chef eines der erfolgreichsten Geheimdienste der Welt.«

Als Freund starker Metaphern schiebt er hinterher: »Im Übrigen tut der, der eine Bombe entschärfen will, gut daran, sich an denjenigen zu wenden, der sie gebaut hat. Kurzum: Wenn ich jemandem eine Bombe in die Hand gebe und sage, die ist noch scharf, dann würde jeder sicher die gleiche Behutsamkeit an den Tag legen wie ich.«

Nun mag man urteilen, wie man will: Fest steht, dass Diestel durch diese Treffen mit Wolf sein Entree bei den einstigen Geheimdienst-Leuten hat, was ihm die Aufgabe, den Dienst abzuschaffen und zu neutralisieren, ungeheuer erleichtert.

Und wer will es den Schlapphüten verdenken, dass sie ihm später auch die Bitte antragen, als Gegenleistung für ihr Mittun die Häuser, die von ihnen bewohnt und genutzt werden, kaufen zu können. Schlauerweise gibt Diestel diese Vorgänge natürlich gleich über seinen Büroleiter weiter an die bei ihm dafür zuständigen Leute.

Die waren schließlich mit der Abwicklung der MfS- und Polizeiliegenschaften beauftragt – sollten sie doch zusehen, was da zu machen ist.

**

Nachzutragen ist, dass dieses erste Gespräch mit Markus Wolf natürlich bei weitem nicht so ergiebig ist, wie Diestel sich das erhofft. Denn Wolf hätte seinen Job nicht jahrzehntelang so erfolgreich gemacht, wenn er nun, bei seiner ersten Zusammenkunft mit dem Repräsentanten der neuen Macht, begeistert die Fronten wechseln und zu Kreuze kriechen würde. Es ist unschwer nachzuvollziehen, wie Wolf butterweich und doch knallhart argumentiert, wenn man eine Passage aus einem Interview, das *Der Spiegel* einst mit ihm führte, zur Kenntnis nimmt. Darin erklärt der smarte Wolf mit seiner markant-freundlichen Stimme unaufgeregt: »Ich werde in letzter Zeit laufend mit Problemen konfrontiert, die nicht in meine Verantwortung fielen. Aber ich behaupte ja nicht, dass ich nach über 30 Jahren Tätigkeit im Ministerium für Staatssicherheit und an der Spitze des Nachrichtendienstes, der einstigen Hauptverwaltung Aufklärung (HVA) keine Kenntnisse besitze. Ich weiß sehr vieles.« Die *Spiegel*-Redakteure kokett: »Sie wollen es nur nicht sagen.« Wolf antwortet: »Nicht alles. Nur: Zu Dingen, die nicht in meinen Bereich fielen, kann ich nur sagen, dass ich das tatsächlich nicht gewusst habe. Für andere Fälle, die in meiner Zuständigkeit lagen, bin ich bereit, Verantwortung zu übernehmen und das auch zu sagen. Es gibt noch das eine oder andere, was den Präsidenten des Kölner Bundesamtes für Verfassungsschutz, Herrn Gerhard Boeden, brennend interessieren würde.«[70]

Gespräche und Treffen mit Geheimdienstlern hinterlassen Spuren. Ohne es zu merken, ist plötzlich auch Diestel hineingezogen in das Geheimdienst-Labyrinth aus Täuschung und Tarnung. Auch wenn Wolf später die Treffen im Innenministerium in seiner aristokratischen Art als sehr freundschaftlich beschreibt, ist für ihn, den Profi im Nachrichtengeschäft, klar: Es gibt bei solchen Zusammenkünften nur ein Quidproquo. Das bedeutet im Geheimdienst-Jargon, dass jemand nur dann etwas hergibt, wenn er dafür auch eine entsprechende Gegenleistung bekommt. Für Diestel ist das bisweilen eine sehr vertrackte Situation. Denn eines kann er dem Wolf und seinen Leuten nie und nimmer zusichern: Schutz vor strafrechtlichen Konsequenzen in Fällen, in denen sie sich wirklich strafbar gemacht haben. Das müssten dann schon die Bundespolitiker tun.

Möglicherweise aber ist es ja auch diese Ehrlichkeit, die Wolf an dem jungen Innenminister gefällt. Da sitzt ihm keiner gegenüber, der mit Möglichkeiten prahlt, die er überhaupt nicht hat. Für Wolf sitzt da »ein junger Mann auf einem Platz, der realistisch durchzieht, was die Geschichte ihm abverlangt. Kein Träumer und kein Spinner«.[71]

So mag es auch nicht verwundern, dass Diestel während seiner Amtszeit auch immer mal wieder mit pikanten Klatsch- und Tratschgeschichten aus dem Geheimdienst-Alltag versorgt wird, die ihm dann anderswo in Gesprächen zum Vorteil gereichen, schließlich weisen sie ihn als einen Mann aus dem »Inner Circle« aus.

Darunter ist dann auch jene, die seinen Gesprächspartner Markus Wolf selbst betrifft. Diestel lacht: »Dieser Ex-Generaloberst Wolf war am Ende auch nur ein Mensch – mit allen Schwächen, hoher Intelligenz und auch mit allen Eitelkeiten.« Nur zu gern erinnert er an diese Geschichte, die längst keinem mehr schadet, im Grunde auch nie jemandem wirklich geschadet hat und die alle Insider bis heute zu einem Lächeln bringen: Wolf galt jahrzehntelang bei den westlichen Kontrahenten als der »Mann ohne Gesicht«, weil es seit den fünfziger Jahren kein aktuelles Bild mehr von ihm gab. Diestel: »Doch dann reiste er 1979 mit seiner neuen Frau nach Schweden. Zu diesem Zweck ließ er sich von seiner zuständigen

Macher: Wolfgang Schäuble, Edmund Stoiber und Peter-Michael Diestel am 1. Juni 1990 in Neustadt. Diestel: »Hier leistete ich die wichtigste Unterschrift meines Lebens – auf dem Vertrag über den Abbau der Grenzanlagen an der deutsch-deutschen Grenze.«

Streitbar: Peter-Michael Diestel in anwaltlicher Mission vor dem Bundessozialgericht in Kassel.

I

Nonkonformistisch: Der Minister auf dem Dach einer Leipziger Haftanstalt. Dieses Bild machte weltweit Furore – zumal es Diestel mit
seiner spektakulären Aktion gelang, eine Gefangenenrevolte unblutig zu beenden.

Rivalen und Freunde: Peter-Michael Diestel und Ex-Ministerprä-
sident von Brandenburg Manfred Stolpe. Die Szene spielt am Ran-
de der unzähligen Runden im sogenannten Stolpe-Untersuchungs-
ausschuss. Diestel gehörte schon damals nicht zu jenen, die Manfred
Stolpe gnadenlos verteufelten – seither besteht zwischen beiden eine
gute Freundschaft.

Politikergeplänkel: Peter-Michael Diestel im Streitgespräch mit dem SPD-Fraktionschef Richard Schröder in der Ostberliner Volkskammer. Hochkonzentriert verfolgt DSU-Parteichef Ebeling im Hintergrund die Argumentation der Kontrahenten.

Streitbar: Innenminister Diestel stellt sich in Berlin auf dem Platz vor dem Palast der Republik einem Demonstrationszug von Volkspolizisten. Seine offene Art brachte ihm schnell die Akzeptanz, die nötig war, um in diesen komplizierten Zeiten das angeschlagene Image der Polizei wieder aufzuwerten.

III

Gedenken: Innenminister Diestel anlässlich eines Besuches in Moskau. In stillem Gedenken erweist er am Grabmal des Unbekannten Soldaten den Toten des Zweiten Weltkrieges seine Reverenz.

Erinnerung: In Diestels Anwaltskanzlei hängt dieses Porträt des Schriftstellers Stefan Heym, der auf Diestels Grundstück in Zislow in Mecklenburg immer als Ratgeber und guter Freund willkommen war. (links)

Politikeleven: Das Kabinett des Lothar de Maizière. Auf der Freitreppe vor dem Palast der Republik in Berlin stellt der Ministerpräsident 1990 die erste und letzte frei gewählte DDR-Regierungsmannschaft vor.

Historisch: Wolfgang Schäuble, Edmund Stoiber und Peter-Michael Diestel am 1. Juni 1990 in der fränkischen Grenzstadt Neustadt. Mit ihren Unterschriften unter den Vertrag zum Abbau der deutsch-deutschen Grenzanlagen begann auch für dieses bayerische Städtchen eine

neue Zeit. Jahrzehntelang war Neustadt von Grenzsicherungsanla-
gen in nördlicher, östlicher und westlicher Himmelsrichtung zuge-
sperrt, die wirtschaftliche und kulturelle Verbindung ins benachbarte
Sonneberg war unterbrochen.

Respekt: Aufeinandertreffen zweier Alpha-Männer. Peter-Michael Diestel und Bundeskanzler Gerhard Schröder bei einem Besuch in Mecklenburg.

Hochachtung: Altkanzler Helmut Kohl im Gespräch mit dem weltbekannten DDR-Maler Willi Sitte. Beziehungsstifter Peter-Michael Diestel brachte die beiden Männer anlässlich seines 50. Geburtstages in Potsdam zusammen.

Zweifler und Optimist: Oskar Lafontaine im Gespräch mit Peter-Michael Diestel. Während Diestel von Anfang an für eine rasche Einheit plädierte, warnte der einstige SPD-Mann davor. Lafontaine sah vor allem wirtschaftliche Probleme für beide Seiten voraus und hätte manches lieber ein wenig langsamer angehen lassen.

Volkskammer-Talk: Konrad Weiß im Gespräch mit Peter-Michael Diestel. Sie waren naturgemäß nicht immer einer Meinung, doch gegenseitige Akzeptanz war guter Politikstil in diesem Parlament.

Der Nobelwirt von Malchow muss sich – auch Diestel sei Dank – um prominente Kundschaft nicht sorgen. Ein Stammkunde war Stefan Heym. Neben ihm Wirt »Don Camillo«, Diestel und Egon Bahr. Das Gespräch kommt erst in Gang – die Herren sitzen noch bei der legendären Vorspeisenplatte. Tipp: Eine Wand enthüllt, welcher deutsche Polit- oder Show-Star sich bereits im Ristorante vergnügte.

Muskelmänner: Peter-Michael Diestel beim Armdrücken mit Olympialegende Udo Beyer. Natürlich brachte er den Kugelstoßer nicht ins Wanken, doch Respekt verschaffte sich Diestel allemal. Kein Wunder, bis heute trainiert er regelmäßig im Fitnessstudio und stemmt Hanteln.

Rockig: Diestel neben der Rockröhre Tamara Danz. Beide gründeten gemeinsam mit vielen Gleichgesinnten einige Zeit nach der Wende die Komitees für Gerechtigkeit in der DDR.

Diestel-Männer-Clan: Familientreffen sind bei den Diestels Tradition. V.l.n.r., die Brüder: Hans-Heinrich, Peter-Michael, Andreas, Matthias und Thomas. In der Mitte der von allen hochverehrte Vater: Hans-Heinrich (gest. im Oktober 1999).

Kollegen: Diestel im Gespräch mit seinem Freund und hochgeschätzten Anwaltskollegen Prof. Dr. Wolfgang Vogel. Die beiden DDR-Juristen trafen während Diestels Innenministerzeit aufeinander und ihre Arbeitstreffen wurden sehr schnell zu Freundschaftstreffen.

Ehrengäste: Seit zwei Jahrzehnten verbindet Diestel eine sehr enge Freundschaft mit dem SPD-Urgestein Egon Bahr. Bildmitte: Bahrs langjährige Lebensgefährtin Professorin Adelheid Bonnemann-Böhner. Gemeinsame Familienbesuche und Treffen geraten sehr schnell zu einem Ausflug in die deutsch-deutsche Geschichte – spannender, als jedes Lehrbuch.

Informationsjunkies und Genießer: Alexander Schalck-Golodkowski, Peter-Michael Diestel und der legendäre Ex-Bild-Chefredakteur Hans-Hermann Tiedje bei einem »Informationsaustausch« in Diestels Potsdamer Büro.

Gipfeltreffen: Altkanzler Helmut Kohl im Gespräch mit seinem einstigen DDR-Amtskollegen Lothar de Maizière. Simone Diestel hatte die beiden als Überraschungsgäste zum Geburtstag ihres Mannes eingeladen, und beide kamen sehr gern.

Naturbursche: Diestel auf seiner Stute »Oda«. Doch nicht nur auf dem Rücken der Pferde liegt für ihn das große Freizeitglück: Diestel ist begeisterter Jäger, Sportfischer, Hundenarr und felsenfest davon überzeugt: »Nur auf dem Land finde ich die Ruhe, um den Fährnissen des Lebens zu trotzen.«

Fachabteilung eine sogenannte Legende basteln.« Die Idee der Profis: Wolf reist natürlich als Wissenschaftler. Doch was ist schon ein DDR-Wissenschaftler, jedenfalls nach Wolfs Verständnis, ohne akademischen Titel? Der wurde ihm dann zum Verhängnis. Die Schweden hatten nämlich festgelegt, dass jeder Ostblock-Einreisende mit akademischem Titel bei der Einreise zu fotografieren sei. Die Bilder haben sie dann in Abständen ihren befreundeten Geheimdiensten zur Verfügung gestellt. Doch damit war noch lange nicht die Identität des »Mannes ohne Gesicht«, der sich für seine Schweden-Exkursion mit der Liebsten übrigens den Namen Dr. Kurt Werner gegeben hatte, gelüftet. Die kam erst mit einem Jahr Verspätung ans Licht. 1979 erkannte ihn nämlich dann der HVA-Überläufer Werner Stiller, als ihm Westkollegen einige Bilder vorlegten. Diestel lacht: »Natürlich hat jeder, der Chef ist, in seinem Amt nicht immer nur Freunde. Man kann sich also gut vorstellen, dass mancher im Mielke-Ministerium sich heimlich ins Fäustchen lachte, als 1979 dann im *Spiegel* dieses Geheimdienst-Foto, das Wolf zeigte, erschien. Markus Wolf jedenfalls war die Sache mehr als peinlich. Und sie beweist, wie schnell einem Eitelkeit zum Verhängnis werden kann.«

Natürlich haben Wolf und Diestel in ihren Gesprächen anderes zu tun, als sich Geheimdienst-Schnurren zu erzählen. Diestel: »So reichte mir Wolf gleich nach unserer ersten Zusammenkunft und einigen Gläschen guten russischen Wodkas die Hand und gab mir sein Offiziersehrenwort, dass er mich bei meiner Aufgabe, den Geheimdienst-Krieg zwischen Ost und West zu beenden, unterstützen werde.«

Zum Beweis legt Diestel eine Ehrenerklärung vor, die von den höchsten Geheimdienstlern der DDR und von einem Zivilisten, nämlich dem derweil zum Belletristen mutierten HVA-Wolf, unterzeichnet ist. Darin bekunden die Offiziere, dass alle feindlichen Aktivitäten gegen die Bundesrepublik Deutschland eingestellt sind.

Um die Bedeutung dieser Erklärung zu begreifen, muss erwähnt sein, dass die HVA noch im Herbst 1989, also wenige Monate vor Diestels Amtsantritt, über 4328 Planstellen verfügte, 4126 davon waren besetzt. Der Apparat war damit nur um rund ein Drittel kleiner als der des BND in Pullach bei München. Er umfasste die Zentrale in Berlin-Lichtenberg, die Mitarbeiter in drei Stützpunkten in Berlin und im Umland sowie die HVA-Abteilungen XV in den insgesamt 15 MfS-Bezirksverwaltungen der DDR.

Diestel: »Wie viele sogenannte Kundschafter Ende der achtziger Jahre in der Bundesrepublik für die HVA arbeiteten, ist bis heute nicht endgültig geklärt. Nach den Angaben von Wolf und seinem Nachfolger Werner Großmann waren es meines Wissens so um die 400 herum. Ein Drittel von ihnen saß in der staatlichen Verwaltung sowie in Parteien und im Militär, zwei Drittel arbeiteten in der Wirtschaft, in der Wissenschaft, in Medien und Lobbyverbänden.«

Der Peter-Michael Diestel von heute präsentiert dieses Schreiben mit einer Mischung aus Stolz und – auch das muss gesagt sein – einiger Distanz: »Was solche Erklärungen wert sind, wenn es um die Arbeit von Schlapphüten geht, die ja ihre gesamte Existenzberechtigung aus der Beschaffung von Informationen ableiten, habe ich während meiner kurzen Ministerzeit auch ganz schnell erfahren müssen. So bekam ich von meinen Leuten als ersten und wichtigsten Rat, dass man bestimmte Gespräche nur bei langen Spaziergängen und außerhalb der Reichweite von Abhöranlagen im Wald führt.«

Denn dass selbst höchste Politiker gegen die Tricks der neugierigen und nicht immer loyalen Nachrichtenprofis nicht gefeit sind, bekam Peter-Michael Diestel bereits zu Anfang seiner Ministerzeit zugetragen: »So hatte einer meiner Vorgänger im DDR-Innenministerium eine Geliebte. Die empfing er immer im Separee hinter seinem Arbeitszimmer. Das hatte eine Tür, die war nur von innen und damit von ihm, zu öffnen. Kurz: Dieser Amts-vorgänger vermutete, alles bliebe streng geheim. Denkste. Ich weiß nun davon.« Und als Diestel später einmal einen dieser – von den einstigen Untergebenen als legendär bezeichneten – Polizeigeneräle zu Hause besucht, behält er trotz einiger Schnäpse diese Klatsch-Information für sich. So viel hat er von den Profis gelernt: »Man soll nicht immer dem Gegenüber das Bild verkaufen, das man von ihm hat.«

Im Übrigen ging es bei diesem Besuch bei Generalleut-nant Friedrich Dickel auch nicht um irgendwelche Sei-tensprung-Geschichten. Diestel: »Auch das war für mich eine vertrauensbildende Maßnahme. Ich wusste, dass dieser Mann eine sehr große Akzeptanz bei seinen Leu-ten besitzt und wollte mir seine Loyalität sichern. Ich habe die Begegnung in sehr angenehmer Erinnerung.« Doch während Episoden aus dem Klatsch- und Tratsch-Res-sort Diestel, dem Menschliches nicht fremd ist, zu einem Lächeln bringen, wird sein Gesicht sehr schnell ganz ernst, wenn er jene Aktionen benennt, die ihn selbst als Minister betreffen: »Natürlich haben die westlichen Nachrichten-leute trotz der Schäuble-Erklärung ihre Auftraggeber wei-ter mit Informationen über die DDR und unsere Tätigkeit als Minister beliefert.« Besonders ist ihm das Gespräch mit einem seiner Generäle in Erinnerung: »Der Mann bat mich um eine vertrauliche Aussprache. Dabei erklärte er mir höchst aufgewühlt und unter Tränen, dass er für 5000 Westmark Informationen über mein Ministerium weiter-gegeben hätte.« Nein, Diestel hat den General nicht ent-lassen. »So wichtig war mir die Geschichte nun auch wie-der nicht, und sie kennzeichnet doch eigentlich nur, wie anfällig Menschen unter bestimmten Umständen sind. Ich habe den General danach allerdings ein wenig aus meiner Reichweite entfernt …«

Viel schwerer und enttäuschender aber wiegt für Dies-tel ein anderer Geheimangriff auf die eigene Person: »Ich habe erst Jahre später von einem bekannten bürgerlichen Journalisten davon erfahren: Er legte mir mehrere eidesstattliche Erklärungen von Mitwissern an einer Aktion vor, wonach ich im Auftrag parteipolitischer Gegner mit allen geheimdienstlichen Regeln der Kunst demontiert werden sollte.«

Nach den Recherchen des Journalisten wurden für diese Schnüffelattacke gegen Diestel gewaltige Geldmittel aus verschiedenen West-Parteitöpfen lockergemacht. Mit diesem Geld wurden ohne jede Berührungsangst dann auch früheren Stasi-Mitarbeiter angeworben. Also Leute, die von den Protagonisten öffentlich diskreditiert wurden, kamen durch die Hintertür zurück ins Spitzelgeschäft. Diestel: »Die wurden dann aufgrund ihrer Kenntnisse wieder rekrutiert. Sie sollten bei mir das Unterste zuoberst kehren.«

Der Mann aus dem Westen, der das alles gebilligt haben muss, war in der DDR übrigens kein Unbekannter, sagt Diestel. Er trug bei den östlichen Geheimdiensten den Codenamen »Kardinal«, und die Einsatzzentrale der »Kardinal«-Schnüffeltruppe befand sich im einstigen Berliner Palast-Hotel.[72]

Der Umgang mit Geheimdienstlern macht nicht immer paranoid. Diestel ist klar bei Sinnen, als er die Motive für diesen skandalösen Coup der Bespitzelung eines führenden Politikers eines anderen Landes erklärt: »Die Aktion gegen mich hatte eine ganz klare Zielsetzung: Ich war für einige SPD-Leute und auch für viele Aktenhändler, die sich mit einem Bürgerrechtler-Image präsentierten, der Hauptgegner. Ich war schließlich der Einzige, der immer und überall auch für eine Versöhnung mit den konservativen Kräften des DDR-Machtapparates plädiert hatte. Ich bleibe übrigens bei meiner Meinung: Wäre es zu einer Versöhnung und keiner Ausgrenzung großer Bevölkerungsteile und vor allem der einstigen DDR-Elite gekommen, hätten wir heute weniger Probleme im Land.«

Prononciert legt Diestel dann sogar noch einmal nach: »Damals ging es vor allem um zwei Aspekte: Erstens sollte ich als Minister demontiert werden, und zweitens sollte mit dieser Aktion gegen mich der nach der Einheit bevorstehende Wahlkampf in Brandenburg beeinflusst werden. Der ›Kardinal‹ wollte um jeden Preis seine eigenen Leute ins Amt bekommen und ich war mit meinen Auffassungen die allergrößte Gefahr.«

Das klingt alles sehr nach Verschwörungstheorie. Doch wo sind die Beweise? Sie liegen Peter-Michael Diestel seit kurzem schriftlich vor. Er verfügt über mehrere eidesstattliche Versicherungen von Zeitzeugen. Darunter ist die eines Mannes, der in jenen bewegten Zeiten Mitglied in der Arbeitsgruppe Sicherheit des Zentralen Runden Tisches war. Sein Name: Harry Ewert, einst selbst im militärischen Geheimdienst beschäftigt und dann in der Wendezeit zu den »Guten« gewechselt. Die bedienten sich seiner umfassenden PC-Kenntnisse, ließen ihn dann jedoch gnadenlos fallen. Verständlich, wenn man die nachfolgende Erklärung liest. Sie beschreibt einen Vorgang, den Diestel kurz und prägnant als »Staatsterrorismus« bezeichnet.

Ewert, der in seiner eidesstattlichen Versicherung [73] eingangs den 18. März 1990 (Wahlsonntag) beschreibt, sagt: »Diesen Abend habe ich als Trauerfeier in Erinnerung. Die SPD hatte an diesem Tag die Wahlen verloren … Alle Beteiligten wurden (Anmerkung: im Berliner Saalbau Friedrichshain) quasi darauf eingeschworen, dass sich unter allen Umständen eine solche Wahlschlappe nicht mehr wiederholen dürfe und man sich deshalb darauf konzentrieren wolle, im Land Brandenburg einen Stützpunkt der SPD zu begründen.«

Dazu wurde extra, so Ewert, ein Staatssekretär a. D. aus Nordrhein-Westfahlen im Ost-Berliner Palasthotel als künftiger Berater installiert. Er trat »mir gegenüber als Auftraggeber auf, der mich anwies, beispielsweise Materialien des früheren MfS zu beschaffen.«

Der Zeitzeuge weiter: »Ab etwa Mitte April 1990, nachdem Peter-Michael Diestel von der CDU Innenminister geworden war, ergab sich für unsere Arbeit eine klare Frontstellung gegenüber dem neuen Innenminister. Für uns war damals Peter-Michael Diestel die Unperson an sich. Es galt, alles zu unternehmen, um Diestel bloßzustellen als Politiker und Minister, der versucht, die Auflösung des MfS zu hintertreiben. Dies war natürlich parteipolitisch motiviert …«

Das von allen Diestel-Gegnern klar postulierte Ziel, so formuliert der Zeuge in seiner eidesstattlichen Versicherung, bestand darin: »Diestel sollte mit fast allen Mitteln zu Fall gebracht werden. So wurde unter meiner Beteiligung auch mit eindeutig geheimdienstlichen Methoden gegen Diestel gearbeitet.«

Wie das perfide Spiel lief, wird im Folgenden auf der siebzehn Seiten umfassenden eidesstattlichen Erklärung geschildert, und es lässt einem sogar noch zwanzig Jahre später das Blut in den Adern erstarren.

So benennt Ewert etwa die »Affäre um die Personenschützer von Diestel«. Er sagt: »Uns war bereits seit März bekannt, dass im Ministerium für innere Angelegenheiten etwa 840 ehemalige Bedienstete der Hauptabteilung Personenschutz des MfS übernommen worden waren … Diese Listen lagen uns vor, und uns war auch klar, dass sie als Munition gegen Peter-Michael Diestel genutzt werden« können. »Dies bot uns … die Chance einer Pressekampagne unter dem Titel ›Peter-Michael Diestel beschäftigt Hunderte von Stasileuten‹.« Abgestimmt mit dem NRW-Berater wurden diese für Diestel kompromittierenden Listen dann mit entsprechenden Hinweisen versehen und an »mir bekannte Leute aus der Bürgerbewegung, teils in Thüringen, teils auch in Sachsen, zugespielt«.

Dabei handelte es sich zielgerichtet um Personen, von denen der Zeitzeuge Ewert wusste, dass sie verschiedene Pressekontakte hatten oder selbst dort aktiv waren. Und er resümiert über den Erfolg dieser ekelhaften Aktion: »Diese Listen wurden dann in verschiedenen Medien veröffentlicht und dabei angeprangert, dass der ›Stasifreund Diestel‹ offensichtlich seine schützende Hand über ehemalige Stasileute halte. Dabei war gewährleistet, dass keine Rückschlüsse auf die Quelle möglich waren.« Und weiter: »Diese Aktion hat dann tatsächlich, wenn auch Wochen später, zum Erfolg geführt. Diestel wurde nach einem Misstrauensvotum in der Volkskammer die Zuständigkeit für die Auflösung des MfS entzogen. Er war damit in der Öffentlichkeit diskreditiert.«

Ein weiteres Beispiel datiert Zeitzeuge Ewert auf den Zeitraum ab etwa August 1990. In diesem Monat war nämlich bekanntgeworden, dass Diestel als Spitzenkandidat der CDU im Brandenburger Wahlkampf antreten würde. Prompt kam die Westberater-Weisung, »dass nun alle Aktivitäten darauf abgerichtet sein sollten, Diestel als Ministerpräsidenten zu verhindern.« Und so entstand die Idee zur Aktion »Panzerschrank«, die eingefädelt wurde, um Diestel erneut in der Öffentlichkeit als Stasi-Freund zu demontieren. Der Zeitzeuge, der wusste, dass sich bereits vor Diestels Antritt als Innenminister in einem alten Panzerschrank des MdI Stasi-Listen befanden, die in der Hektik des Alltags bislang keine Rolle gespielt hatten, entscheidet sich für eine medienwirksame Schau. »In einer spektakulären Aktion waren wir im Auftrag des Präsidiums der Volkskammer im MdI aufgetaucht …, um dann dort im Beisein eines Justiziars den Panzerschrank zu öffnen und die Unterlagen zu übernehmen.« Dass sich Kopien dieser im Grunde wertlosen Papiere bereits im Besitz der Stasiauflöser befanden, wurde der Presse wohlweislich nicht mitgeteilt. Ewert: »Die Listen dieser MfS-Mitarbeiter … wurden dann dem Sonderausschuss des Abgeordneten Gauck förmlich übergeben … Ergebnis: Diestel war erneut als unfähig zur Stasi-Aufklärung vorgeführt worden.«

Die letzte Aktion, die dann in der hier zitierten eidesstattlichen Erklärung minutiös beschrieben wird, hat etwas von einer Szene aus einem Agententhriller. Es handelte sich dabei um die illegale Beschaffung von Listen über die sogenannten Offiziere im besonderen Einsatz (OibE). Monatelang war es nicht gelungen, diese Personen, die in bestimmten Berufen tätig waren und zudem im »Hauptjob« für Mielkes Firma arbeiteten, zu identifizieren. Der Zeuge: »Ich habe ... mehrere Tage nach dem Verbleib von Datenträgern gesucht ..., habe diese Datenträger dann in Peetz beim Kommando der Grenztruppen gefunden.«

Unter strengsten Sicherheitsvorkehrungen, begleitet von sechs Funkwagen mit Blaulichtalarm und kompletter Absicherung der gesamten fünfzig Kilometer langen Fahrstrecke durch Angehörige der Antiterroreinheit, wurde das brisante Material dann nach Berlin geschafft. Um absolute Geheimhaltung zu gewährleisten, entschieden sich die Verantwortlichen, am 8. oder 9. Juli – daran erinnert sich der Chronist in seinem Gedächtnisprotokoll nicht mehr genau – die Datensätze im Panzerschrank der Präsidentin der DDR-Volkskammer, Bergmann-Pohl, zu deponieren. Um das Ausmaß des Informationsmaterials zu begreifen, muss gesagt sein, dass es sich auf einer ersten dechiffrierten OibE-Liste um etwa 5000 Datensätze handelte, die ca. 2500 Namen enthielten. Der Zeuge erklärt, dass dann von den illegal gefertigten Kopien Tröpfchen für Tröpfchen ausgewählte Namen den Medien zugespielt wurden. »Allerdings haben wir sehr genau darauf geachtet, dass nicht Fälle veröffentlicht wurden, die nicht Diestel, sondern uns auf die Füße gefallen wären. Denn die Einstellung von ca. 60 bis 70 MfS-Angehörigen im Ministerium für innere Angelegenheiten in dem Zeitraum März/April 1990 sind noch von mir befürwortet worden ... Die Einstellungsunterlagen dieser Leute tragen nämlich meine Unterschrift.«

Und dann entkräftet der Zeuge die Medienargumente gegen Diestel, wonach behauptet wurde, er habe während seiner Amtszeit MfS-Leute in seinem Ministerium eingestellt. Ewert: »Es ist mir jedenfalls kein einziger Fall bekanntgeworden. Dennoch lief die Kampagne, von uns gesteuert, weiter.«

Wie es den Stasi-Auflösern dann gelang, für ihre Auftraggeber an die Unterlagen im Panzerschrank der DDR-Volkskammerpräsidentin heranzukommen, muss auch berichtet werden. Der Zeuge: »An die Daten im Panzerschrank … heranzukommen war schon deshalb einfach, weil die Präsidentin der Volkskammer davon ausging, dass ich im Auftrag des Sonderausschusses mit diesen Datenträgern arbeiten würde.« Natürlich ist ihm die rechtliche Konsequenz seines Diebstahls völlig klar: »Dieser … teilweise illegale Zugriff auf das Datenmaterial hätte mich wohl ins Gefängnis gebracht, wenn Diestel dies bekanntgeworden wäre. Außerdem hätte es wohl einen riesigen politischen Skandal ausgelöst, wenn in die Öffentlichkeit gedrungen wäre, dass … die SPD sich die hochbrisanten Daten illegal aneignen« wollte.

Der Rest der Geschichte ist schnell erzählt: Ewert holte sich die Bänder bei der Präsidentin ab, fertigte eine Sicherheitskopie und fuhr mit seinem Westberater im Mercedes-Mietwagen über den DDR-Grenzübergang Helmstedt geradewegs ins Innenministerium nach Düsseldorf. Der Zeuge: »Mir wurde eingeschärft, auch in Düsseldorf mit niemandem über die Herkunft der Datenträger zu reden.« Grund: »Allen Beteiligten war klar …, dass … die Aktion ›Illegale Datenbeschaffung‹ unter allen Umständen Diestel und der Bundesregierung in Bonn verheimlicht werden musste … Zur Finanzierung des illegalen Datentransfers kann ich berichten, dass mein Funktelefon aus dem Verbindungsbüro des Landes NRW in Ost-Berlin stammte … Auch die Flüge nach Düsseldorf … wurden vom Verbindungsbüro im Palasthotel für mich gebucht …«

Pikant ist dann auch noch eine kleine Geschichte auf einem Nebenschauplatz, die wohl nach diesem Blick in

einen Sumpf niemanden mehr überrascht. Diestel jedenfalls zuckt nur noch mit den Schultern, als er sich den
Schluss dieser spektakulären und ihn von allen Vorwürfen der damaligen Zeit entlastenden eidesstattlichen Versicherung liest. Denn die Vertraute des SPD-Emissärs im
Ost-Berliner Palasthotel war Majorin des MfS in der Arbeitsgruppe Minister; das wird von dem Zeugen auch
noch mitgeteilt. Dass sie für ihre ausgezeichnete und hilf-
reiche Beratungstätigkeit während der Wendezeit später
eine Weiterbeschäftigung in der Gauck-Behörde bekam,
verwundert nur noch Einfaltspinsel – witzigerweise, so
der Zeitzeuge Ewert, »in einem Büro, in dem sie schon zu
MfS-Zeiten gearbeitet hatte ...«

Es braucht lange, bis man diesen mit allen Wassern
gewaschenen Peter-Michael Diestel einmal richtig erschüt-
tert. Nun hat er nach zwanzig Jahren den minutiösen
Beweis, welcher Zeitung und welcher Zeitschrift wann
und auch über wen dieser ganze Unterlagenmüll gegen
ihn zugespielt wurde. Doch er mag heute nicht mehr kla-
gen und Wunden lecken und wieder den »alten miefigen
Staub aufwirbeln«. Also beschränkt er sich auf den def-
tigen Ausspruch des Malers Max Liebermann, der einst
sagte: »Ich kann gar nicht so viel fressen, wie ich kotzen
möchte.«[74]

Und medienerfahren, wie er ist, setzt er – schon wieder
freundlicher geworden – hinzu: »Natürlich weiß ich, dass
Journalisten ihren Job machen müssen. Und der besteht
nun einmal darin, clever Geschichten unters Volk zu bringen. So habe ich beispielsweise einmal sogar den Berliner
Journalisten Thomas Heise, der als Bürgerrechtler im Berliner Bürgerkomitee saß und es gleichzeitig pfiffig und
brillant verstand, bestimmte ›heiße‹ Unterlagen an *Spie-
gel-TV* weiterzugeben, rausgehauen. Die Staatsanwaltschaft hatte damals wegen dieser Geschichten gegen ihn
ermittelt. Aber irgendwie müssen wir ja alle unsere Jobs
machen. Damit habe ich kein Problem – solange nicht

Menschen vorsätzlich demontiert und in ihrer Ehre angetastet werden. Heise ist für mich bis heute ein ehrenwerter Mann – kritisch denkend und unabhängig geblieben.«

»Vorsätzlich demontiert« ist dann auch genau das Stichwort für einen weiteren, sehr boshaften, gegen Diestel gerichteten Beitrag des *Rheinischen Merkur* vom 5. Oktober 1990, der ebenfalls deutlich macht, wie mit üblen Medien-Mitteln eine Persönlichkeit beschädigt werden kann. Nun mag man aus heutiger Sicht sagen, es ist lächerlich, wenn eine Zeitung vollmundig auf der ersten Seite ihrer Ausgabe mitteilt: »Zeugen packen aus: Peter-Michael Diestels Stasi-Vergangenheit.« Und im Text dann verkündet: »Wir fanden zwar keine Akte, aber Zeugen ...« Und nach deren Angaben war Diestel dann ein MfS-Vernehmer in Dresden.

Dass sich diese ganze Geschichte als komplett erstunken und erlogen herausstellte, ist klar. Doch was heißt das für den Betroffenen? Diestel: »Ich bin dem Herrgott dankbar, dass er mich mit so kräftigem seelischen und körperlichen Potenzial ausgestattet hat. Ich kenne Geschichten von Menschen, die nach solchen bösen Verleumdungen nicht mehr kämpfen und weiterleben wollten ...«

Möglicherweise haben diese schlimmen Kapitel seiner eigenen Nachwende-Geschichte den Diestel von heute vorsichtiger gemacht – in der Wahl seiner Freunde und seiner Gesprächsorte. Möglicherweise kommt auch daher seine Gewohnheit, wirklich wichtige Gespräche am liebsten auf einem Hochstand im mecklenburgischen Wald zu führen. Und möglicherweise hat ihm ja dort auch einst, mit dem Abstand der Jahre, den es braucht, um einen derartigen Polit-Skandal zu besprechen, der die eigenen Alt-Genossen so böse betrifft, SPD-Urgestein Egon Bahr bestätigt, dass Diestel in der Tat »aus SPD-Sicht, ein ernstzunehmender politischer Gegner unter den Ost-Politikern war, welcher jedoch zum Glück in seiner Partei als isoliert galt«.[75]

Diestel salomonisch: »Der alte Profi Bahr bestätigte mir im Grunde, was ich seit Heinrich Heine weiß: Auch manche Politiker predigen gern literweise öffentlich Wasser und saufen privat am liebsten einen guten Wein.«

Diestels sarkastisches Fazit: »Der Stasi-›Kardinal‹, der es sich in Vorwendezeiten im Osten genauso gern auf Stasi-Kosten wohl sein ließ, wie der von ihm gern immer und überall kritisierte Nachbarparteikonkurrent ›Bierfass‹ und die beiden engagierten Informanten ›Porzelan‹ und ›Kunnigunde‹ oder auch jener immer nette Biedermann, dem die Ost-Geheimdienstler dafür den Schmusenamen ›Tulpe‹ verpasst haben – nein, ich nenne auch diese Klarnamen hier nicht, weil das nur wieder neue dumme Aufregung im Land stiftet –, müssen doch alle mächtig froh gewesen sein, als sie zugetragen bekamen, dass ihre Stasi-Akten endlich in sicheren Händen sind – in welchen auch immer. Es freut auch manchen hochrangigen Informanten, ich denke zum Beispiel an den, den sie ›Wismut‹ nannten. Und wie heißt es doch so schön bei Shakespeare: Und der Rest ist Schweigen.«

***

Am Tag der Wiedervereinigung, als Peter-Michael Diestel seine Aufgabe erfüllt hatte, ließ die Bundesanwaltschaft als eine ihrer ersten Aktionen die ehemaligen HVA-Offiziere Oberst Bernd Fischer und Generaloberst Werner Großmann verhaften. Diestels Ratgeber Markus Wolf hatte sich zu diesem Zeitpunkt weitsichtig bereits über Österreich in seine zweite Heimat Russland ins Exil aufgemacht, um von dort aus für seine Offiziersehre und die seiner ehemaligen Kollegen zu kämpfen. Mit Schlapphut-Mitteln. Und das bedeutete gewiss auch, den Versuch zu unternehmen, die seinem Wissen angemessenen Kapitulationsbedingungen auszuhandeln.

Ebenfalls an diesem Tag schickte der nun für die gesamte Stadt zuständige Westberliner Innensenator auch etliche Polizisten zur Stasi-Zentrale nach Berlin-Lichtenberg. Sie übernahmen dort sofort das Kommando und bildeten mit ehemaligen DDR-Volkspolizisten gemischte Einheiten. Nachzutragen ist, dass sich die einstigen Volkspolizisten die DDR-Embleme von ihren Uniformenvorrauseilend bereits selbst abgetrennt hatten.

Von VP-General Schmalfuß überliefert ist folgende Episode: »Es mag Anfang September gewesen sein, als ich von einem Referenten des Bonner Innenministeriums die Weisung erhielt, dafür zu sorgen, dass am 3. Oktober auf allen staatlichen Gebäuden in Ost-Berlin die Bundesfahne zu hissen wäre. Über die Art des Auftrages war ich reichlich verwundert, denn es gab kein Unterstellungsverhältnis. Mir war klar, dass hier jemand seine Kompetenzen überschritten hatte. Aber selbst, wenn ich gewollt hätte, ich wusste weder wie diese Fahne aussieht, noch wie sie zu beschaffen ist, noch wer das Ganze bezahlt.« Doch der intrigengeschulte Generalleutnant der DDR wusste sich zu helfen: »Ich habe die Angelegenheit dem Bonner Chefberater übergeben, der die Sache auf die Reihe brachte. Er hat mich später informiert, dass die Fahnen einem Fundus entnommen wurden, der für die Beisetzung verstorbener Generäle genutzt wird …«[76]

Distel
umgeben von
Unschuld.

Mensch ärger dich nicht
Gesellschaftsspiel für Übergangsminister

Diestel hingegen zog seit Beginn seiner bislang kurzen Polit-Karriere Pfeile auf sich – und er schien sich daran zu stärken: viel Feind, viel Ehr'. So rühmt er sich, er habe im September eine »vierstündige beispiellose Schlammschlacht und Hetzkampagne in der Volkskammer gewonnen« – damals wollten ihn viele Abgeordnete, entnervt von der Taktiererei bei der Stasi-Auflösung, kurzerhand aus dem Amt scheuchen. Doch ausgerechnet Abgeordnete der PDS, dankbar für die Rücksichtnahme auf Altgenossen aus dem Staatsapparat, verhinderten die Abwahl des Konservativen.

Der Spiegel 41/90[77]

»Hat dich der Misstrauensantrag gegen dich eigentlich hart getroffen?«[78], fragte ihn vor Jahren einmal der einstige Frontmann der PDS, Gregor Gysi. Diestel muss nicht lange überlegen, bis er die Antwort, die er damals gab, repetiert: »Der Antrag traf mich schon sehr, weil er von DSU- und SPD-Mitgliedern hinter meinem Rücken vorbereitet worden war. Doch er wurde ja in der Volkskammer abgeschmettert. Das Mehrheitsvotum zeigte mir, dass für meine Entscheidungen viel Verständnis existierte. Die Mehrheit der Abgeordneten hatte erkannt, dass ich in Frieden und ohne Blutvergießen in die Einheit wollte.«

Diestel erinnert sich so beispielsweise an die kuriose Episode, als der stellvertretende PDS-Vorsitzende vor der Abstimmung zu ihm ging und fragte: »Sagen Sie mal, Herr Minister, ist es nicht politisch schädlich für Sie, wenn wir für Sie stimmen ...« Diestel antwortet darauf: »Sie müssen stimmen, wie Sie es für richtig halten, gleich, ob mir das schadet oder nicht ...«

Das Abstimmungsergebnis vom September 1990 in Zahlen: Mit 184 zu 107 Stimmen wurde für den Verbleib Peter-Michael Diestels im Amt entschieden. Von Gysi, den Diestel heute zu seinen engen Freunden zählt, ist übrigens bekannt, dass er in dieser denkwürdigen Volkskammersitzung nicht für den Innenminister stimmte. Diestel: »So viel zum Thema geheime Wahlen ...« Gysi erklärte dazu: »Ein SPD-Mann hat mir über die Schulter gesehen, als ich mein Kreuzchen machte.«[79]

Wenn man Diestel heute auf jenen Abwahlantrag in der Volkskammer anspricht, dann sprudelt er über mit Erinnerungen. Er blättert in den alten Unterlagen, die sich in seinem Privatarchiv befinden, und dabei kommen so manche Anschuldigung und so mancher Konflikt, den er während dieser Zeit und auch noch Jahre später durchzustehen hatte und bisweilen immer noch hat, wieder hoch.

Diestel präsentiert einen persönlichen Brief an Sabine Bergmann-Pohl, in dem er sich einst über den damaligen Regierungsbevollmächtigten für die Auflösung des MfS im Innenministerium und späteren Vorsitzenden des Innenausschusses der Volkskammer, Dankwart Brinksmeier beschwert hat. Diestel: »Brinksmeier hatte sich mit einigen Gleichgesinnten ohne jede Legitimation durch mich unter Ausnutzung seiner Funktion in der Volkskammer Einlass ins Stasi-Archiv in Berlin verschaffen wollen. Dagegen habe ich bei der Parlamentspräsidentin energisch protestiert. Ich habe dann später, am 10. Juli, sogar anweisen müssen, die Archive wegen solcher Anmaßungen und Behinderungen meiner Arbeit ganz sperren zu lassen. Ich hatte zu sichern, dass Aktenmaterial zentral erfasst wird und dass es nicht ohne jede rechtliche Grundlage für beinahe jedermann zur Verfügung steht.«

Mit wenig Erfolg, denn schon einen Tag später wird Diestels Festlegung vom Parlament wieder gekippt, und es entsteht eine moderate Regelung über die »harmonische« Zusammenarbeit zwischen den Volkskammerausschüssen und dem Innenministerium, wonach Parlamentarier und Innenminister sich künftig bei der Arbeit mehr »Unterstützung« zusichern.[80]

Doch der Konflikt zwischen Peter-Michael Diestel und Dankwart Brinksmeier ist damit längst nicht beendet. Diestel: »Bei diesem Mann hatte es sich im Kopf festgesetzt, dass ich als Innenminister nur ein Ziel hatte – das war nach seiner Meinung der Schutz der einstigen MfS-Leute und ihrer Geheimnisse. Er sah überall nur Verschwörungen. Da konnte man nichts machen. Es gibt halt Menschen, die kann man nicht belehren – dieser Brinksmeier gehörte dazu. Kurzum: Zwischen uns beiden hatte sich eine gepflegte Aversion verfestigt.«

Zum Dauerkonflikt zwischen Diestel und Brinksmeier, der für jeden Außenstehenden – und noch dazu mit dem Abstand von zwanzig Jahren – völlig belanglos erscheint, muss näher erklärt sein, dass der bärtige Studentenpfarrer aus Ost-Berlin wenige Wochen nach der Wende von der Regierung des PDS-Ministerpräsidenten Hans Modrow als Stasi-Kontrolleur für das Innenministerium berufen worden war. Doch weil er sich schon in dieser Zeit als unversöhnlicher Stasi-Auflöser ständig mit dem Mitarbeiterstab im Innenministerium anlegte, hatte er sich dort bei vielen Beteiligten herzlich unbeliebt gemacht.

Diestel: »Das Brinksmeier-Beispiel zeigt sehr deutlich, wie unterschiedlich die Intentionen der Parlamentsmitglieder in dieser Zeit waren. Brinksmeier hat nach meiner Ansicht überall Mauern aufgebaut, statt in dieser sensiblen Situation Mauern in den Köpfen abzureißen. Deshalb hatte er sich als Mitarbeiter in meinem Ministerium und dann natürlich auch für eine nach unserer gewonnenen Wahl kurzzeitig ins Gespräch gebrachten Funktion als Staatssekretär völlig disqualifiziert. Für mich stand nach dem Amtsantritt schlicht und einfach die Frage, mit dem Ministerium und ohne Herrn Brinksmeier die Innenpolitik zu organisieren oder mit Herrn Brinksmeier gegen das Ministerium. Ich habe mich für meine Aufgabe entschieden.«

Generaloberst Fritz Peter, ehemals Chef der militärisch organisierten DDR-Zivilverteidigung, der im Januar vom damaligen Ministerpräsidenten Modrow mit der Abwicklung der Staatssicherheit beauftragt worden war und der von Diestel ins Beratungsteam seiner Regierungskommission, in dem auch der Schriftsteller Stefan Heym mitarbeitet, geholt wird, kommentiert derartige Vorgänge sehr zurückhaltend. Der erfahrene Logistiker und Militär nennt schon um des eigenen Seelenfriedens willen zwar keine Namen aus jener Zeit, aber er bewertet die damaligen Zustände sehr abgeklärt und ironisch: »Ja, es gab schon bisweilen sehr viele Gremien, die sich mit der Auflösung des Geheimdienstes beschäftigten, und es gab auch einige sehr naive Vorstellungen von der Auflösung dieses Dienstes. Viele redeten mit, aber nur wenige waren dazu auch ausreichend qualifiziert. Bei einigen, ich nenne sie mal vorsichtig Eiferer, um keine böswilligeren Absichten zu unterstellen, hatte es bisweilen den Anschein, als ginge es um die Konkursverwaltung einer mittelständischen Pleitefirma und nicht um die exakte und planmäßige Auflösung eines Dienstes, der gut bewaffnet und militärisch straff organisiert war. Unter diesen Umständen hat Diestel mit seinen Mitteln, Kenntnissen und Möglichkeiten eine vernünftige Arbeit geleistet.«[81]

Zur Erinnerung daran hat ihm der alte General Fritz Peter, der schon während seiner aktiven Zeit bei Freunden als Gelegenheitsdichter von sich reden machte, in einem seiner Gedichte ein persönlich-privates Denkmal gesetzt. Unter der Unterschrift »Dr. Diestel« schreibt er: »Die CDU wär nicht komplett, wenn sie nicht Dr. Diestel hätt … Mit Komitees gab es Verdruss/und Ärger mit dem Gauck-Ausschuss. Doch hat er niemals aufgegeben, auch unter härtestem Beschuss …«[82]

Die Naivität, mit der manche das hochbrisante Thema

Staatssicherheit angingen, ermunterte Diestel, dann auch von folgender kleinen Episode zu berichten, die bei allen Beteiligten bis heute als der größte Lacher aller Diestel-Beschuldigungen in Erinnerung geblieben ist. Eine Episode, die trotz aller Ernsthaftigkeit, mit der die damaligen Protagonisten an die Arbeit gingen, ein wenig auch die Unbedarftheit mancher Debatten jener Zeit charakterisiert. Diestel: »Während einer Sitzung im Kabinett ergriff plötzlich der Staatssekretär Oswald Wutzke unaufgefordert das Wort. Der Pfarrer saß an jenem Tag als Vertreter von Minister Ebeling in unserer Runde, weil der keine Zeit hatte. Ich leitete als stellvertretender Ministerpräsident die Runde und hatte Wutzke mehrfach gebeten, doch endlich still zu sein und sich an den Tagesordnungsverlauf zu halten. Doch der war einfach nicht zu stoppen. Er erklärte vor der versammelten Mannschaft, dass er es ablehne, am gleichen Tisch mit einem Mann zu sitzen, der eine nachgewiesene Stasi-Vergangenheit als Kampftaucher hätte. Die Nachricht hatte er wohl aus irgendeiner Zeitung. Die waren ja damals voll mit den verrücktesten Geschichten über mich. Mal waren mein Vater und ich KGB-Agenten, mal war ich ein Mann des israelischen Mossad, mal ein Stasi-Verhörspezialist, mal der Schwiegersohn von Markus Wolf und diesmal, laut Wutzke, war ich also Einzelkämpfer und Terrortaucher des DDR-Geheimdienstes.«

Diestel, den das mehr nervt, als er damals einzugestehen bereit ist, weil es immer wieder seine Arbeit behindert, kontert – zugegeben nicht eben parlamentarisch stilvoll: »Ja, ich gestehe alles. Allerdings bestand meine Spezialaufgabe darin, feindliche U-Boote mit bloßen Händen zu erwürgen.« Solche Blödeleien macht man nicht in einem Kabinett – es sei denn, man heißt Diestel.

Das Ergebnis ist klar: Alles brüllt vor Lachen. Wutzke springt auf und verlässt wütend den Raum. Und Diestel hat nun in ihm auch für die Zukunft einen – sagen wir es mal vorsichtig – »kritischen Widerpart« mehr an den Fersen. Den Tenor der Diestel-Kritik jener Zeit belegt auch ein Interview, in dem der Ex-Volkskammerabgeordnete Dankwart Brinksmeier das volle Programm an Diestel-Beschuldigung abfährt. So warnt er, noch während andere sich jubelnd über die endlich vollzogene Einheit in den Armen liegen, bereits in einem *Spiegel*-Interview vor der Diestel-Connection mit den alten Stasi-Seilschaften. Als die Reporter nachhaken und das dann etwas genauer wissen wollen, antwortet Brinksmeier: »In dem Bereich, für den bis zum 2. Oktober Diestel als DDR-Innenminister zuständig war ...« Eine derartige Steilvorlage ermuntert jeden cleveren Redakteur, der möglicherweise eine Geschichte herauskitzeln kann, die Diestel demontiert. Also kommt auch prompt die Nachfrage, was denn Brinksmeier, gesetzt den Fall, er wäre Innenminister geworden, mit den MfS-Leuten vorgehabt hätte. Der antwortet mit einer Anspielung auf Diestels Personalpolitik, dass er »die Zahl derer«, die er »übernommen oder eingestellt« hätte, »so niedrig wie nur irgend möglich gehalten« hätte.[83] Die vorab geschilderten »Aktionen Panzerschrank« und andere beweisen zwar das Gegenteil, doch dem Interviewer sei zugutegehalten, dass er sie damals noch nicht kannte. Oder doch?

***

Realpolitik lässt wenig Platz für die Frage: Was wäre, wenn ...? Diestel stellt zu seiner Personalpolitik noch einmal eindeutig klar: »In meiner Amtszeit wurden keine Mitarbeiter der Staatssicherheit übernommen. Diese Übernahmen waren schon vollzogen und zwar auf der Grundlage einer Entscheidung des Zentralen Runden Tisches vor meinem Amtsantritt. Das wurde von mir akzeptiert, weil es richtig war. Denn diese Mitarbeiter haben allesamt einen großen Anteil daran, dass wir so friedlich und organisiert in die Einheit gekommen sind.« Sie werden von den Medien pauschal als »Wendehälse« abgestempelt, einige von ihnen müssen sich wenige Tage nach der Einheit vor bundesdeutschen Gerichten verantworten, und auch Pfarrer Brinksmeier muss sich einen neuen Job suchen. So kommt er dann auch 1996 für einige Jahre in der ost-deutschen Stadt Strausberg nahe Berlin auf SPD-Ticket als Abgeordneter unter. Dazu muss man wissen: Strausberg ist der einstige Sitz des NVA-Hauptquartiers der DDR, von dem einige boshaft bis heute sagen, hier leben die meisten enttäuschten Offiziere der ganzen Welt. Heute ist Brinks-meier übrigens Sozialberater im Projekt »Berliner Bär«. Dort kümmert er sich um Arbeitslose, die über fünfzig Jahre alt sind. Mit Sicherheit ist auch hier mancher »Altka-der« darunter, den der so engagierte Stasi-Auflöser einst so erbittert bekämpfte und für den er sich nun um einen Job kümmern muss.[84]

Diestel ist nicht schadenfroh, wenn er von solchen Nachwende-Lebensgängen spricht. Nicht einmal dann, wenn es um einen seiner damals schärfsten Kritiker geht. Er kommentiert die Achterbahn-Karriere von Dankwart Brinksmeier mit dem nachdenklichen Satz: »Es gibt sehr viele komplizierte, aber sehr folgerichtige Lebenswege, die nur Ostdeutsche wirklich nachvollziehen können.«

Dazu rechnet Diestel auch die Entwicklung, die ein anderer seiner einstigen Widerparts in der Regierungs-mannschaft von Lothar de Maizière nahm – Günther Krau-se. Der ehrgeizige und hochbegabte Diplomingenieur, der 1990 zum Honorarprofessor der technischen Hochschule Wismar ernannt wird, hat bereits vor der Wende in der CDU eine steile Karriere gemacht und ist Diestel schon deshalb suspekt. Laut Biografie ist Krause seit 1975 in der CDU, er empfahl sich dort in den beginnenden Wende-wirren von 1987 bis 1989 als Kreisvorsitzender von Bad Doberan und stieg 1990 kometenhaft sogar zum Landes-vorsitzenden der Partei in Mecklenburg-Vorpommern auf. Wenn man den Gerüchten glauben darf, wollte und sollte Krause sogar noch höher in seiner Partei aufsteigen – er war jedoch weitsichtig genug, einen anderen politischen Weg einzuschlagen.

Das sagt sich so schnell dahin. Doch prompt macht Diestel, bei dem man den Eindruck hat, das Autotelefon wäre für ihn erfunden, die Nagelprobe. Er drückt ein, zwei Tasten, und schon ist Egon Krenz am Apparat. Ein Mann, der es wissen muss. Schließlich war er der letzte SED-Chef nach alter Fasson. Krenz muss keine Sekunde überlegen, als er konzentriert und in seiner unverwechselbaren volltönenden Stimme bestätigt: »Ja, den Krause hatten wir durch seine anschmiegsame Art schon im Blick.« Was das bedeuten soll, muss dem Laien erklärt werden: Bestimmte gesellschaftliche Funktionen wurden natürlich von der höchsten Macht im Staate abgesegnet. Im Falle Krause also vom Politbüro. Krenz: »Der stand bei uns mit auf der Vorschlagsliste seiner Partei für das höchste Amt der DDR-CDU. Doch es ist ja dann bekanntlich anders gekommen.« Dass Krenz mit seiner Unterschrift zur Bestätigung dieses Krause von der Küste kein Problem gehabt hätte, daran lässt er keinen Zweifel. Krenz: »Warum auch? Es gab doch überhaupt nichts Negatives gegen den aus unserer Sicht.«[85] Solche Bewertungen können schmücken. Sie können aber auch sehr nachdenklich stimmen. Diestel und ich – wir sehen uns danach für eine Zehntelsekunde einfach nur stumm in die Augen.

Als Mitglied der ersten frei gewählten DDR-Volkskammer legt Günther Krause dann in der Tat einen Steilstart in der Politik hin, der ihn nach der Wiedervereinigung – wenn auch nur für kurze Zeit – zu einem wirklichen politischen Gewinner der Einheit machen sollte: Krause, Vorsitzender der CDU/DA-Fraktion in der DDR-Volkskammer, wurde vom Ministerpräsidenten zum Parlamentarischen Staatssekretär ernannt und war in dieser Funktion auch der Verhandlungsführer bei allen Gesprächen über den am 2. Juli 1990 geschlossenen deutsch-deutschen Einigungsvertrag.

Diestel kann sich den spitzen Seitenhieb nicht verkneifen: »Dass derselbe Herr Krause, der für die DDR den Einigungsvertrag aushandelte, unmittelbar danach einen Ministerposten in der Kohl-Regierung erhielt, halte ich rechtlich – sagen wir mal so – für bemerkenswert.«

Dass auch Diestel viel später ein Posten in Bonn angeboten wurde, ist weniger bekannt. Er sagt dazu: »Ich habe das aber abgelehnt – mit der Begründung, dass ich unter chronischem Heimweh litte. Das hat Kohl sehr amüsiert. Er sagte mir später einmal in einem persönlichen Gespräch, dass dies die intelligenteste Ausrede gewesen wäre, die er je gehört habe. Aber es war keine Ausrede – ich wollte ja wirklich nicht weg.«

Der Vollständigkeit halber muss man aber auch erklären, dass sich Günther Krause in diesen Einheitsverhandlungen als engagierter Emissär für ostdeutsche Interessen einsetzt – soweit das bei der desolaten Wirtschaftslage der DDR und dem ungleichen Kräfteverhältnis überhaupt noch möglich ist. Und das unter einem unvorstellbaren Zeitdruck, weil das Tempo der deutsch-deutschen Einheitsverhandlungen maßgeblich zunahm, nachdem de Maizière, Kohl und Krause am 2. August ohne jede Abstimmung mit ihren Parlamenten in Kohls Urlaubsort am Wolfgangsee einen vorgezogenen Einheitstermin für Oktober ausgehandelt hatten.

Für Diestel markiert dieser Alleingang der beiden Ostdeutschen mit Kohl »das Ende der friedlichen Revolution«. Diestel: »Natürlich kann man aus heutiger Sicht sagen, dass die aktuelle wirtschaftliche Lage in der Noch-DDR den beiden keine andere Option bot. Jeder Tag früher zur Einheit, so ist mit dem Blick von heute einzuwenden, war ein gewonnener Tag. Doch damals hat mich diese Aktion sehr befremdet. Und wie bekannt ist, nicht nur mich: Wenig später ist daran ja dann auch unsere Koalition gescheitert, und die SPD verließ zwei Wochen später das Regierungsbündnis.« Diestels Fazit: »Das war für viele ehrliche Demokraten ein Schlag ins Gesicht und – auch wenn es keine andere Möglichkeit gab – am Ende der Genickbruch der friedlichen Revolution.«

DDR-Regierungssprecher Matthias Gehler erinnert sich: »Man mag über diesen Krause sagen, was man will, aber der Staatsvertrag wurde durch ihn gut ausgearbeitet.«[86] Und am »genetischen Geburtsfehler« (Lothar de Maizière) des Vertrages, der in der Eigentumsfrage »Rückgabe vor Entschädigung« vorsieht, kann auch ein Günther Krause – selbst wenn er es gewollt hätte – nichts ändern. Das ist, wie Finanzstaatssekretär Walter Siegert[87] und an-dere Protagonisten später übereinstimmend zugeben werden, eine »politische Kernprämisse« der Bundesregierung.

Aber es ist auch – neben vielen positiven Regelungen im Vertrag – der Konfliktpunkt, an dem später Heerscharen von Anwälten sehr gut verdienen werden und der naturgemäß, wie das immer so ist in der Geschichte, dem Verhandlungsführer Günther Krause angelastet wird. Denn vor allem die »Erklärung der Bundesrepublik Deutschland und der Deutschen Demokratischen Republik zur Regelung offener Vermögensfragen« vom 15. Juni 1990 wird zu spürbaren Eingriffen in das Leben der DDR-Bürger führen. Darin heißt es in Absatz 3: »Enteignetes Grundvermögen wird grundsätzlich unter Berücksichtigung der unter a) und b) genannten Fallgruppen den ehemaligen Eigentümern oder ihren Erben zurückgegeben.«[88]

Jeder DDR-Bürger, der nur ein wenig »Eigentum« im Sinne dieser Regelung besitzt, weiß um die persönliche Zitterpartie, die sich hinter diesem Juristendeutsch verbirgt. Spätestens wenn der erste Bagger eines »Alteigentümers« vor der Tür steht, der neue Hausverwalter die Mieter mit den verrücktesten Forderungen traktiert, um sie zum Auszug zu bewegen, oder sich die Mannschaft einer kleinen Firma plötzlich einem haargegelten Nadelstreifen-Erben der dritten Generation aus dem Westen gegenübersieht, der die Produktionsanlagen hautz-plautz versilbert, wird der Einheitsfrohsinn zu Einheitsfrust.

Der SPD-Vizepräsident der Volkskammer und spätere Ministerpräsident von Sachsen-Anhalt, der Pfarrerssohn Reinhard Höppner, kommt zu der Meinung, dass an diesem Rückgabe-Prinzip »ein bisschen auch die ungeduldigen DDR-Bürger schuld« sind. Höppner: »Wir hätten in der Volkskammer natürlich stoppen und sagen können, dass wir diese Frage erst einmal verhandeln müssen …« Aber: »Man stelle sich mal vor, wir wären als Volkskammerabgeordnete nach Hause gekommen und hätten gesagt: ›Mit dem Westgeld, das wird noch nichts werden, weil, da ist was mit den Eigentumsfragen nicht geklärt …‹«. Nach Höppners Meinung sind mit dieser Regelung »Pflöcke eingeschlagen worden …, um die wir nachher beim Einigungsvertrag nicht mehr herumkamen.«[89]

Doch selbst die vernünftigsten Erklärungsversuche eines Politikers klingen wie Hohn, wenn ein Betroffener plötzlich aufgeben muss, was er jahrzehntelang als sein Eigen wähnte. Dann braucht es für die schlimme Lage einen Schuldigen. Je personifizierter der Ärger sich ableiten kann, desto besser – Günther Krause. Sollte der clevere Diestel derartige Konsequenzen damals bereits überschaut haben? Hat er möglicherweise deshalb diesem ehrgeizigen Günther Krause den Vortritt gelassen und auf seinen Namenszug unter einem derart bedeutsamen historischen Einheitsdokument verzichtet, das von der anderen Seite ja schließlich auch von seinem Amtskollegen Schäuble unterschrieben worden ist? Diestel lacht verschmitzt und bemüht sein Bildungsbürger-Repertoire: »Wer sich einigermaßen in der Geschichte auskennt, den Friedensvertrag von Versailles zum Beispiel, weiß doch, mit welchen Vorwürfen sich Menschen, die solche bedeutsamen völkerrechtlichen Verträge unterschrieben haben, ein Leben lang herumschlagen müssen, welchen Anfeindungen sie ausgesetzt sind und wie die Betroffenen dann endeten. Günther Krause ist dafür das beste Beispiel. Ich habe übrigens nur wenige Stunden später in Bayern mit Minister Schäuble einen Vertrag zum

Abbau der mörderischen Grenzanlagen an der innerdeutschen Grenze unterzeichnet. Das ist ein Abkommen, auf das ich wirklich sehr stolz bin. Dort habe ich die wichtigste Unterschrift meines ganzen Lebens geleistet.«

Aber was ist nun der wirkliche Grund für die immer mal wieder von Diestel gegen Krause abgeschossenen Pfeile? Sticheleien, die sich in Krauses Erinnerungen, beispielsweise an eine Bauerndemo am 15. August, als die LPG-Leute gegen die Einführung der EU-Preise für ihre bis dato staatlich gestützten Produkte auf dem Berliner Alexanderplatz protestierten, dann so lesen: »Man hat keinen Polizisten mehr gesehen. Also musste ich ungefähr eine halbe bis dreiviertel Stunde am Alexanderplatz vor schätzungsweise 60- bis 70 000 tobenden Bauern sprechen.«[90] Günther Krause gilt allenthalben als ein Mann, der sich auch allerkleinste Details gut merken kann. So auch das: »Meine Sekretäre haben dann an mir 16 Eiereinschläge und 12 Tomaten als Treffer gezählt ...« Verschmutzt, ausgebuht und verständlicherweise sehr verärgert, beschwert sich Günther Krause später bei Lothar de Maizière. Und der, für seinen ureigenen trockenen preußischen Witz bekannt, erinnert sich: »Der Günther Krause, der kam zu mir und sagte, er träte zurück, die Eier würden eigentlich mir gelten. Ich antwortete: ›Nein, lieber Günther, da irrst du dich. Die Eier gelten grundsätzlich den Staatssekretären.‹«[91]

Diestel freut sich wie ein Pennäler, als diese Episode vom Kleinzoff hinter den Kulissen der DDR-Staatsmacht publik wird. Und er gibt unumwunden zu: »Mein Mitleid mit Günther Krause hielt sich sehr in Grenzen.« Kein Wunder. Denn was damals nur seine engsten Vertrauten und Freunde wissen, darunter auch der Ministerpräsident, ist eine Begebenheit, die ihm diesen Krause aus Mecklenburg-Vorpommern nicht gerade sympathisch gemacht hat. Sie trug sich wenige Tage nach Diestels Amtsantritt zu und hat ihn in seiner Meinung bestärkt, dass in der Politik bisweilen mit sehr harten Bandagen um Macht, Karriere und

Einfluss gekämpft wird: »Es war am frühen Morgen, da stellte mir mein Büroleiter ein Telefongespräch aus Bayern durch. Am anderen Ende der Leitung erklang eine mir damals unbekannte Urberliner Stimme. Der Mann nannte seinen Namen: Dr. Schalck-Golodkowski.«

Natürlich weiß Diestel sofort, wer ihn da zu sprechen wünscht. Schließlich gilt Alexander Schalck-Golodkowski, Chef der 1967 gegründeten Geheimabteilung »Kommerzielle Koordinierung« (KoKo) des DDR-Außenhandelsministeriums und Oberst der Staatssicherheit, als einer der spektakulärsten Männer der Wendezeit. Insgesamt 27 Milliarden D-Mark soll der clevere DDR-Devisenbeschaffer für sein Heimatland eingetrieben haben. Darunter auch jenen Milliardenkredit der Bundesrepublik, den er 1983 als informeller Unterhändler der DDR dem CSU-Chef und bayerischen Ministerpräsidenten Franz Josef Strauß abverhandelt hat. Schalck verfügt über Ost-West-Kontakte und -Wissen wie kein Zweiter. Kein Wunder also, dass ihm der Bundesnachrichtendienst unter einem Decknamen (witzigerweise und nach altbekannter Schlapphut-Manier »Schneewittchen«) sofort nach dem Mauerfall in Bayern liebevoll unter seine Fittiche nahm. Zu einem Zeitpunkt, als Schalck in Ostdeutschland noch von der Boulevardpresse als einer der Hauptverantwortlichen für die ganze DDR-Misere durch die Kolumnen gezogen und gesucht wird. Und auch seine einstigen Genossen sind auf seiner Fährte. So schreibt am 3.12.1989 der Leiter des Amtes für Nationale Sicherheit, Schwanitz, in einer vertraulichen Verschlusssache an die Leiter aller Diensteinheiten: »Am 3.12.1989 hat der ehemalige Staatssekretär im Ministerium für Außenhandel und Leiter des Bereiches Kommerzielle Koordinierung gemeinsam mit seiner Ehefrau … die DDR über die Grenzübergangsstelle Invalidenstraße nach Westberlin verlassen … In der gegenwärtigen Situation entstehen durch das Verhalten des Genossen außergewöhnliche Gefährdungsmomente für die nationale Sicherheit der DDR … Es sind alle politischoperativen Mittel, Möglichkeiten einzusetzen, den Aufenthaltsort von Dr. Schalck-Golodkowski festzustellen ...«[92] Diesen Schalck also hat Diestel nun am Telefon. »Er sagte, dass wir uns zwar noch nie begegnet wären, er aber meine Arbeit aus der Ferne mit sehr viel Hochachtung verfolge. Schließlich wäre es kein leichtes Geschäft, in so komplizierten und undurchsichtigen Zeiten einem derartigen Apparat wie dem Innen- und Staatssicherheitsministerium vorzustehen. Da nähme es nicht wunder, dass man überall auch auf Gegner träfe.«

Diestel weiß anfangs nicht, was er von dieser weitschweifigen Ansprache halten soll. Doch dann kommt Schalck ohne weitere Umschweife zur Sache: »Es wäre ja ein offenes Geheimnis, dass alle Seiten bisweilen versuchen, von seinem reichhaltigen Wissen zu profitieren. Kurzum, er hätte Besuch bekommen von einem Nachrichtendienstler und einem recht eigentümlichen Parlamentarier aus dem Osten. Die hätten ihn nach den Stasi-Kontakten eines gewissen Peter-Michael Diestel und des Ministerpräsidenten de Maizière befragt. Bei dem Ost-Emissär habe es sich um einen Vertrauten von Günther Krause gehandelt – jedenfalls hätte der sich als solcher eingeführt. Auch ein Name ist Diestel noch in Erinnerung: »Es handele sich um den CDU-Abgeordnete Ralf Geisthardt.«

Der Vollständigkeit halber ist noch anzumerken, dass der Volkssammerabgeordnete Geisthardt, heute Abgeordneter in Sachsen-Anhalt, wegen dieser über den BND vermittelten Mission zu Schalck-Golodkowski nach der Einheit noch einige Probleme haben wird. Er muss nämlich am 27. November 1991 vor einer hochkarätigen Mannschaft von Bundespolitikern im sogenannten »KoKo-Ausschuss« des Bundestages seinen »Ausflug« ins Geheimdienst-Milieu noch einmal genau erklären. Die wichtigste Frage der insgesamt 153 Seiten umfassenden Anhörung ist, was denn einen gewählten Parlamentarier in drei Gottes Namen geritten hätte, hinter dem Rücken der betroffenen Repräsentanten eines souveränen Staates mit geheimdienstlichen Methoden in deren Biografien herumzustochern.

Geisthardt beschreibt dann auch sehr mitleiderregend und weitschweifig seine Intentionen und auch das peinliche Resultat dieser für ihn unheimlichen Begegnung der dritten Art so: »Ich bin allerdings, so muss ich heute einschätzen, etwas sehr blauäugig mit der Vorstellung hingefahren, er (Anm.: Schalck) könne eventuell der Meinung sein, seinen früheren Auftraggebern abzuschwören und vielleicht noch etwas für das Land, das ihm sein Gehalt bezahlt hat und wogegen er vielleicht gearbeitet hat, zu tun, indem er mir einige Informationen gibt, die für uns nutzbar sind …«

Doch Schalck, der dem »blauäugigen« Parlamentarier aus dem heutigen Sachsen-Anhalt da etwa zweieinhalb Stunden lang gegenübersitzt und von einem Geheimdienstler zu Beginn des Gespräches als »Herr Gutmann« vorgestellt wird, weiß nicht so recht, was er mit diesem Emissär aus der DDR anfangen soll. Der erklärt sich dann auch später vor dem besagten Untersuchungsausschuss, als er die Begegnung mit dem gewieften Geheimdienstprofi Schalck schildert, ein wenig wirr: »Das ist eine Enttäuschung von Hoffnung gewesen, die ich gehegt habe, um Informationen wirtschaftlicher Art zu bekommen, und ich muss meine Dummheit eigentlich nicht noch in einer Zeitung dokumentieren …« Auch besser so.

Dafür hat es der alte Fuchs Schalck sofort getan. Der Gast aus der DDR war kaum aus der Tür, da berichtet er seinen Gastgebern vom Bundesnachrichtendienst brühwarm den Verlauf des Gespräches. Und zwar knallhart so: »Gesprächsinhalt waren keinesfalls, wie erwartet, die übermittelten Interessenkomplexe. Vielmehr teilte G. mit, dass der VK-Ausschuss zur Auflösung des MfS über begründete Verdachtsmomente gegen Ministerpräsident de Maizière sowie Innenminister Diestel verfüge und dass beide auch heute noch von ehemaligen MfS-Kadern, die entweder aus dem Untergrund operierten oder zu den Sowjets übergelaufen seien, feindgesteuert seien.«

Schalcks Fazit lautet: »Geisthardt hatte das Gespräch gesucht, um zu diesem Komplex zusätzliche Informationen zu erhalten. Die übermittelten Fragen hätten nur als Aufhänger gedient. Von dem Gespräch hätten auf DDR-Seite nur sieben Personen Kenntnis, darunter vor allem Staatssekretär Krause ...«, der in der Schalck-Notiz an den BND dann auch als der »Auftraggeber« dieser Aktion benannt wird.

Für den eifrigen Abgeordneten Ralf Geisthardt ist das eine heikle Situation. Denn genau diese Beziehung zu Günther Krause bestreitet er später – wie es scheint zur Verwunderung der Ausschussmitglieder – und nennt seine Fahrt nach München einen »Alleingang«, den er mit Krause im Vorfeld nicht abgesprochen habe. Er erklärt den Ausschussmitgliedern trotz mehrmaliger Nachfragen zu seinem Motiv: »Vielleicht waren auch ein paar Prozent Abenteuerlust dabei ...«

Ob nun Günther Krause wirklich der Auftraggeber dieser »Recherche-Aktion« war, wie sich Schalck und auch der bei dem Gespräch anwesende Geheimdienst-Mann trainiert professionell und emotionslos erinnern, oder ob Geisthardt, aus welchen Gründen auch immer, seinen Sherlock-Holmes-Besuch bei Schalck wirklich als Privatvergnügen unternahm, wird wohl nie geklärt werden. Es sei denn, Geisthardt hätte selbst Lust und Humor genug, diese Zeit noch einmal ohne Angst vor Folgen auferstehen zu lassen.

Für Peter-Michael Diestel aber ist die Sache heute klar: »Ich weiß zwar nicht, wer oder was Geisthardt bewogen hat, später seine Spitzelaktion gegen zwei hohe Repräsentanten der DDR als Alleingang zu rechtfertigen, und im Grunde ist es mir auch egal. Fest steht, es ist ein unsäglicher Vorgang, und derjenige, der sich damit politisch profilieren wollte, wird nun mit diesem ekligen Spitzelvorwurf Zeit seines Lebens als Ratte leben müssen.«

Lange hat Diestel damals mit sich gehadert, ob er diesen Vorgang der Illoyalität im Parlament publik macht. Er tut es nicht. »Ich war natürlich zutiefst empört. Doch ich habe es weggeschluckt und mir gesagt, dass in diesen Zeiten so mancher seine Karriere damit begründet hat, dass er einem anderen am Zeug flickte. Meine Art war und ist das nicht. Deshalb habe ich lediglich den Ministerpräsidenten davon in Kenntnis gesetzt, und Lothar und ich kamen damals überein, dass wir hier nicht lange herumprüfen, was nun an diesen Informationen dran ist oder nicht, sondern den Krause mit Arbeit bis über beide Ohren zupflastern. Das war besser, als die ohnehin schwierige Regierungsarbeit auch noch mit solchen Auseinandersetzungen auf Nebenkriegsschauplätzen zu belasten. Denn dass Krause emsig und umtriebig wie ein Bienchen arbeiten kann, das hat er ja gezeigt.

Ich will damit sagen: Mit dem Günther Krause und dem Einigungsvertrag war das, so denke ich immer noch, eine sehr richtige Entscheidung.«

Anzumerken ist noch, dass Diestel diesem Krause nichts wirklich nachträgt. Er langt in einen Plastiksack mit alten Brötchen, füttert seine U-Boot-Karpfen im Gartenteich und sinniert: »Jeder ist halt, wie er ist. Und es ist ja auch zu viel Zeit seither ins Land gegangen, und der Liebe Gott wird alles schon richten. Im Übrigen ist der liebe Günther ja, wie man weiß, sehr schnell über seine eigenen mächtig flinken Füße in der Marktwirtschaft gestolpert. Mein Motto ist und bleibt, dass man auf einem, der bei den Banken Geld und vor Gericht Prozesse verlor, nicht auch noch mit den Füßen herumtrampelt. Mein Vater prägte einmal den weisen Satz: Junge, mache dir im Leben nicht mehr Feinde, als du selbst beerdigen kannst ...« Noch schöner und fairer kann man es nicht sagen – finde ich.

***

Möglicherweise auch deshalb hat Peter-Michael Diestel dann seinen Rechtsstreit im Jahre 2000 gegen den Bundesbeauftragten für die Stasi-Unterlagen, Joachim Gauck, nie weiter medial zelebriert, als nachrichtlich unumgänglich war, und sich mit seinem Kontrahenten später bei einem Gespräch unter vier Augen ausgesöhnt. Worum ging es? Diestel hatte damals in einer Auseinandersetzung über die Täter-Opfer-Problematik bei der Beurteilung von Stasi-Unterlagen behauptet, Gauck sei »Begünstigter im Sinne des Stasi-Unterlagengesetzes« gewesen. Verständlicherweise ließ Gauck das nicht auf sich sitzen und wehrte sich.

Zur Vorgeschichte des Konflikts zwischen den beiden muss man wissen: Gaucks Söhne Christian und Martin hatten 1984 gegen den Willen ihres Vaters Ausreiseanträge gestellt und durften dann 1987 auch das Land verlassen. Das hatte die DDR-üblichen Restriktionen gegen die gesamte Verwandtschaft zur Folge – unter anderem bekam der Pfarrer Gauck prompt seine Privilegien gestrichen. Darunter auch das, wovon viele Ostdeutsche träumten und was maßgeblich den Sturm auf die Mauer ausgelöst hatte. Nämlich die Chance, in den Westen fahren zu können oder relativ komplikationslos Familienbesuch von dort zu empfangen. Diese allbekannten und perfide geplanten Stasi-Eingriffe ins Privatleben führten zu dem gewünschten Ergebnis. Nämlich dass die für den Operativvorgang »Larve« zuständigen Mitarbeiter alsbald über Joachim Gauck einschätzten, er habe seine »feindlichen Aktivitäten sowie Inspirationen ... eingeschränkt«. Eine Einschätzung, die sich auch darin zeigte, dass Gauck sich als Chef-Organisator des Rostocker Kirchentages von 1988 milder gestimmt erwies als von der Obrigkeit befürchtet. Was dann prompt dazu führte, dass Gaucks Söhne bereits ein Jahr nach ihrer Ausreise wieder zum Familienbesuch einreisen konnten. Gauck sagt später zu seiner Haltung: »Ich wollte den Kirchentag und musste Kompromisse aushandeln ...«[93] Verständlich? Durchaus!

Auch für Peter-Michael Diestel. Der urteilt heute, friedlicher gestimmt als in jener Zeit, in der die juristische Auseinandersetzung zwischen den beiden nach besagtem »Unter-Vier-Augen-Gespräch« im Jahre 2001 eingestellt wurde, bodenständig und klug: »Herrn Gaucks persönliche Integrität will ich gar nicht anzweifeln. Er hat damals genau das gemacht, was die Behörde heute manchem so übel Aktenbelasteten gnadenlos vorwirft – er hat um seines lieben Seelen- und Familienfriedens willen kleine Kompromisse ausgehandelt. Das ist allzu menschlich, und es bekräftigt meine Auffassung, dass viele Ereignisse und menschliche Haltungen aus der DDR und der Wendezeit in Ostdeutschland nur im historischen Kontext und damit auch nur von denen, die sie selbst erlebten und gestalteten, wirklich ausgewogen zu beurteilen sind. Auch deshalb habe ich für mich entschieden, diesen Rechtsstreit nicht weiter zu führen.«

Dass Diestel dabei die Kosten übernahm, sei nebenher noch angemerkt, und dass Gauck seither niemals den Vorwurf, er sei ein »Begünstigter der Staatssicherheit« gewesen, endgültig mit juristischen Mitteln aus der Welt geschafft hat übrigens auch. Nachzutragen sind noch zwei Kommentare der Kontrahenten. Joachim Gauck bekannte Jahre später, dass auch ihn das System »auf eine Weise geprägt hat, deformiert, wie ich es nie geahnt habe. Aus einer Diktatur kommt keiner heraus.«[94] Und Peter-Michael Diestel wagt die kühne These: »Die DDR war für auserwählte Privilegierte, viele Pastoren darunter, auch ein goldener Käfig. Hätte jeder so ein im Grunde doch gesichertes Leben gehabt wie der Herr Gauck, dann hätte es diese friedliche Revolution nie und nimmer gegeben.«

Ein anderer Streit allerdings, der Diestels Vergangenheit betrifft, ging nicht so moderat aus. Dazu muss man sich, um die Intentionen von Peter-Michael Diestel zu begreifen, vorstellen, wie es ist, wenn man sich, wie er, durch die Wutzkes und Brinksmeiers dieser Wende-Welt immer mal wieder so böse ins Zwielicht gerückt sieht. Diestel: »Mich treffen vor allem bestimmte Vorwürfe von moralisierenden Zaungästen aus dem Westen, wenn sie meine Arbeit als Innenminister der DDR betreffen, besonders tief – so redlich deren Motive auch immer sein mögen.«

Wir sprechen über seinen in vielen Medien breit zelebrierten Streit mit dem bekannten Publizisten Henryk M. Broder. So berichtete die in Ost-Berlin erscheinende *Berliner Zeitung* unter der Überschrift »Für Aktenvernichtung verantwortlich«: »Peter-Michael Diestel, letzter Innenminister der DDR, ist politisch dafür verantwortlich zu machen, dass in den letzten Monaten der DDR Stasi-Unterlagen vernichtet wurden. Das hat das Oberlandesgericht Hamburg jetzt in mehreren Urteilen bestätigt. Ausgangspunkt für die Verhandlungen war ein Rechtsstreit Diestels mit dem Publizisten Henryk M. Broder.«

Peter-Michael Diestel verlor den Rechtsstreit gegen Henryk M. Broder. Nicht, weil ihm eine persönliche Beteiligung an der Vernichtung von auf ihn noch überkommenen Dokumenten der Staatssicherheit vorzuwerfen war, sondern weil auch zu jener Zeit, als er Innenminister war, Akten auf abenteuerlichen Wegen in fremde Hände gelangten.

Man erinnere sich nur an das spektakuläre Eingeständnis des einstigen Sicherheitsmannes Ewert, der übrigens damals als Zeuge gegen Diestel auftrat und erstmals beschreibt, wie Diestel hintergangen wurde!

***

Man sagt häufig gern und unüberlegt, die Vergangenheit hole einen Menschen ein. Peter-Michael Diestel hat dieser Teil seiner Minister-Vergangenheit nie losgelassen. Die juristischen Auseinandersetzungen, die im Zusammenhang mit derart schlimmen und ehrrührigen Vorwürfen wie dem der Aktenvernichtung geführt wurden und in denen neben vielen damaligen Diestel-Mitarbeitern sogar

der einstige Ministerpräsident der DDR in den Zeugenstand gerufen wird, beweisen es. Sie ziehen sich bis weit in die Jahre nach der Wende hin.

Diestel stellt klar: »Nach den Gesetzen der DDR war jede Aktenvernichtung strafbar. Wenn mir zu meiner Zeit eine solche Vernichtung angezeigt worden wäre, hätte ich das nicht toleriert, sondern sofort geahndet. Ich habe niemals solche Aktionen angewiesen, und ich hätte sie auch nicht geduldet.« Und er kann sich den Hinweis nicht ersparen: »Die Akten, die ich mit den Mitarbeitern meines Ministeriums übernommen habe, waren, wie sich später herausstellte, übrigens bereits gefleddert, geschreddert, den Medien zur Veröffentlichung zugespielt oder an wen auch immer verteilt. Vieles übrigens mit Wissen und mit offizieller Billigung der Stasi-Kontrolleure vom Runden Tisch. Ich schätze mal grob ein, dass ein Drittel – und zwar das brisanteste Material – gar nicht mehr von mir und meinen Leuten verwaltet werden konnte, weil es nicht mehr vorhanden war.«

Dieser Sachverhalt erschließt sich überhaupt nur aus der damaligen Situation heraus. So erklärt bereits Monate vor Diestels Amtsantritt der damalige Chef des Amtes für Nationale Sicherheit, Generalleutnant Schwanitz, zu seiner Amtseinführung in einer Dienstbesprechung: »Was das Vernichten betrifft, Genossen, besonders in den Kreisdienststellen. Macht das wirklich klug und sehr unauffällig. Wir werden sehr stark kontrolliert … Also realisiert die Aufgaben klug und so, wie sie angewiesen wurden. Es hat keinen Zweck, einen Haufen Papier mitzuschleppen, der uns in der gegenwärtigen und künftigen Zeit nichts nützt …«[95] Und am 22. November 1989 weist Schwanitz die Leiter der Bezirksämter dann an, die Aktenbestände in den Kreisämtern auf ein Minimum zu reduzieren; selbst aus den Bezirksämtern sollen nun »besonders bedeutsame Vorgänge« nach Berlin ausgelagert werden. Akten einer ganzen Reihe unterschiedlicher Kategorien sollen vernichtet werden, darunter auch die Informationen, die regelmäßig an den SED-Apparat gegangen sind. Alles habe unter »strengster Geheimhaltung« zu geschehen.[96] Einige Wochen später, am 7. Dezember 1989, wird in einem Schreiben von Hans Modrow und seinem Staatssekretär Walter Halbritter konstatiert, dass »die Regierung ... das unberechtigte Sammeln von Informationen durch das ehemalige Ministerium für Staatssicherheit« verurteilt. Verlangt wird, »die unberechtigt angelegten Dokumente unverzüglich zu vernichten«. Das soll allerdings nicht geheim erfolgen, sondern »unter Aufsicht von Beauftragten der Regierung, der örtlichen Staats- und Rechtspflegeorgane und gegebenenfalls Vertretern der Öffentlichkeit«.[97] Diese Anweisung wird zwar am nächsten Tag wieder aufgehoben, sie kennzeichnet aber sehr deutlich das Chaos jener Tage, und nur die Protagonisten in den jeweiligen Stasi-Bezirks- und Kreisstellen werden wissen, was sie bis dahin, die wirre Rechts- und Anweisungslage nutzend, bereits in eigener Regie beiseitegeschafft hatten.

Der größte Aktenvernichtungscoup aber gelang dem stellvertretenden Minister für Staatssicherheit, Generaloberst Werner Großmann sogar mit der Zustimmung der Bürgerrechtler der »Arbeitsgruppe Sicherheit des Zentralen Runden Tisches« am 26. Februar 1990. Es handelt sich um einen von Hans Modrow unterzeichneten Regierungsbeschluss zur Vernichtung aller elektronischen Datenträger der Staatssicherheit. Zur Begründung der Aktion heißt es: um »künftigen Missbrauch der gesammelten Daten weitestgehend auszuschließen«. Dabei gingen, so wurde in der zuvor geführten Diskussion behauptet, keine Informationen verloren, weil sie ja schließlich alle noch in Papierform existierten. Im Übrigen aber wäre damit auch sichergestellt, dass bundesdeutsche Geheimdienste dieser Informationen nun nicht habhaft werden könnten. Wörtlich heißt es im Dokument: »In Übereinstimmung mit dem Zentralen Runden Tisch beschließt der Ministerrat: ... die physische Vernichtung aller magnetischen Datenträger … mit personenbezogenen Daten einschließlich der dazugehörigen magnetischen Datenträger mit der Anwendersoftware … Als zweckmäßige Technologie der Vernichtung sind die mechanische Zerstörung bzw. Verbrennung der Datenträger anzuwenden …«

Diestel: »Das bedeutete im Klartext, dass bis zum Amtsantritt des ersten frei gewählten Parlaments drei Monate lang legal Unterlagen vernichtet werden durften. Ein unvorstellbarer Vorgang, der mich aber in meiner Auffassung bestätigt, dass wir nur noch die Unterlagen und Dokumente übernahmen, die im Zuge der staatlich sanktionierten Vernichtungsaktion als weniger bedeutsam angesehen worden waren oder die in der Hitze des Vernichtungsgefechtes übersehen worden sind. Das brisante Drittel aber, von dem ich rede, war längst anderswo – und damit meine ich nicht nur die überall zitierten Schredder- und Zerschnipselmaschinen.«

Diese Anspielung ist typisch Diestel und sie wird verständlich, wenn man sich eine Nachricht der Agentur dpa vom 5. April 2000, gesendet um 7.19 Uhr, genau auf der Zunge zergehen lässt: »Berlin (dpa). Die Beseitigung von Stasi-Akten im Zusammenhang mit der deutschen Wiedervereinigung sorgt weiter für Zündstoff. Nach einem Bericht der *Frankfurter Rundschau* (Mittwoch) haben die frühere Bundesregierung unter Bundeskanzler Helmut Kohl (CDU) und die Innenministerkonferenz der Länder damals Beschlüsse zur Beseitigung von Stasi-Akten gezielt geheim gehalten. Laut *Berliner Zeitung* (Mittwoch) hat die damalige Bundesregierung 1990 Ost-Berlin gedrängt, die in den Stasi-Archiven vorhandenen Unterlagen über Bundesbürger auszusondern und komplett zu vernichten. Die *Frankfurter Rundschau* berichtet, dem Innenausschuss des Bundestages habe die Regierung aus CDU/CSU und FDP erst neun Monate nach der deutschen Einheit mitgeteilt, dass sie Stasi-Akten habe vernichten lassen. Das beweise ein der Zeitung vorliegendes vertrauliches Ausschuss-Protokoll. Der damalige Staatssekretär im Bundesinnenministerium, Hans Neusel, habe dem Protokoll zufolge am 19. Juni 1991 den Abgeordneten berichtet, Akten, die das Bundesamt für Verfassungsschutz erhalten habe, seien ›gemäß Beschluss der Bundesregierung ohne Bearbeitung vernichtet‹ worden. Darunter hätten sich Akten zu Abhörmaßnahmen des Ministeriums für Staatssicherheit ›über Personen in der Bundesrepublik‹ befunden. Einen förmlichen Beschluss der Innenminister zur Aktenvernichtung habe es nicht gegeben, teilte das zuständige Sekretariat in Bonn der *Frankfurter Rundschau* mit. In der Juni-Konferenz in Bonn sei aber offenbar beschlossen worden, Unterlagen zu vernichten. ›Gewährsleute‹ hätten berichtet, damals sei ein Beschluss zur Aktenvernichtung gefasst worden ...« [98]

Diestel versöhnlich: »Die Argumentation der Gegenseite legte hier – mal ganz allgemein gesprochen – bundesdeutsche Maßstäbe an. Nach dieser West-Logik muss ein Innenminister für alles, was unter seiner Amtszeit geschieht, auch die Verantwortung übernehmen. Doch jeder, der sich in die damaligen Zustände hineinversetzt, wird erkennen, dass diese Revolutionstage in der DDR in keiner Weise mit den parlamentarisch-rechtlichen Strukturen der Bundesrepublik vergleichbar sind. Es gab bei uns die unterschiedlichsten Interessenlagen und mir unterstand ein Apparat, der jahrzehntelang voller Überzeugung einem kommunistischen System treu ergeben war. Da waren viele enttäuschte Geheimdienstler darunter, die, aus welchen Gründen auch immer, auch ihre Geschäftchen mit den Westschlapphüten abwickelten und die auch allzu gern die lukrativen Angebote von westlicher Seite zum Aktenklau angenommen haben werden. Das war und ist natürlich kriminell. Wäre mir auch nur ein Vorgang dieser Art angezeigt worden, hätte ich gehandelt. Doch das ist nachweislich nicht geschehen und deshalb ist mir hier auch nichts anzulasten.«

Aber um die gesamte Tragweite dieser immer wieder einmal hochkommenden Ost-West-Aktenkämpfe, die, wenn man ehrlich ist, nichts an der Wirklichkeit zwanzig Jahre nach der Einheit ändern, zu begreifen, ist zudem folgender historische Kontext geeignet: Schon im März 1990 hatte der Staatssekretär des Innenministeriums, Neusel, im Innenausschuss des Deutschen Bundestages berichtet, »dass über lange Jahre Personen aus der Bundesrepublik von dem MfS ausgespäht worden seien, insbesondere über Telefon. Tausende von Dossiers seien angelegt worden …«. Es bestünde damit die Gefahr, »dass diese Dossiers auch in die Bundesrepublik kämen, und dass Behörden und Nachrichtendienst sie bekämen. Das Kabinett habe daher beschlossen, dass alle diese Dossiers mit personenbezogenen Daten ungeöffnet vernichtet werden sollten.« [99]

Dazu schreibt der ehemalige Pressesprecher der BStU Christian Booß: »Der Schock der westdeutschen Eliten resultierte aus Verfassungsschutzinformationen. »Untergetauchte Stasi-Agenten« hätten angeblich noch bis Mai 1990 weiter Telefonate von Westpolitikern aller Parteien abgehört und seien mit ihren Protokollen in den »Untergrund« abgetaucht. Von hier aus planten sie, Westpolitiker durch Indiskretionen zu desavouieren, um so den nächsten Wahlkampf zum Nutzen der PDS in eine Schlammschlacht zu verwandeln …« Booß schätzt ein: »Selbstanbieter bei Verfassungsschutzämtern oder Aktenhändler aus ehemaligen Stasi-Dienststellen dürften vorrangig ihre eigenen Interessen im Blick gehabt haben. Dennoch, an dem Fakt, dass Abhörunterlagen auf dem »freien Markt« waren, war nicht zu rütteln. Erst damit wurde man sich in den politischen Chefetagen des Westens bewusst, dass das Stasi-Thema in diesem Zusammenhang nicht nur ein östliches Exotikum war.«[100] Vor dem Hintergrund dieser Einschätzung sind dann auch die *Erinnerungen 1990-1994* von Helmut Kohl durchaus verständlich. Darin schreibt er: »Ich fürchtete, der ganze Unrat, der da hochkommen würde, könnte das Klima in Deutschland vergiften.« Und zur strafrechtlichen Behandlung der DDR-Geschichte ist beim Altkanzler die staatsmännische Einsicht nachzulesen: »Bei allem Verständnis für die Opfer der SED-Diktatur, für die geschundenen Menschen im Gefängnis von Bautzen oder anderswo in der DDR, war ich nicht unbedingt an einem großen Prozess interessiert.«[101]

Nachzutragen ist, dass *Der Spiegel* bereits im Juni 1990, also wenige Wochen vor der gegen Diestel anberaumten Vertrauensabstimmung in der Volkskammer, orakelt: »Spätestens seit dem Eintritt des früheren DSU-Chefs Hans-Wilhelm Ebeling und seines damaligen Generalsekretärs Diestel in das Kabinett Lothar de Maizière ist der parteiinterne Richtungsstreit offen ausgebrochen. Während Ebeling als Entwicklungshilfeminister fast vollständig von der politischen Bühne verschwand, entpuppte sich Diestel als höchst eigenwilliger Innenminister, der seine Parteifreunde nur noch irritiert«[102]

Zwei Monate später dann hat Peter-Michael Diestel der DSU den Rücken gekehrt, und er wird Mitglied der CDU.

Dame mit
Kratzdistel
–
Cirsium
lanceolatum

Schatzsucher

Spurensuche zwischen Sassnitz und Sonneberg

> Carinhall ist in der Forstbehörde Chefsache. Denn nachts kommen Horden von Schatzsuchern. Angefangen hatte alles kurz nach der Wende. Damals fischten Taucher des Innenministeriums Statuen des Nazi-Bildhauers Arno Breker aus dem Döllnsee.
>
> *Berliner Zeitung*[103]

Seit am 3. Mai 2000 Dave Ulmer in der Nähe der Stadt Portland im US-Bundesstaat Oregon einen schwarzen Plastikeimer einbuddelte und die GPS-Koordinaten seines Verstecks im Internet bekanntgab, ist die Schatzsuche wieder angesagt. »Geocaching« nennt sich die moderne Jagd.

Schatzsuche lässt Herzen höher schlagen. Da wundert es nicht, dass auch Peter-Michael Diestel während seiner Zeit als Innenminister von der Jagd nach dem Gral magisch angezogen wird. Damals natürlich nicht mit Internet-Informationen und GPS sondern noch ganz ostdeutsch und trivial. Diestel: »Ich konnte es anfangs gar nicht recht glauben, was ich da von meinen Beratern hörte: ›Ex-Stasi-Chef Erich Mielke hatte die Schatzsuche sogar zur Chefsache gemacht. Er hatte einen seiner damaligen Stellvertreter, den Generalmajor Gerhard Neiber, der mir auch mit vielen anderen Hinweisen in meiner Ministerzeit als loyaler Ratgeber sachkundig zur Seite stand und den ich deshalb sehr schätzte, mit der Fahndung nach dem achten Weltwunder beauftragt.‹«

Damit meint Diestel einen Vorgang mit dem Decknamen »Puschkin«, vier Ordner dick, unter der Stasi-Registriernummer XV 3241/80 abgelegt, der das von vielen Schatzsucher-Geschichten umwobene, sagenhafte »Bernsteinzimmer« betrifft. Jene Rarität, die der Preußenkönig

Friedrich Wilhelm I. im Jahre 1712 im Barock- und Roko-
kostil in seinem Berliner Stadtschloss aufbauen ließ, ist
eine 14 Meter lange und 4,75 Meter hohe Wandverklei-
dung aus Millionen filigran von dänischen und ostpreu-
ßischen Schnitzern bearbeiteten Bernsteinen. 1717 machte
der deutsche Potentat dieses einzigartige Kunstwerk dem
Zaren Peter I. zum Geschenk. Peter der Große revanchierte
sich dafür im Gegenzug mit der Überlassung von 55 »langen Kerls« für Preußens Leibgarde.

Dieses Zimmer kam in Russland im Sommersitz der
Zarenfamilie in Zarskoje Selo (Puschkin) unter. Dort blieb
es bis 1941, als es bei der Belagerung von Leningrad deutsche Kunstoffiziere raubten und nach Königsberg schaff-
ten. Hier wurde der Schatz im März 1944 zum letzten
Mal gesehen – als der Direktor der Königsberger Kunst-
sammlungen, Alfred Rohde, das gestohlene Kunstwerk
in Kisten verpacken ließ, nachdem es bei einem Brandan-
schlag gegen eine antikommunistische Propagandaschau
durch den Rauch Schaden genommen hatte. Kunstexper-
ten schätzen seinen Wert heute auf mehr als 100 Millionen
Euro. Ob sie damit den Wert der bearbeiteten Bernsteine
meinen oder das Zimmer als Gesamtkunstwerk, sei dahin-
gestellt.

Kein Wunder also, dass sich die ohnehin an Valuta
knappe DDR auch an der weltweiten Suche nach diesem
Schatz beteiligte und dass dies unter der Federführung des
Chefs der Staatssicherheit geschah. Denn noch spektakulä-
rer als mit so einem Fund hätte man den sowjetischen Freunden die damals zur Staatsdoktrin erklärte unverbrüchliche
Freundschaft wohl kaum dokumentieren können.

Einer der Mielke-Schatzsucher war der MfS-Oberst-
leutnant Paul Enke. Peter-Michael Diestel: »Der Mann
sollte alle Quellen abgrasen, die irgendwie auf das Bernsteinzimmer hinwiesen.« Dafür bekam Enke sogar eine
sogenannte Legende verpasst. Er galt in der Öffentlichkeit als pensionierter Zivilangestellter des Innenministeri-

ums. Denn schließlich sollte niemand wissen, dass sich die Staatssicherheit auch mit solchen Dingen beschäftigte.

Das Ergebnis der Recherchen ließ Diestel den Atem stocken: »Nach Aktenlage – das sind immerhin gut und gern 1000 Seiten – wurden mehr als einhundert Orte untersucht und an mehr als zwanzig Stellen Probebohrungen vorgenommen, um etwas zu finden. Darunter waren beispielsweise Objekte wie die Kalkgrube Steinbach bei Mohorn, ein ehemaliger Granitsteinbruch in Schwarzenberg, Schloss Broock bei Demmin, das einstige Sägewerk von Burow, natürlich das letzte Führerhauptquartier im Jonastal in Thüringen, der Osterlammstollen in Niederschlema bei Aue und und und …«

Wie ein aufgeregter Junge wühlt sich der Schatzsucher Peter-Michael Diestel in seinen freien Innenminister-Stunden durch das spannende Material. Dabei stößt er auf einen Hinweis, der bislang nur wenig Aufmerksamkeit gefunden hat. Es handelt sich um das Rittergut Schwepnitz nahe Dresden, das nach dem vergilbten Bericht eines Zeitzeugen aus den fünfziger Jahren aus unerklärlichen Gründen am Ende der letzten Kriegstage 1945 noch hartnäckig von SS-Leuten verteidigt worden ist. Diestels Herz schlägt höher. Auch wenn er, wie viele andere, tief in seinem Inneren insgeheim der Version anhängt, dass das Bernsteinzimmer in der Folge der Kriegskämpfe verbrannt ist – bekanntermaßen brennt Bernstein lichterloh; das versteinerte Harz wurde einst von den Vikingern sogar zum Feuermachen benutzt.

Dennoch gibt Diestel einen Suchbefehl an die ihm unterstellten Kriminalisten. Diestel: »In Schwepnitz hatte nach der mir vorliegenden Aktenlage noch niemand gründlich gesucht, und warum sollten wir es nicht wenigstens probieren.« Er lacht: »Das Bernsteinzimmer in Schwepnitz – das wäre schon ein irres Ding gewesen …«

Wurde es nicht. Im Abschlussbericht zum »Ergebnis der durchgeführten Prüfungen zum sogenannten Schloss in Schwepnitz«,[104] dem auch ein exakter Plan der ursprünglichen Bebauung beiliegt, kommen die Kriminalisten im August 1990 zu folgendem Schluss: »Im Ergebnis der durchgeführten Prüfungen, Zeugenbefragungen und Recherchen wird festgestellt, dass die Verbringung eines umfangreichen Kunst- und Kulturgutes in das Schloss Schwepnitz im Frühjahr 1945 ausgeschlossen werden kann.«

Zu dem in den Akten vorliegenden und die Such-Aktion auslösenden Schreiben in den MfS-Dokumenten erklären sie: »Möglicherweise beziehen sich die Äußerungen des ehemaligen Dieners der Schlossinhaber (falls sie Objektivität besitzen) auf das Verstecken von Wertsachen geringeren Umfangs, möglicherweise auch auf ein Versteck unter der Dielung, wie es durch viele Einwohner vor der plötzlichen Flucht vor der Sowjetarmee am 20.4.1945 erfolgte (Aussagen einer Zeugin über diesen Zeitraum).« Zur Aussage, dass SS-Leute die Gegend so engagiert verteidigt hätten, heißt es im Bericht der Kriminalisten sachlich: »Der offensichtlich harte Widerstand der deutschen Wehrmacht und der SS im Territorium um Schwepnitz entspricht offensichtlich der konkreten Lage im Raum Kamenz und Bautzen und bezieht sich offensichtlich nicht auf den Ort bzw. das Schloss Schwepnitz.«

Vor allem die Schlussfolgerungen der Ermittler im Bericht lassen Diestel heute schmunzeln, spiegeln sie doch absolut wirklichkeitsnah und unverfälscht den Geist der damaligen Zeit, der viele Ostdeutsche beherrschte, wieder. Darin heißt es: »Das geäußerte aktuelle Desinteresse der früheren Besitzer des Schlosses an der Wiedererlangung ihres ehemaligen Besitzes lässt offensichtlich erkennen, dass ihrerseits keine Interessen« an möglicherweise verborgenem Kunst- und Kulturgut oder an Wertgegenständen vorhanden sei. In den abschließenden Maßnahmen wird dann im Protokoll nur noch auf professionelle Kriminalistenart mitgeteilt: »Erstellung eines Gutachtens durch das Kriminalistische Institut über Alter und Liegezeit des Bauschuttes; Prüfung, inwieweit die entnommene Sandprobe aus dem Untergrund des Schlosses übereinstimmt mit der Vergleichsprobe aus der unmittelbaren Umgebung.« Enttäuschender Schluss: »Sollten sich aus den letztgenannten Maßnahmen keine neuen Kenntnisse ergeben, wird vorgeschlagen, jegliche weiteren Prüfungsmaßnahmen zum Objekt einzustellen.«

Schatzsucher Diestel in seinem ungebrochen jungenhaften Charme: »Da hatten wir eben Pech. Dafür war uns an anderer Stelle das Schatzsucherglück mächtig beschieden.«

Er meint einen weiteren Ort, an dem die Mielke-Fahnder nach dem Bernsteinzimmer suchten: »Carinhall« – Görings ehemalige Residenz in der Schorfheide.

***

Eine knappe Autostunde entfernt von Berlin ist das seenreiche Waldgebiet seit jeher ein bevorzugtes Jagdrevier der Mächtigen. Auch Hitlers Reichsmarschall und Reichsjägermeister Hermann Göring hatte sich in diese Gegend verliebt. Er erwarb in seiner Eigenschaft als Preußischer Ministerpräsident unweit von Schloss Hubertusstock[105] ein Grundstück zwischen dem Großen Döllnsee und dem Wuckersee und ließ sich ein pompöses Anwesen erbauen. Zum Gedenken an seine 1931 verstorbene Frau Carin Freifrau von Kantzow (geb. Fock) nannte er sein Domizil im Wald »Carinhall«. Hier empfing der Mann, der sich selbst stolz als »Erster Paladin des Führers« und »letzter Renaissancemensch« bezeichnete, Staatsgäste und Freunde, schmiedete seine unmenschlichen Pläne und lebte seine Neigungen. So hortete er in Carinhall Gemälde, Skulpturen, Teppiche und Möbel, die er überall in Europa von seinen exakt gebrieften Kunstoffizieren zusammenstehlen ließ – für ein Hermann-Göring-Museum, das am 12. Januar 1953, zu seinem 60. Geburtstag, eröffnet werden sollte.

Zum Verbleib vieler Kunstgegenstände machte Göring später in Verhören nach seiner Gefangennahme durch die Amerikaner am 8. Mai 1945 keine genauen Angaben. Allerdings ließ sich Görings gigantische Kunstsammlung genau beziffern. Sie bestand aus 1375 Gemälden, 250 Skulpturen, 108 Wandteppichen, 200 Stück wertvoller Möbel, 60 persischen und französischen Teppichen, 75 farbigen Fenstern und 150 anderen Kunstgegenständen. Das Ganze soll, Experten zufolge, einen Schätzwert von etwa 600 Millionen Reichsmark besessen haben.

Fest steht für alle Forscher, dass Göring bei seiner Flucht das Gros der wertvollsten Schätze abtransportieren ließ. Danach befahl er, das Anwesen zu sprengen. Nichts sollte den Russen in die Hände fallen. Diese ebneten später – nach Beendigung ihrer eigenen Schatzjagd – die Gegend so gut es ging ein. Zurück blieben Trümmer und von jungen Bäumen und Pflanzen überwucherte Schuttreste. Und Geschichten. Denn »Carinhall« ist genau der Ort im Wald, um den sich seither an den Stammtischen der Gegend die Legenden ranken – alles konnte doch unmöglich fortgeschafft worden sein. So heißt es, dass sich beispielsweise 1945, wenige Tage vor dem Ende des Krieges, auch Mitglieder der mit dem hektischen Abtransport der Kunstwerke beauftragten SS-Wachmannschaften ihren Teil vom Carinhall-Schatz gesichert und in der Umgebung verscharrt haben. Verständlich, dass auch so mancher hartnäckige Hobby-Schatzsucher, die zum Ärger der zuständigen Forstbeamten immer wieder durch diese Gegend stapfen, vermutet, dass hier irgendwo im Gelände noch Görings wertvolle Weinsammlung und vieles andere mehr vergraben ist.

In gewisser Weise sollten die Gerüchteköche recht behalten. Denn in den letzten Junitagen 1990 wurden die Vermutungen Wirklichkeit. Im Abschlussbericht des Zentralen Kriminalamtes »über den Sucheinsatz zur Bergung kriegsbedingt verschollenen Kunst- und Kulturgutes im

Bereich ›Carinhall‹ – ›Großer Dölln-See‹« an den Innen-minister der DDR heißt es: »Durch Tauchkräfte wurden die in der Anlage 1 gekennzeichneten Flächen des Gro-ßen-Dölln-See, des Kleinen-Dölln-See und des Wuckersee einer gründlichen Suche unterzogen. Landkräfte suchten die gesamte Umgebung von Carinhall in einem Umkreis von ca. 3 km ab.«[106]

Für Peter-Michael Diestel ist das Ergebnis der von ihm regierungsamtlich abgesegneten Schatzsuche eine Sensa-tion: »Als sich die ersten Hinweise auf Kunstwerke ver-dichteten, habe ich im Ministerium alles stehen und lie-gen gelassen und bin mit meinem Büroleiter sofort in die Schorfheide rausgedüst. Die Bergung durch die Tau-cher – was auch immer sich da im Wasser des Großen-Dölln-See in Ufernähe befand – konnte ich mir nicht ent-gehen lassen.« Auch bei seinem Freund und Büroleiter Weise glänzen die Augen, wenn er sich an diese Exkursion ins Brandenburger Land erinnert: »In meinem Job hatte ich so viel mit trockenem Papierkram und Terminplanung zu tun, dass dieses Ereignis in der Schorfheide unvergess-lich ist. Das war endlich mal Action pur.«[107]

Als das Gefolge des Innenministers eintrifft, herrscht Hochspannung bei allen Beteiligten. Diestel: »Bislang war nur absolut sicher, dass es sich bei den Fundstücken im Schlamm um große Metallfiguren handelt.« Als sie dann geborgen werden, stockt dem Kunstkenner Diestel der Atem: »Heute kann ich es ja zugeben: Ich hatte wirklich eine Gänsehaut, als ich die relativ gut erhaltenen Statuen sah. Auch eine Vermutung, wer der Künstler war, hatte ich natürlich, doch ich wollte lieber auf das Urteil der Kunst-experten warten.«

Die werden ihn schon wenige Tage später bestätigen. »Nach bisherigen gutachterlichen Stellungnahmen«, heißt es im Bericht des Zentralen Kriminalamtes am 26. Juli 1990, »konnten die Statuen wie folgt identifiziert werden: Bronzekopie der Marmorstatue ›Venus medici‹, Standort

Museum Uffizien Florenz; ›Eos‹ (Göttin der Morgenröte), Arno Breker; ›Anmut‹, Arno Breker; ›Schreitende‹, Arno Breker; ›Frau mit Hirschkuh‹, ›Figurengruppe‹, Hans Krückenberg.«

Der dann folgende Hinweis im Bericht ist gewiss nicht für einen bekennenden Kunstliebhaber und -sammler wie Diestel gemacht: »Die durch Breker gefertigten Statuen besitzen einen nicht unerheblichen kulturhistorischen Wert. Aufgrund ihrer Detailtreue wird die ›Venus von Medici‹ als eine wertvolle und gelungene Bronzearbeit eingestuft, die zudem noch gut erhalten ist.« Der Gutachter der Akademie der Wissenschaften der DDR, Prof. Dr. Peter H. Feist, sagt in seiner Erstbegutachtung über die Breker-Funde: »Die Skulpturen sind vermutlich Unikate (keine weiteren Bronzeabgüsse bekannt) und besitzen damit einen nicht unbedeutenden kulturhistorischen Wert. Sie sind auch unbedingt für eine spätere Betrachtung der Kunst des 3. Reiches zu betrachten. Ein eindeutiger materieller Wert ist nicht zu benennen, dürfte aber insbesondere bei ausländischen Interessenten hoch veranschlagt werden.« Daher schlägt der Kunstprofessor vor: »Aufgrund der Einmaligkeit dieser Werke Brekers sollten Deponierung, Restauration und spätere Präsentation als Regierungsbesitz in Deutschen Museen bzw. als Leihgaben angestrebt werden.«[108]

Die Beurteilung des DDR-Wissenschaftlers erschließt sich aus der deutschen Geschichte. Danach gilt der am 19. Juli 1900 in Elberfeld geborene Architekt und Bildhauer Breker wegen seiner Nähe zu den Nationalsozialisten in Ost und West als umstrittener Künstler. In seinen an die griechische Antike angelehnten Figuren erkannten Hitler und Co. die ästhetischen Ideale ihrer Rassenlehre in Stein gemeißelt. Peter-Michael Diestel: »Somit ereilte Arno Breker das Schicksal vieler Künstler, deren einzigartiges Werk künftig nur durch ihre Nähe zur Macht beurteilt werden wird, weil sie, ohne sich zu wehren, von der Propaganda vereinnahmt wurden. Und die sich, auch das muss der Vollständigkeit halber gesagt werden, auf diese Nähe zur Macht auch einließen.« Bekannt ist, dass Breker beispielsweise 1940 zu seinem 40. Geburtstag für seine Verdienste das zur Gemeinde Eichwerder im brandenburgischen Wriezen gehörende ehemalige Gut Jäckelsbruch von Hitler geschenkt bekam und ebenfalls am Ort mit Finanzhilfe der Nazis seine Steinbildhauerwerkstätten gründen konnte – ein mächtiges Werksgelände mit eigenem Gleisanschluss und Kanalhafen.

Dazu gibt es in Diestels Dokumenten einen Bericht aus dem Jahre 1951, der deutlich macht, was die damaligen DDR-Kulturpolitiker von Breker hielten und was diesen Breker-Fund aus der Schorfheide so wertvoll macht. Der ehemalige Bergungsbeauftragte für die Oderkreise, Hans-Ulrich Engels, versicherte nämlich:»Im Zuge der Bergungsaktion wurde das Atelier des Herrn Prof. Arno Breker … mehrfach bereist. 1949 gingen die in Jäckelsbruch lagernden Broncen … mittels Lastkraftwagen … nach Potsdam … Die Plastiken sollten zunächst auf Dringen der Potsdamer Kunstsachverständigen vor willkürlicher Vernichtung geschützt werden …« Doch im Herbst 1950 verfügte eine DDR-Kunstkommission, dass »die vorhandenen Broncen der ›sogenannten‹ Friedenswirtschaft zu übergeben« wären, »da sie einerseits keinen Kunstwert verkörperten, zum anderen Überbleibsel feudalistischer Zeiten darstellten.« Zur Empörung des Zeitzeugen Engels, der seinen Bericht damals bereits im Westberliner Teil der Stadt, in Halensee zu Protokoll gibt, wurden die Broncen »im Spätherbst 1950 sämtlichst eingeschmolzen«.[109]

Für den konservativen Peter-Michael Diestel sind derartige Zeitdokumente eine Bestätigung seiner Haltung: »Sie dokumentieren, wie kompliziert es sich die Deutschen zu allen Zeiten machen, mit derart gebrochenen Lebenswegen, wie denen eines Arno Breker, umzugehen. Diese undifferenzierte Sicht findet sich doch auch heutzutage immer wieder in der jüngeren Geschichte unseres Landes. Das jüngste ärgerliche Beispiel war die Kunstausstellung 2009 im Berliner Gropiusbau. Es war doch ein Skandal, dass unter der Überschrift ›60 Jahre – 60 Werke‹ die DDR-Künstler vergessen wurden, weil sie in einer Diktatur Kunst gemacht hatten.«

Mit dieser Meinung zur Ausgrenzung von Künstlern steht Diestel nicht allein. So erklärte der Präsident der Akademie der Künste, Klaus Staeck, über diese Schau, wenn auch mit einem anderen historischen Bewertungsanspruch: »Zunächst ist es die Ausgangsposition, diese Trennung in freie West- und unfreie Ost-Kunst. Die Behauptung, in Unfreiheit könne keine Kunst entstehen, ist einfach unzulässig, und wenn wir sie alle miteinander ernst nähmen, dann könnten wir einen großen Teil der Werke aus unseren Museen räumen. Viele Kunst ist doch gerade im Widerstand, in Unfreiheit, entstanden. Ärgerlich ist auch, dass mit der Eröffnung durch die Bundeskanzlerin und die finanzielle Unterstützung des Innenministeriums die Ausstellung einen nationalen Anspruch suggeriert, der ihr nicht zukommt.«[110]

Diestel: »Solcher Umgang mit Kunst verbaut immer den Blick auf die Wirklichkeit. Andere Länder gehen da nach meiner Meinung sehr viel differenzierter mit ihren Zeitzeugnissen um – und, so finde ich, auch sehr viel pragmatischer.« Das zeigt sich auch 1948 in der Beurteilung der Spruchkammer Donauwörth in der ehemaligen US-Besatzungszone in Bayern anlässlich der Entnazifizierung des Künstlers Breker. Hier kamen die Beurteilenden nämlich zu dem Schluss, dass Breker trotz seines massiven künstlerischen Engagements für den nationalsozialistischen Staat lediglich als Mitläufer (»fellow traveller«) einzustufen sei. Grund für diese Einschätzung: Während der Besetzung von Paris durch die Deutschen hatte Breker seinen Freund, den Maler Pablo Picasso vor dem Zugriff der Gestapo bewahrt; und er hatte sich persönlich bei Albert Speer und Hitler für die Entlassung des Verlegers Heinrich Peter Suhrkamp aus der Nazi-Haft eingesetzt.[111]

Diestel, der sich, animiert durch »seine« Breker-Funde intensiv mit der Biografie des Künstlers beschäftigt hat: »Es geht nicht darum, ob man die Figuren persönlich mag oder nicht. Es geht darum, dass man sie als das beurteilt, was sie sind: Sachzeugen über ein Kunstverständnis zu einer bestimmten Zeit. So sollte man es aber auch mit der Beurteilung von Menschen halten, wenn man sich ihnen menschlich wirklich nähern will. Aber das scheint hierzulande, natürlich auch unserer Geschichte geschuldet, nach wie vor ein großes Problem.«

Vor solchem Hintergrund ist es dann auch durchaus verständlich, wenn es in einer Mitteilung an den Innenminister Dr. Diestel über den sensationellen Breker-Fund heißt: »Von den Sachverständigen wurde eingeschätzt, dass diese Werke bei einem Verkauf, insbesondere nach den USA, sehr hohe Erlöse erzielen würden, da diese Art dort sehr anspricht.«[112]

Doch alle Beteiligten haben ihre Rechnung ohne den Wirt gemacht. Bereits wenige Tage nach dem Fund in der Schorfheide bekommt der Innenminister der DDR Post aus Düsseldorf. Absender: Das Atelier Breker, Unterzeichner Arno Breker. Es ist der alte Mann, der über seine Kunstwerke am besten Auskunft geben kann. Und der erklärt in einem nachfolgenden Schreiben vom 22. August klipp und klar, dass es sich bei den Fundstücken »um Raubgüsse handelt, die auf Wunsch von Göring seinerzeit bei meinem Gießer Rudier in Paris von ihm in Auftrag gegeben wurden, ohne um meine Erlaubnis zu fragen und ohne Bezahlung an mich«.[113]

Zum Beweis legt Arno Breker dem Innenminister dann noch einige Bogen aus seinen Erinnerungen bei, die Diestel bis heute als wichtiges Zeitdokument ebenfalls in seinem persönlichen Archiv bewahrt – so wie auch die anderen persönlichen Briefe des Künstlers. Später wird Diestel dann sogar Brekers Witwe besuchen, um sich vom Leben des weltbekannten Mannes persönlich berichten zu lassen.[114]

***

Um einen ganz anderen Schatz im Osten geht es in dieser Innenminister-Geschichte. Und es geht um einen Mann, der Peter-Michael Diestel in der Folgezeit noch einiges Kopfzerbrechen bereiten wird. Es handelt sich um Wolf Biermann[115], einen Künstler, der sich mit der DDR-Diktatur anlegte, von ihr ausgebürgert wurde und der nun beim demokratisch gewählten jungen Innenminister im DDR-Land vorspricht. Und es handelt sich um eine Immobilie. Sie liegt am Stadtrand der deutschen Hauptstadt nahe Erkner, wo es einen idyllischen See gibt und wo schon deshalb nach der Wende kein Wertverlust zu befürchten ist. Kein Wunder, dass so ein Besitz für jeden, der ihn sich noch zur Wendezeit rasch sichert, ein Schatz ist.

Zu dem Zeitpunkt, als sich dieser Besucher ankündigt, ahnt der DDR-Innenminister noch nicht, dass er Jahre später wegen dieses Treffens, das er bis zum späteren Konflikt im Grunde in sehr angenehmer Erinnerung hat, ein Problem bekommen wird.

Doch erst einmal freut sich Diestel auf die Begegnung mit Biermann: »Wir hatten damals, 1976, ja auch in Leipzig das legendäre Konzert im Westfernsehen mitbekommen, das die ARD dann wenige Tage nach dem Auftritt in Köln in voller Länge ausstrahlte. Ein interessanter Mann! Der sprach auch vielen von uns aus dem Herzen. Das war befreiend. Ich denke, durch die Lyrik von Biermann merkten viele Leute im Osten, dass ihnen jahrelang jemand auf der Kehle gestanden hatte.«

Natürlich kennt Diestel die gesamte Vorgeschichte des Sängers genau. Nicht zuletzt aus der Sicht des Schriftstellers Stefan Heym[116], der ihm einmal nach einem mächtig

fröhlichen Umtrunk auf Diestels Bauernhof im mecklenburgischen Zislow erklären wird: Er habe in seinem Leben
sehr viele Arschlöcher getroffen, mächtig feige Hunde
und massig miese Säcke. Mancher auch, den er für seinen
Freund hielt, hätte ihn dann später schwer enttäuscht. Das
mache im Alter misstrauisch und ein wenig einsam. Deshalb könne es sich Diestel als eine Ehre anrechnen, wenn
er ihm, trotz hohen Alters, seine Freundschaft anböte. Und
damit auch sein Kopfwissen über so manche Künstler-
Insidergeschichte, die zur DDR-Zeit nur hinter vorgehaltener Hand die Runde machte.[117]

Nun, dieser Biermann hat sich also an diesem Juli-Tag
1990 einen Termin zum Gespräch beim Innenminister der
DDR geben lassen. Diestels Büroleiter Weise erinnert sich:
»Ich war auch ganz gespannt auf den. Schließlich war Wolf
Biermann ja seit seinem Konzert im Westen und der dar-
auffolgenden Ausbürgerung eine der wichtigsten Persönlichkeiten der Vorwendezeit. Ich hätte jeden anderen Termin mit irgendeiner Ausrede sausen gelassen, nur um den
kennenzulernen.«[118]

Auch Diestels Personenschützer ist gespannt auf den
Mann, der in manchem Parteilehrjahr als ein »Beelzebub
im sozialistischen Mäntelchen« vorgeführt wurde: »Ich
habe extra mit einem Kollegen den Dienst getauscht, weil
ich mir diesen Biermann mal ansehen wollte.«[119] Doch
als er dann in Diestels Vorzimmer auf das Bild schaut,
das ihm die Überwachungskamera sendet, die über dem
abgesicherten Eingang in die Räume des Innenministers
angebracht ist, ist er mächtig enttäuscht: »Ich hatte mir
den irgendwie größer, gewaltiger vorgestellt, nicht so
klein und unscheinbar. Im Übrigen hatte ich ja schon viele
bedeutende Besucher beim Innenminister gesehen – aber
so einen, der ohne Schlips kommt, noch nie. Und ich weiß,
was ich sage. Wenn zum Beispiel der weltbekannte Stefan Heym zum Chef ins Ministerium kam, trug der immer
einen Schlips. Na gut, der saß nicht immer akkurat und

166

passte nicht immer so ganz zum Sakko – aber es war ein Schlips, immerhin – ein Schlips.«[120]

Kurzum: Biermann hat vor dem konservativ geschulten Blick des Leibwächters seinen ersten Minuspunkt weg. Dass es im Verlaufe dieser Geschichte noch weitere werden sollen und dass Biermann mit dem, was sich dann später zuträgt, auch noch einige Anhänger aus der ehemaligen DDR-Gemeinde verliert, ist klar.

Aber um das zu verstehen, muss nun endlich auch die aus diesem Besuch resultierende Konfliktgeschichte zwischen Diestel und Biermann, so verkürzt es eben geht, berichtet werden. Und die geht so: Der Liedermacher hatte Jahre später öffentlich von diesem Besuch beim Innenminister im Sommer 1990 erzählt und erklärt, Minister Diestel hätte angeboten, ihm günstig ein Haus zu besorgen.

»Das Gegenteil ist wahr«, erklärte Diestel, kaum als er das erfuhr, erbost. Und weiter: »Der Biermann kam zu mir und wollte ein Haus haben. Nicht irgendeins. Er bat mich um das ehemalige Haus in Grünheide, von dem aus die Stasi jahrelang seinen Freund, den DDR-Regimekritiker Prof. Robert Havemann, und auch ihn, der dort oft zu Besuch war, überwacht hatte.«

Wenn zwei Prominente einen Sachverhalt mit zwei so unterschiedlichen Sichten in der Öffentlichkeit präsentieren, freut sich erstens die Medienmeute, und zweitens ist meist der Weg zum Gericht nicht mehr weit. So auch hier: Peter-Michael Diestel klagt 2001 gegen Wolf Biermann. Für Diestel ist es eine Frage der Ehre. Und für Biermann? Der bietet zu Diestels Überraschung und zur Bekräftigung seiner Erinnerungen an das Gespräch beim Innenminister seine Frau Pamela als Zeugin auf. Diestel hält dagegen und bringt wiederum Zeugen, die erklären, dass Biermanns Frau gar nicht bei dem Gespräch anwesend war. Rede steht gegen Rede. Und es folgt noch eine zweite Runde vor Gericht. Diesmal werden Diestels Zeugen sogar des Meineids bezichtigt, und ihre Sicht auf das

»Gipfeltreffen Kunst – Macht« wird in Zweifel gezogen.

Was macht ein von solchem Wortgeprassel geplagter Potsdamer Richter im November 2005 – also 15 Jahre nach dem Ereignis? Er spricht weise Diestels komplette Mannschaft von derart bösen Meineidsvorwürfen frei und legt dann die ganze »Grundstücksangelegenheit« zu den Akten.

Nun mag man über diese Sache denken, wie man will, aber ein Problem steht natürlich nach wie vor im Raum – und dazu kann im Grunde nur ein gelernter Ostdeutscher sprechen. Diestel beispielsweise. Der kommentiert süffisant: »Wegen Wohnungsangelegenheiten wendete man sich zur DDR-Zeit an die zuständige Kommunale Wohnungsverwaltung, wegen Häusern an den jeweiligen Eigentümer bzw. dessen rechtlichen Vertreter. Biermann ist der einzige mir erinnerliche Fall, der in einer derartigen Angelegenheit beim DDR-Innenminister vorstellig geworden ist. Ein Schelm, der Arges dabei denkt …«

Verständlich ist aber auch, dass Diestel, der seit diesem ärgerlichen Zoff natürlich kein Biermann-Fan mehr ist, sich an dieser Stelle auch einen bissigen Kommentar zu Biermanns Leidensweg in der DDR nicht ersparen will: »Wenn man gelegentlich bei Margot Honecker auf dem Schoß sitzt, lässt sich die DDR gut aushalten.« Um nun nicht gleich einen neuerlichen Rechtsstreit zwischen Diestel und Biermann heraufzubeschwören, ist festzuhalten, dass es sich bei diesem Diestel-Satz natürlich um eine Metonymie handelt. Doch Treffen zwischen Margot Honecker und Wolf Biermann hat es in der Tat gegeben, und damit war der DDR-respektlose Liedersänger zumindest näher an der Macht als Millionen andere DDRler. So schreibt Ed Stuhler, Autor einer Margot-Honecker-Biografie, in einem Beitrag für den *Stern* anlässlich des 80. Geburtstages der einstigen Grande Dame des SED-Politbüros, dass Margot Honecker den Sänger in der Tat schon als Sechsjährigen in Hamburg kennenlernte, weil beide aus kommunistischen

Elternhäusern kommen. Und: 1962 treffen sich beide, wenn man Stuhler glauben darf, in der DDR wieder. Und: Dieser Kontakt hielt längere Zeit an. Die letzte Begegnung findet laut Stuhler 1965 statt. »Margot besucht den Wolf in seiner Wohnung in der Chausseestraße. Sie weiß, dass die Zeichen auf Sturm stehen, sie will ihm noch einmal ins Gewissen reden und für ›die gute Sache‹ zurückgewinnen.«[121]

***

In der Kanzlei von Peter-Michael Diestel in Zislow hängt gleich am Eingang eine historische Karikatur. Sie ist im Grunde geschäftsschädigend für einen Anwalt. Auf dem Bild sieht man zwei Bauern in Zipfelmützen, die sich wie die Berserker um eine Kuh streiten. Der eine der beiden zerrt an den Hörnern, der andere am Schwanz. Ganz weh ist es dem armen Tier. Darunter sitzt derweil genüsslich ein Advokat und melkt ihr Euter. Dieses Bild gehörte zu den Lieblingsmotiven des Schriftstellers Stefan Heym, dem Diestel-Freund, der ihn, bauernschlau und durchs eigene, oft viel Geld verschlingende Prozess-Leben trainiert, vor manchem Streit bewahrte.

Zur Freundschaft zwischen Diestel und Heym muss man wissen, dass sie gleich zu Beginn von Diestels Ministerzeit entstand. Diestel: »Heym bat mich damals um Hilfe, weil er seine Stasi-Akten gern eingesehen hätte.« Diestel erinnert sich genau: »Stefan war stocksauer. Nicht wegen der unzähligen Spitzelberichte. Die nahm der alte Geheimdienstprofi, der ja im Krieg bei den Amerikanern in eine knallharte Lehre gegangen ist, gar nicht so bitterernst. ›Ich weiß doch, wie so was entsteht und gemacht wird‹, sagte er immer unaufgeregt. Aber so richtig sauer war Heym, weil in den Akten auch mancher seiner Seitensprünge vermerkt war.«

Diestel, der Heym später sogar mit dem für ihn zuständigen Kultur-Oberst der Staatssicherheit zusammenbrachte, erinnert sich: ›Oje, oje‹, klagte Heym bei der Kenntnisnahme seiner sogenannten Vorgänge immer: Davon dürfe seine Frau nichts erfahren. Und dann schwärmte er, lachend wie ein Spitzbube: Klar hätte er bemerkt, dass sich eine kleine Mielke-Madame an ihn rangeschmust habe. Aber solle er sie aus politischen Gründen enttäuschen? So etwas macht kein Mann – es sei denn, er wäre Chefideologe oder er wolle einer werden.«

Heym verstarb 2001. Vielleicht hätte er ja seinen Freund Diestel auch davor bewahrt, diesen Rechtsstreit – um eigentlich nichts – mit Wolf Biermann auszutragen. Vielleicht aber auch nicht, denn schließlich ging es hier um eine Frage der Ehre. Diestel erinnert sich, dass Heym, als er von ihm Einzelheiten über das Biermann-Treffen im Innenministerium erfuhr, einst salomonisch zu ihm sagte: Kommunisten hätten ja meist nix. Also nehmen sie sich im Alter, was sie kriegen könnten. Wenn es bei der Macht freiwillig klappe, wäre das umso besser. Das gelte, so ganz nebenbei, auch für jene, die sich für Kommunisten hielten … Diestel: »Es gibt so Gedanken, die vergisst man nicht. Heym war, wenn es um derartige Weisheiten ging, eine wundersame Sprücheklopfmaschine.« Denn Tatsache ist, dass Heym einst nur altersweise mit den Schultern zuckte und den Diestel-Biermann-Konflikt nicht so recht verstand. Diestel erinnert sich auch noch genau an das, was der durch die Welt gejagte, unruhige alte Mann zu ihm sagte, als er – aufgeregt von diesem Zusammentreffen – berichtete: Ja warum soll's der Biermann nicht wenigstens mal versuchen? Ein großer Skandal wäre das doch nicht. Er, Heym, hätte sich doch auch bei der Staatsmacht artig für sein Haus vorgestellt, damit er endlich die Schreibmaschine und die Bücher unterstellen konnte. Brecht hatte es listig in Buckow gemacht, auch der Becher in Berlin-Pankow mit Bravour. Linke Künstler brauchten schließlich auch ein Dach über dem Kopf. Heyms abgeklärtes Fazit vergisst Diestel nie. Er empfahl dem jungen

Innenminister: »Sei immer gnädig im Urteil: Jede Sozialisierung in einer Diktatur hinterlässt ihre Spuren – wie man an diesem Beispiel sieht, auch bei ihren schärfsten Kritikern.«[122]

***

Auch in der folgenden Innenminister-Geschichte geht es – wenn man so will – um einen Schatz. Er befindet sich möglicherweise noch immer auf einem Dachboden. Doch der Reihe nach. Wir schreiben den 8. Juni 1990. In der U-Haftanstalt Leipzig kommt es an diesem Tag zu einer offenen Gefängnisrevolte. Das Szenarium: Nach dem beeindruckenden Sieg der Deutschen gegen Argentinien in der Fußball-WM war die Stimmung ohnehin schon aufgeheizt. Wenige Stunden nach Mitternacht gelingt es dann einigen aufgeputschten Häftlingen, mehrere Zellen zu öffnen. Sie befreien insgesamt 84 Mitinsassen. Zwar gelingt es den Wachmannschaften, unter Einsatz von Reizgas etwa die Hälfte der Leute abzudrängen, aber 47 Häftlinge dringen in die oberen Etagen des Hauses vor und schaffen den Weg hinaus aufs Dach. Gegen vier Uhr entrollen sie dort ein Transparent. Darauf steht: »Amnestie für alle!« Weitere Forderungen der Besetzer: Sie wollen mit den verantwortlichen Politikern und dem DDR-Generalstaatsanwalt sprechen. Diestel: »Zum Glück bin ich als leidenschaftlicher Jäger und Angler ein Frühaufsteher und am Morgen meist sofort in Top-Form. Als mich die Meldung erreichte, habe ich das komplette Tagesprogramm geschmissen, mich sofort ins Auto gesetzt, und wir sind zur U-Haft nach Leipzig gebrettert.«

Diestels Personenschützer: »So in Fahrt habe ich den Alten lange nicht gesehen. Der hatte so schon genug Stress um die Ohren, und dann auch noch eine Gefängnisrevolte von diesem Ausmaß. Jeder, der ihn kannte, wusste, wenn der Diestel so geladen war, dann geht man ihm besser aus dem Weg.«[123]

Die folgende Szene ist schnell beschrieben: Diestel marschiert an allen Wachmännern vorbei, wirft noch schnell einem seiner Personenschützer das Sakko zu, rast die Treppe hoch in Richtung Boden und klettert in den alten Dachstuhl hinauf. Diestel über seinen Alleingang: »Ich war natürlich sauer und wollte die Lage so schnell es geht wieder beruhigen.« Energisch macht er seinem Ärger Luft. »Ich habe mir mit den Beinen festen Halt auf einem Balken unterm Dachfirst gesucht, eine Latte und ein paar Ziegel rausgerissen. Dann habe ich mich mit voller Kraft durch die Sparren gewuchtet, und schon sah ich mich den Dachbesetzern gegenüber.« Die staunten nicht schlecht, als sie sich plötzlich dem Innenminister der DDR *face to face* gegenübersahen. Noch ernster konnte man ihre Forderungen nach einem Gespräch nun wirklich nicht nehmen. »Doch ich habe denen klipp und klar gesagt, dass ich auf einem Dach überhaupt nicht verhandle und sie deshalb auffordere, da wieder runterzukommen.« Da diese Aufforderung zwar Verwunderung bei den Besetzern auslöst, aber noch lange keine Aktion, legt Diestel noch mal wütend nach: »Ich hab denen angeboten, dass sie unten auf dem Hof aus ihrer Mitte den Stärksten auswählen können. Mit dem würde ich die Sache auskämpfen. Meine Bedingung: Wenn ich siege, sollten sie ruhig in ihre Zellen zurückgehen, wenn ich verliere, könnten sie auf dem Dach machen, was immer sie wollen.«

Damit hat der Minister im Oberhemd, dessen Bild auf dem Dach dann über viele Nachrichtenagenturen in die Welt hinausgesendet wird, aus dem Bauch heraus genau den Ton gefunden, den es braucht, um so schwere Jungs zu überzeugen. Gegen zehn Uhr ist diese Revolte friedlich und unblutig beendet. Diestel in der Rückschau: »Zum Glück kam es nicht zu einer Konfrontation auf dem Hof. Ich war zwar damals durch mein ständiges Krafttraining in absoluter Höchstform – aber unter den Burschen da auf dem Dach waren ein paar wirklich schwere Jungs. Darunter keiner, der nur ein paar Semmeln oder Omas Regenschirm geklaut hatte. Das waren Raubmörder, Vergewaltiger. Einige waren, wie in einem Knast-Thriller, tätowiert bis zum Hals.« Nun mag man über diese Minister-Episode denken, wie man will. Fest steht: Nach der Revolte von Leipzig und dem unkonventionellen Auftritt des Ministers auf dem Dach fanden sich sofort Nachahmer. Und zwar in zweierlei Hinsicht: Auch in anderen Haftanstalten schlossen sich Häftlinge den Leipziger Protesten an und kletterten auf Schornsteine und Gefängnisdächer. Diestel: »Das nahmen andere Politiker dann zum Anlass, sich ebenfalls mit den Häftlingen zu zeigen und sich auch mit diesem Thema im bevorstehenden Länderwahlkampf oder im Parlament zu profilieren.«

Ein Beispiel dafür ist eine Dachbesetzung, die wenige Wochen nach Leipzig in der JVA Brandenburg geschah. Und hier findet sich dann heute möglicherweise in irgendeiner Ecke auf dem Dachboden jener Schatz, von dem eingangs die Rede war. Sein Wert ist allerdings lediglich für Zeitgeschichtler und Enthüllungsjournalisten von Bedeutung, die das Gespräch des Innenministers mit den Häftlingen als Zeitdokument gern im Besitz hätten. Denn es handelt sich schließlich nur um eine Tonbandkassette. Ihr Inhalt: Eine Verhandlung zwischen Peter-Michael Diestel und aufständischen Gefangenen. Diese Kassette könnte im Originalton belegen, wie ernst es dem Innenminister war. Tief betroffen von den Zuständen verspricht er, anlässlich der bevorstehenden Feiern zur Wiedervereinigung für eine Amnestie zu plädieren. Natürlich in ausgewählten Fällen und unter bestimmten Voraussetzungen.

Die Vorgeschichte: Vier der Brandenburger Gefangenen hatten sich Mitte September 1990 mit Seilen an einer Sirene am First des Haupthauses der JVA festgezurrt und drohten, von dort herunterzuspringen, wenn ihre Forderungen nicht erfüllt würden. Lediglich dem sofortigen Einsatz der erfahrenen Seelsorger Johannes Drews aus Premnitz sowie seines Kollegen, dem Baptisten Jürgen Schönnagel, ist es zu danken, dass sich die Gefangenen beruhigten und auf Gespräche mit den Seelsorgern und Politikern einließen. Dazu schreiben die beiden Buchautoren Andreas Beckmann und Regina Kusch polemisch: »Auch Politiker interessierten sich plötzlich für die Zustände hinter Gittern. Der Wahlkampf im neuen Land Brandenburg hatte schon begonnen. Als Erster kam Manfred Stolpe. Er brachte die vor dem Tor der Anstalt wartenden Journalisten gleich mit auf den Dachboden. Stolpe war schnell überzeugt, dass es sich bei den vier jungen Männern nicht um Abenteurer handelt. Ihre Forderungen nannte er berechtigt, viele Strafen von DDR-Gerichten seien unverhältnismäßig. Die Frage einer Amnestie und der Überprüfung der Urteile sei viel zu lange von der Regierung vor sich her geschoben worden.«[124]

Die Regierung – das ist in diesem Fall Peter-Michael Diestel, dem als Innenminister der Strafvollzug untersteht. Stolpe ist kaum wieder verschwunden, da trifft Diestel in Brandenburg ein. »Wenn ich mich richtig erinnere, war ich sogar zweimal dort oben bei den Besetzern auf dem Dachboden, um mir ihre Probleme anzuhören. Dabei ging es mir in erster Linie darum, die Situation zu entschärfen. Das hatte überhaupt nichts mit politischen Profilierungsgedanken zu tun. Das war mein Job. Schließlich war ich zuständig und hatte den Gefangenen versprochen, alles zu tun, was in meiner Macht stand, auch in diesem Bereich mit den wenigen Mitteln, die uns damals zur Verfügung standen, wenigstens für ein einigermaßen erträgliches Klima zu sorgen. Was die Lage in den Haftanstalten insgesamt anbelangt, habe ich in Brandenburg nichts erfahren, was nicht auch anderswo galt und was ich seit Leipzig nicht bereits wusste.«

Damit meint Diestel die schlimme Situation in den DDR-Haftanstalten insgesamt: »Der Strafvollzug gehörte zu den am strengsten reglementierten Bereichen. Vor meiner Ministerzeit kannte ich die Situation nur vom Hörensagen. Zwar war der Umgang der Vollzugsbeamten mit den Insassen theoretisch auch an Gesetze gebunden – praktisch aber wurde mir von unzähligen Verstößen und Übergriffen berichtet. Zudem war mir gleich nach Amtsantritt deutlich geworden, dass der DDR-Strafvollzug rettungslos veraltet und die Zustände chaotisch waren. Daran ist jedoch den Vollzugsbeamten nicht die Schuld zuzuweisen. Die Ursachen lagen auch hier im System begründet. Die Häftlinge lebten unter unmenschlichen und nicht zeitgemäßen Lebensbedingungen. Das hatte ich mir in meinen schwärzesten Träumen nicht ausgemalt.«[125] Schon Monate vor Diestels Amtsantritt kommentiert der Berliner Journalist Klaus Bischoff nach einem Besuch in Brandenburg: »Über sein Schicksal verfügt letztlich jeder selbst. Deshalb will ich hier keine Tat verniedlichen oder gar die Härte der Strafe in Zweifel ziehen … Und doch muss ich eins betonen: Auch Verbrecher sind Menschen. Menschen, denen es gewährt sein muss, menschenwürdig zu leben und zu arbeiten.«[126]

Neben der Überbelegung der uralten, düsteren Zellen und der mangelhaften Ausstattung der vielmals mehr als hundert Jahre alten Gebäude ist es vor allem auch die Versorgung der Gefangenen, die immer wieder ein Reizthema ist. Der ursprüngliche Verpflegungssatz der Häftlinge wurde zwar Anfang Dezember 1989 von 1,10 DDR-Mark auf 3,50 und ab 4. Juli auf dann 4 DM erhöht, aber das reichte noch längst nicht aus, um eine menschenwürdige Verpflegung zu gewährleisten. Auch durch die irrwitzigen Verhaftungswellen von Demonstranten und Republikfluchtwilligen zwischen August und Oktober 1989 war die Lage in den bereits überfüllten Haftanstalten zu einer tickenden Zeitbombe geworden. Zwar sank die Zahl der Inhaftierten nach der Amnestie vom 27. Oktober 1989, doch in den Haftanstalten brodelte es weiter. Diestel: »Natürlich sollte jeder, dem Unrecht widerfahren war, auch eine neue Chance bekommen. Aber das setzte nun einmal eine genaue Prüfung aller Umstände voraus und konnte pauschal nicht beurteilt werden.«

Ina Pachmann und Klaus Bischoff besuchten im Dezember 1989 jene Brandenburger Haftanstalt. Sie schreiben: »Wichtig scheint uns in diesem Zusammenhang der Hinweis der Rechtsanwälte, dass ein solcher Schritt gründlich vorbereitet werden muss. Im Interesse der Strafgefangenen und im Interesse der Gesellschaft ... Die Mehrheit der Brandenburger Insassen hat sich schwerer Verbrechen schuldig gemacht. Auch das muss gesehen werden.«[127]

Diestel kennt das Spannungsfeld, in dem er sich befindet, genau. Kein Wunder, dass an jenem Tag auf dem Dachboden der Brandenburger Haftanstalt die Nerven blank liegen. Sie ist nicht die einzige im Land, in der Gefangene sich berechtigt oder auch unberechtigt Hoffnungen machen. Denn Diestel sagt ironisch über jene Zeit: Die Häftlinge saßen natürlich alle aus politischen Grünen! Der eine wegen politischen Mordes, beim anderen war es sexualpolitisch, bei wieder einem anderen eigentumspolitisch. Bei aller Freundschaft – hier musste sehr genau geprüft und differenziert beurteilt werden.« Der Seelsorger Drews erinnert sich: »Diestel gab sich Mühe und nahm sich sogar Zeit für ein Gespräch auf dem Dach.«[128] Und hier oben soll es dann auch zu der schon geschilderten Tonbandepisode gekommen sein. Die Besetzer hatten während der Gespräche ein unter einem Handtuch verstecktes Bandgerät mitlaufen lassen. »Als das Band abgelaufen war, gab das Gerät ein klackendes Geräusch von sich. Diestels Leibwächter fand den Apparat. Wutentbrannt riss der Innenminister die Kassette heraus ... und kickte sie schließlich in die hinterste Ecke des Dachbodens. Da sie nicht mehr gefunden wurde, liegt sie wohl heute noch dort, irgendwo in der Zwischendecke ...«[129] Peter-Michael Diestel: »Meinen Ärger von damals muss man verstehen. Was sollte der Quatsch mit dem Gerät? Für mich gilt der Grundsatz: Ein Mann, ein Wort. Ich habe den Leuten auf dem Dach klarzumachen versucht, das solche Aktionen keine Lösung sind und auch zugesagt, dass ich mich dafür einsetze, dass es zu umfassenden Überprüfungen der Haftumstände kommen wird. Dazu muss man kein Bandgerät mitlaufen lassen.«

***

Am 28. September 1990, es war ein Freitag, fand die 37. und letzte ordentliche Volkskammertagung statt. Denn auf der 38. Tagung am 2. Oktober wurde nur noch Einheit gefeiert. Sachfragen standen nicht mehr zur Debatte. Daher wurde auch der Entwurf eines Gesetzes zu einem teilweisen Straferlass, so wie Diestel und übrigens auch die Bürgerrechtlerin Vera Lengsfeld, die damals noch Wollenberger hieß, sich das annähernd vorstellten, vom Präsidium eingebracht und in erster Lesung behandelt. Das war es dann aber auch schon, denn das Dokument wurde weiter in den Rechts- und Innenausschuss überwiesen. Schließlich drängte die Zeit. Die Volkskammerabgeordneten diskutierten nämlich im Weiteren dann stundenlang unter Ausschluss der Öffentlichkeit, ob die Namen von 15 Abgeordneten offiziell bekanntgegeben werden sollten. Es handelte sich um Abgeordnete, denen der Stasi-Überprüfungsausschuss wegen ihrer Zusammenarbeit mit dem MfS nahegelegt hatte, ihre Mandate niederzulegen.

Die übrigens genau zu diesem Zeitpunkt noch in Bautzen I protestierenden Häftlinge registrierten dann nur noch mit Enttäuschung, dass »ihre Probleme durch die nicht enden wollende Debatte über die Stasi-Verstrickungen in den Hintergrund gedrängt wurden«.[130] Aber auch von einem Happy End ist am Schluss dieser Schatzsucher-Geschichten zu berichten: Im Jahre 2009 meldet die *Märkische Oderzeitung*: »Die drei Grazien haben sich Zeit gelassen – das Wetter war schuld. Als gestern Nachmittag endlich der Transporter mit den drei Figuren des 1991 verstorbenen Künstlers Arno Breker in Groß Schönebeck ankam, war die Spannung groß. Als Dauerleihgabe, so Museumsdirektor Helmut Suter, werden die Arbeiten erstmals zum Internationalen Tag der Museen am 17. Mai 2009 in der Schorfheide zu sehen sein.« Und dort kann man sie bis heute im Jagdschloss Groß Schönebeck besichtigen.

Die schlaue
Distel von
Rügen.

Druschba
Mit Schlapphüten im Separee

Dieser Mann war als Innenminister der reformierten und doch zugleich schon todgeweihten DDR-Regierung im Moskauer KGB-Sitz aufgetaucht, dass man zunächst nicht genau wusste, ob das ein zu allem entschlossener Politiker ist oder eine Neuauflage des legendären Berliner Hauptmanns von Köpenick.

Komsomolskaja Prawda[131]

Es gibt Weltstädte, die schließt man sofort ins Herz, und es gibt welche, die mag man niemals wiedersehen. Moskau ist eine Stadt, die hat Peter-Michael Diestel in ihren Bann gezogen. Wie eine slawische Schönheit, mit hohen Wangenknochen und den unergründlich grünen Augen einer Flussjungfrau, lässt sie ihn seit seiner Jugend nicht los. Es ist Liebe auf den ersten Blick. Und es ist Hochachtung. Hochachtung vor einem Menschenschlag, der es unter schlimmsten Entbehrungen fertigbrachte, Europa von einer Bestie zu befreien. Es ist auch Demut. Demut vor den alten Frauen und Männern, die in abgetretenen Latschen und blaugrauen Kitteln mit den Orden der Sieger an der Brust allmorgendlich den Arbat, Moskaus historische Touristenmeile fegen, um sich ein wenig zu ihrer kläglichen Rente dazuzuverdienen. Denn denen, die vielmals ihre ganze Familie dem barbarischen Krieg gegen die Deutschen hingegeben haben, blieb am Ende neben einer spärlichen Pension nur noch der freundlich-neugierige Blick der Touristen aus dem Westen. Ein Blick, den sie stoisch ertragen, aber stolz, wie es sich für die Sieger in einem Weltkrieg gehört.

Peter-Michael Diestel ist, wie viele seiner Generation, in Ostdeutschland mit der Freundschaft zum »Großen Bruder« großgeworden. Möglicherweise ist es ja dieses ehrliche, tiefsitzende Gefühl, diese Mischung aus Achtung und Dankbarkeit, die ihn bei denen, die er wenige Wochen nach seiner Amtseinführung trifft, so glaubhaft macht.

Der Besuch bei Hofe an der Moskwa hat eine Vorgeschichte. Diestel: »Eine meiner ersten Amtshandlungen, als ich mein Amt als Innenminister antrat, bestand darin, den russischen Berater wieder ins Ministerium zurückzuholen. Das war, zugegeben, natürlich wider den Mainstream, aber ich wusste, dass ich ohne die Hilfe der Russen meinen schweren Job nur laienhaft schaffen kann.«

In dieser Rückholaktion zeigt sich Diestel nicht nur den ihm unterstellten Leuten, sondern auch den westlichen Beratern gegenüber als Pragmatiker, der frei von ideologischen Zwängen seinen Job macht. Denn eins ist ihm klar: »In beinahe jedem ostdeutschen Kombinat und natürlich in den meisten Schlüsselministerien hatten die russischen Berater, die Mehrzahl von ihnen war auf KGB-Ticket unterwegs, ihr Hinterzimmerchen. Und dort, wo sie nicht präsent waren, gab es ja immer noch den zuständigen MfS-Instrukteur, der sich auf Nachfrage den russischen Bruder-Interessen kaum verweigert hätte.«

Doch unter dem Druck der Straße im Jahre 1989 gab die Modrow-Regierung verständlicherweise nach, demontierte diese Struktur und demonstrierte damit neue Offenheit, Souveränität und Eigenständigkeit.

Das bedeutete auch fürs Innenministerium, dass der damalige Berater Iwan Wertrow wieder nach Berlin-Karlshorst zurückgeschickt wurde – in den Sitz der KGB-Residentur. Dabei handelte es sich um ein hektargroßes Areal in der Zwieseler Straße, von wo aus der KGB in der Ära des Eisernen Vorhangs seine gesamten Spionageaktivitäten in Richtung Westeuropa und natürlich auch in der DDR steuerte. Verborgen hinter hohen Mauern und Zäunen, lag in Karlshorst ein komplettes Geheimdienst-Städtchen, wo bis zu 800 Spezialisten die Melodie für die Musik ihrer Außendienst-Profis vorgaben.

Eine ihrer spektakulärsten Aktionen, die in Geheimdienstkreisen bis heute Legende ist, ist übrigens der von Moskau gelenkte Coup, bei dem der Bundeswehr eine wärmesuchende Luft-Luft-Rakete vom Typ Sidewinder geklaut wurde. Ost-Leute hatten dafür den Bundeswehr-Offizier Diethard Knoppe angeworben. Der stiehlt mitten in der Nacht die komplette Rakete und schiebt sie problemlos in einer Schubkarre über das Rollfeld des Fliegerhorstes Zell. Mit einem Helfer hievt der Starfighter-Pilot dann sein Diebesgut lässig über den Zaun der Militäranlage, wickelt die zwei Meter lange Fracht in einen Teppich, und so getarnt kommt sie noch am gleichen Tag via Airport Düsseldorf direkt in Moskau an.

Die Vorarbeit für diesen Coup sollen übrigens Experten der geheimsten Ostdeutschen Spionage-Truppe, der Militärischen Aufklärung der Nationalen Volksarmee geleistet haben. Diese (zu Diestels Zeit!) von Generalleutnant Alfred Krause geleitete Elitetruppe residierte bis 1990 unter der Tarnbezeichnung »Mathematisch-Physikalisches Institut der NVA« in der Oberspreestraße in Berlin-Köpenick. Und sie schaffte das Kunststück, den größten Teil ihrer Aktenbestände komplett zu vernichten – zuletzt sogar unter der Führung des letzten NVA-Ministers Rainer Eppelmann. Diestel: »Der hat doch überhaupt nicht überblickt, was ihm die Militär-Aufklärer da zur Rechtfertigung ihrer Vernichtungsaktion untergejubelt haben.« Und diese leisten sich dann, als alles zu ihrer Zufriedenheit in »Sack und Tüten« ist, auch noch einen Spaß und schalten am 23. Mai 1990 ihre Agenten im Ausland auf Kurzwelle 3258 Kilohertz ab – zum Gelächter aller mithörenden Schlapphüte in aller Welt, mit dem fröhlichen Kinderlied »Alle meine Entchen ... Köpfchen in das Wasser. Schwänzchen in die Höh«.

Diestel sagt schon im Jahre 1992 über seinen einstigen Ministerkollegen: »Es gab Zeiten, da versuchte mir Eppelmann sogar Aktenvernichtung zu unterstellen. Aber seine

Verantwortlichkeit für die Aktionen der NVA-Aufklärer ist unstrittig. Heute allerdings kann ich wenigstens über diesen Sachverhalt offen reden.« Eppelmanns »Ja« zur Vernichtung der Akten des militärischen Geheimdienstes erklärt der später dann sogar selbst. Und zwar mit seiner »auch heute noch gültigen Auffassung, dass DDR-Bürger, die für ihr Land Militärspionage gegen die Bundesrepublik betrieben, auch nach der deutschen Vereinigung straffrei ausgehen sollten«. Allerdings, so Eppelmann, habe er in seiner Zeit als Abrüstungsminister nicht gewusst, dass die Geheimdienstler in seinem Haus auch die Daten der Bundesbürger, die für die DDR spionierten, durch den Reißwolf gejagt hätten. In der *Berliner Zeitung*: »Ich bin deshalb auch sehr enttäuscht darüber, dass die Generäle mein Vertrauen damals so missbrauchten.«[132]

Dass Diestel diesem Berliner Pfarrer nicht besonders freundschaftlich verbunden ist, ist ein offenes Geheimnis. Er nennt den Grund: »Der Mann bedient für mich das Bild von einem Wendehals. Nehmen wir nur das Beispiel Wolfgang Schnur. Erst griff er jeden an, der Schnurs Zusammenarbeit mit der Stasi thematisierte, und als dann die Sache absolut klar war, fiel er selbst gnadenlos über Schnur her.«

Für Diestel ist der NVA-Aktencoup der beste Beweis für seine These: »Wehe, wenn man Geheimdienstler unter sich lässt, nachdem man ihnen mitteilt, dass sie – wenn es nach der Meinung der Demonstranten auf der Straße geht – nicht mehr mitmachen dürfen. Es ist zwar ein verständliches, aber auch ein naives und lächerliches Unterfangen, zu glauben, dass sich die Schlapphüte dann daran auch halten.« Deutlich wird das, wenn man sich folgendes *Spiegel*-Interview mit dem einstigen Chef der HVA, Generaloberst Markus Wolf, auf der Zunge zergehen lässt. Der sagt den beiden *Spiegel*-Redakteuren 1990 über den Dienst, dem er bis zu seinem Rücktritt im Mai 1986 vorstand: »Zu meiner Zeit, schätze ich, waren in der Hauptverwaltung

Aufklärung in Berlin hochgegriffen 1000 Mann im operativen Bereich tätig.« Nachfrage: »Und an der ›unsichtbaren Front?‹ « Wolf: »Da kursieren ja Zahlen zwischen 3000 und 10 000. Der Bonner Koordinator für die Dienste, Herr Lutz Stavenhagen, hat die Zahl 4000 genannt und einfach die Behauptung in die Welt gesetzt, davon seien nun 2000 an das sowjetische KGB übergeben worden. Woher will der das denn wissen? Der kann ein solches Wissen gar nicht haben ...«[133]

So abgehoben das klingt: Wolf hat recht. Niemand da draußen hatte dieses Wissen. Es sei denn, man war, wie Markus Wolf, Mitglied im weltexklusiven Club der Geheimdienste, aus dem man bekanntermaßen niemals mehr wirklich entlassen wird – auch wenn man, wie dereinst Wolf, noch so viele Kochbücher über die russische Küche schreibt.[134]

Eine der ersten Erkenntnisse ist für Diestel, dass es bei allen seinen weiteren Aktivitäten auf diesen glitschigen unterirdischen Geheimdienst-Pfaden wichtig sei, auch den KGB wieder in die Arbeit einzubinden. Diestel erklärt das so: »Wenn Geheimdienste führungslos werden, entsteht für die öffentliche Sicherheit immer eine Gefahr. MfS und KGB hatten, historisch bedingt, eine enge Beziehung. Die funktionierten – bei aller Rivalität und Konspirativität, die es zwischen Schlapphüten immer gibt – wie siamesische Zwillinge. Nun, wo Ostdeutschland in gewisser Weise relativ führungslos geworden war, bestand die größte Gefahr aus meiner Sicht darin, dass sich die enttäuschten und von allen Seiten in die Enge getriebenen Nachrichtendienstler anderswo einen neuen Rückhalt suchen würden. Ich sah diese Probleme genau. Natürlich wollte ich nicht mit jedermann im Parlament darüber reden – das ist doch klar. Deshalb habe ich manche Entscheidung ganz allein getragen und mich dabei von meinem Gefühl und meiner Menschenkenntnis leiten lassen. Nach dem Motto: Ist das ein Schuft, der mir hier etwas auftischen will, oder ist es eine, ich will mal nicht sagen ehrliche Haut, aber zumindest ist er nicht hinterlistig?«

Daher macht er den Russen in Karlshorst ein Friedensangebot. Er holt ihren KGB-Verbindungsoffizier Wertrow wieder zurück in sein angestammtes Zimmer im Ministerium. Diestels Argument für diesen geheimen Schritt, der damals zu seinem Glück nicht in allen Medien breitgetreten wird: »Ich sagte mir, mit einem Dienst, der nach meinen damaligen Schätzungen noch etwa 50000 Mann in Deutschland aktiv hat, kann ich nicht so tun, als wäre er nicht vorhanden.«

Aber noch ein zweiter Gedanke beschäftigt den Innenminister: »Ich hatte am Anfang das Gefühl, dass die DDR, entgegen meinen ganz persönlichen Wünschen und Hoffnungen, noch einige Zeit länger bestehen bleibt. Das bedeutete, dass ich diesen gesamten Geheimdienst-Apparat natürlich noch einige Zeit an der Hacke haben würde. Ich strebte also an, dass die – ich nenne sie mal flapsig ›entwurzelten‹ – Schlapphüte nicht plötzlich eigene, ganz neue Wege gehen. Ich wollte nicht, dass es in diesen Bereichen zu einer Kriminalisierung kommt, die dem Zusammenwachsen zwischen Ost und West nur neue Probleme organisiert. Probleme, die ich am Ende ja dann doch als Innenminister wieder auf dem Tisch habe, weil ich für die Sicherheit im Land zuständig bin. Kurzum: Was ich plante, ging nur mit den Profis und nicht gegen sie. Um die Pressemitteilungen und um die Angriffe im Parlament gegen mich, die diesen Teil meiner Arbeit betrafen, scherte ich mich damals keinen Deut.«

Wertrow ist es dann auch, der Diestels Idee für diesen Antrittsbesuch bei Hofe in Moskau seinem Chef Novikow zuträgt. Dieser Novikow, unter dessen Leitung übrigens auch der spätere Präsident Russlands, Wladimir Putin, damals noch im Dienstrang eines KGB-Oberstleutnant in Dresden, seinen Dienst tat, war erst im November 1989 von einem Gorbatschow-Freund zum Leiter in Karlshorst ernannt worden. Diestel: »Wir haben uns während meiner Ministerzeit mehrfach im Separee und auch im Gästehaus in Zeuthen getroffen und einige Gläser Wodka miteinander geleert. Das gehört zum Pflichtprogramm bei den Russen, ehe es wirklich zur Sache geht. Zum Glück trinke ich diese eisgekühlten Sto Gramm weg wie Wasser.«

Doch Generaloberst Novikow, vor seiner Berufung in Karlshorst Leiter der Deutschlandabteilung in der Hauptverwaltung Aufklärung des KGB, ist genauso wenig wie Diestel ein Trinker. Die beiden Männer haben Ziele, und beide wissen nun ganz genau, was sie voneinander zu halten haben. Der eine hat als Innenminister seine Pläne, der andere als Profi im Geheimdienstgeschäft. So war einer seiner Aufträge in der Vorwendezeit beispielsweise die Geheimoperation »Ljutsch« (»Stahl«). Sie bestand darin, reformwillige DDR-Bürger als Einflussagenten zu rekrutieren. Das Spektrum der angesprochenen DDRler reichte von Funktionären der SED und der Blockparteien über Stasi- und Armeeoffiziere, Journalisten und Wissenschaftler bis hin zu Bürgerrechtlern, die sich, vom DDR-Geschehen enttäuscht, zu den Gorbatschow-Ideen hingezogen fühlten. Vor allem Letztere waren für die KGB-Profis genau der Boden, aus dem man kostengünstig die ehrpusseligsten und fleißigsten Mitarbeiter heraussiebt.

Als Novikow von Diestels Idee eines Moskau-Besuches erfährt, ist der alte Auftrag bereits vergessen. Honecker war schließlich sehr schnell von seinen einstigen Mitstreitern selbst zum Abdanken gezwungen worden, und das bedeut für die Strategen aus Moskau: »Kommando zurück.« Nun stehen die Zeichen der Zeit auf Vereinigung. Dafür hat Novikow bereits einen neuen Auftrag erteilt bekommen: Er soll mit den deutschen Protagonisten auf beiden Seiten über einen störungsfreien Rückzug der KGB-Truppen aus Ostdeutschland vorverhandeln. Im Gegenzug, so heißt es, sicherte der Geheimdienstler dann Verschwiegenheit über die ihm bekannten Informationen über Westpolitiker zu. Und das war nicht wenig, was er da auf den Gabentisch zu legen bereit war. Schließlich hatten die zuletzt zweieinhalbtausend Mitarbeiter der Hauptabteilung III, der MfS-Funkabwehr, unter ihrem Chef Horst Männchen mehr als ein Jahrzehnt lang den Kommunikationsverkehr der Bundesregierung, vieler Westbehörden und auch von ausgesuchten Privatpersonen nach allen Regeln der Kunst vollständig abgehört. Diestel: »Es heißt, dass insgesamt 25 000 Telefonanschlüsse von Politikern, Managern und führenden Geheimdienstbeamten im Westen überwacht wurden. Und dass auch der KGB fast zeitgleich über dieses gesammelte HVA-Wissen verfügte, ist ein offenes Geheimnis.«

Denn schließlich war die Zusammenarbeit mit dem Großen-Bruder-Dienst in insgesamt neun Abkommen klar geregelt.[135]

Diestels Aktivitäten in jener Zeit sind nicht unumstritten. Er sagt: »Das war mir egal. Jeder muss seinen Weg finden, mit so einem brisanten Konflikt wie dem Krieg der Geheimdienste umzugehen.« Und dass er nicht nur eine Marionette in diesem Spiel der Profis war, zeigt die Nachwendezeit. Diestel: »Zu meinem damaligen Sicherheitsberater Werthebach habe ich bis heute einen guten Draht, und der einstige Botschafter der UdSSR in der DDR, Wjatscheslaw Kotschemassow, lud mich mehrfach zum Frühstück in die Botschaft ein. Die letzte Begegnung fand wenige Tage vor seiner Abreise aus Deutschland statt. Ich hatte sogar meinen Vater, der damals bei mir zu Besuch war, zu diesem Treffen mitgebracht, und ich erinnere mich noch genau, dass Kotschemassow Tränen in den Augen hatte, als wir uns für immer verabschiedeten.« Später, schon Pensionär in Moskau, wird der alte Diplomat in seinen Erinnerungen schreiben: »Ich habe in Deutschland zwei wirklich anständige Kerle getroffen: Einer heißt Peter-Michael Diestel. Den anderen Namen nenne ich aus Gründen der Konspiration nicht.« Dazu fällt Diestel dann auch gleich noch eine Episode auf glattem Parkett ein: »Der damalige stellvertretende Botschafter der UdSSR in Berlin, F. Maximytschew, bat mich bei einem unserer Separee-Gespräche dringend darum, doch eine Vereinbarung zu unterzeichnen, dass die nach wie vor in den verschiedenen Objekten des MfS und der Polizei vorhandene russische Chiffriertechnik zurückübergeben würde. Ich habe natürlich erst einmal gezögert und mich mit meinen Experten konsultiert.« Doch die sehen darin kein gravierendes Geheimdienst-Problem. Diestel grinst: »General Grüning gab mir in seiner üblichen zurückhaltenden Art den Hinweis, dass ich dies bedenkenlos tun könne. Seines Wissens hatte ein Überläufer dem Nachrichtendienst der Bundesrepublik die Codes einschließlich der Technik sowieso komplett verkauft. Es waren eben wirre Zeiten, in denen eine Hand bisweilen nicht wusste, was die andere tat. Also unterzeichnete ich kraft meines Amtes den letzten bilateralen Vertrag zwischen der UdSSR und der DDR mit Botschafter Gennadi Serafimowitsch Schikin im Ministerium – eine Vereinbarung, die dann übrigens von meinem bundesdeutschen Nachfolger auch nicht mehr in Frage gestellt werden konnte.«

***

Eine andere Vermittlungsaktion, die ebenfalls ihren Ausgangspunkt in einem Gespräch in Diestels Minister-Separee hat, fand keinen so guten Abschluss für die Beteiligten. Diestel: »Es gab, vermittelt von dem Berliner Anwalt Wolfgang Vogel, eine Anfrage der CIA. Es ging um den Verbleib eines amerikanischen Spions, der schon längere Zeit in Russland verschwunden war.« Diestel erkundigte sich bei seinen Kontaktleuten vorsichtig und guter Hoffnung. Doch schon wenig später bekam er die Auskunft: »Hier können wir leider nicht mehr helfen, der Mann wurde wegen Spionage hingerichtet.« Wie heißt es in amerikanischen Thrillern bisweilen so schön: »Es ist nichts Persönliches.« Jetzt wusste Diestel, wie das gemeint ist.

Geheimbeziehungen dieser Art nähren natürlich die wildesten Verschwörungstheorien. Doch solchen Geschichten begegnet Diestel nach wie vor in seiner jugendhaft frechen Art. So outete er sich einmal bei einem Journalisten als »IM Dr. Schiwago«. Der nahm das ernst und erkundigte sich stante pede nach den näheren Umständen dieser Enthüllung. Diestel reagiert prompt und legt nach: »Ich erklärte dem verehrten Kollegen, Dr. Schiwago sei nur mein russischer Deckname gewesen, mein deutscher laute IM Schürzenjäger.«

Diestel freut sich immer schulbubenhaft und mächtig, wenn er solche Scherzchen machen kann, mit denen er veranschaulichen will, was ihm dumme Stasi-Gerüchte wert sind. Doch ich habe während der Arbeit an diesem Buch auch einen anderen Diestel erlebt: Blass und abwesend saß er an einem frühen Morgen an seinem Fischteich und berichtet mir von einem unglaublichen Sachverhalt, der ihm erst jetzt, zwanzig Jahre nach seiner Ministerzeit, bekannt gemacht wurde.

Diestel sollte nämlich wirklich zu einem Mielke-IM gemacht werden. Nicht von den eifrigen Aktenanlegern in der Stasi-Zentrale in Berlin, sondern von Leuten im Umfeld des Innenministeriums von Nordrhein-Westfalen. Diestel hat nun Belege, eine eidesstattliche Versicherung, für diesen bitterbösen Vorgang, der sich 1990 zutrug, und ist mächtig verstört. Hier erfährt der Profi erstmals am eigenen Leib, wie leicht es funktioniert, einen Menschen fürs ganze Leben zu demontieren. Diestel erklärt: »Dazu braucht es im Grunde nur eine leere Stasi-Karteikarte – Dutzende wurden damals geklaut –, ein, zwei ebenfalls geklaute Stempel und einen bestechlichen Geheimdienstler.« Einleuchtend: Wenn so ein Dokument in den Zeiten der Wendehysterie erst einmal in der Welt ist, fällt es jedem Beschuldigten sehr, sehr schwer, das IM-Gerücht über die eigene Person wieder zu entkräften. Zumal ja der gekaufte »Führungsoffizier« genau das Gegenteil aussagt. Aber was war nun das Motiv für diese Aktion? Diestels heutiger Gewährsmann in seinem eidesstattlichen Geständnis: »Wir wollten Diestel ein für alle Mal erledigen. So eine Stasi-Täterakte wäre dann endlich mal ein wirkliches Totschlagargument gewesen. Es fand sich damals nur kein Stasi-Mann, der sich im Falle Diestel geopfert hätte.«

Ach ja: Hätte sich ein Stasi-Mann in Not für einiges Geld bereiterklärt, als Diestels Führungsoffizier aufzutreten, wäre es den Protagonisten der Aktion ein Leichtes gewesen, den Namen Diestel auch noch in anderen Akten vorkommen zu lassen. Ihr perfider Plan, so der Zeuge, sah wie folgt aus: »Es war vorgesehen, Diestel in das ebenfalls von uns entwendete Finanzprojekt des MfS einzusortieren. Dort fanden sich ja auch die Angaben vieler anderer OibE. Der wäre erledigt gewesen, hätte Jahre gebraucht, sich von diesem Makel zu befreien ...«

Doch zum Glück für Diestel ging der Plan nicht auf. Dafür gelang ihm selbst ein Coup, der weltweit einen Nachahmer sucht. Chuzpe mag es sein, die Diestel auf die Idee zu seiner Moskau-Reise in inoffizieller Mission bringt und dort ins Allerheiligste der Geheimdienst-Macht.

Doch der Reihe nach: Dem Fuchs Novikow und seinen Diplomatenkollegen von der Botschaft kommt die waghalsige Idee des jungen neuen Mannes im Innenministerium der DDR bei der Lösung ihrer eigenen Abwicklungsmissionen sehr gelegen. Sie setzen sich bei ihren Chefs an der Moskwa für einen gebührenden Empfang dieses Peter-Michael Diestel ein. Offiziell ist das, was Diestel in dieser Frühsommerwoche in Moskau unternimmt, ein Antrittsbesuch beim Innenminister. Doch eine ganz andere Begegnung stand auf dem Plan. Diestel: »Wir reisten mit ganz kleiner Mannschaft. Mein Büroleiter, vier Leibwächter und ich.« Doch schon als die Gruppe in Moskau aus der Aeroflot-TU steigt, gibt es beinahe ein Problem. Diestel: »Ich habe blitzschnell meine Personenschützer entwaffnet und mir ihre SIG-Sauer-Pistolen in den Koffer gesteckt. Denn ich hatte ja diplomatischen Status. Aber ob meine Sicherheitsjungs so schadlos mit ihren Schießeisen durch die Kontrolle gekommen wären … Man weiß es nie.« Nach der Ankunft in Scheremetjewo-II geht es für die ostdeutsche Mannschaft ins Gästehaus des Innenministeriums und dort, nach einem kurzen Smalltalk mit den russischen Gastgebern, noch am gleichen Abend voll zur Sache. Diestel: »Ein KGB-Oberst in voller Montur nebst Sicherheitsleuten bat mich mitzukommen. Ein wenig eigenartig war mir schon, als ich in die distanziert-freundlichen Gesichter meiner Abholer sah.«

Diestels Sicherheitsmann: »Uns wurde sehr bestimmt und konsequent bedeutet, dass Diestel allein geladen wäre, für seine Sicherheit schon gesorgt würde und wir im Gästehaus zu verbleiben hätten.«[136]

Die Fahrt durchs abendliche Moskau, von der Gegend um die Allunionsausstellung bis zum Ziel im Zentrum der Stadt, dauert eine knappe halbe Stunde. Diestel: »Meine Begleiter sagten kein Wort. Einer war besonders furchterregend. Er war mindestens 2,10 Meter groß, sah aus wie ein Grusinier und hatte während der ganzen Fahrt eine Kalaschnikow auf den Knien. Ich weiß nicht mehr, durch wie viele Straßen wir gedonnert, um welche Ecken wir gebogen sind. Ich war viel zu aufgeregt.«

Ein Tor öffnet sich, es geht hinunter in eine Tiefgarage, in einen Fahrstuhl, vorbei an salutierenden Wachleuten, deren Schulterstücke nicht mit roten Streifen, wie bei den dem Innenminister unterstellten Uniformträgern tragen, sondern blau markiert sind.

Diestel ist im Hauptquartier des KGB, der Lubjanka.[137] Diestel: »Mir fiel eigenartigerweise sofort der bitterbös-sarkastische Witz ein, den alte Moskauer über dieses Haus machen. Sie sagen, es wäre zur Sowjetzeit das höchste Gebäude in Moskau gewesen, weil man von hier aus bis nach Sibirien sehen konnte. Man führte mich durch gewaltige, mit roten Läufern ausgelegte Flure. Es muss wohl die erste Etage des Hauses gewesen sein.« Dort wurde eine Tür von zwei Wachmännern aufgerissen. Ein Vorzimmer. Noch eine Tür – und Diestel steht einer Gruppe uniformierter Geheimdienstler gegenüber. Diestel:»Einer war der Chef des russischen Geheimdienstes. Zum Glück hatte ich mir das Bild dieses Mannes mit der altmodischen Hornbrille eingeprägt. Es gab wohl irgendwann einmal, lange vor unserer Begegnung, ein Foto im *Spiegel*. Anlass für diesen Bericht war meines Wissens der Krjutschkow-Besuch zur Honecker-Zeit in Dresden. Damals hatte er gemeinsam mit Wladimir Putin Professor Manfred von Ardenne auf dem Weißen Hirsch besucht. Das nährte dann auch gleich das Gerücht, dass die Russen einen Putsch in der DDR planen.«

Dieser Armeegeneral Wladimir Alexandrowitsch Krjutschkow, der vor seiner Ernennung zum obersten Chef aller KGB-Leute 14 Jahre lang die I. Hauptverwaltung, also die Auslandsabteilung des Dienstes leitete, hatte seine Schularbeiten nach Geheimdienst-Manier gemacht. Diestel:»Wir saßen an einem langen Tisch, und Krjutschkow erkundigte sich erst einmal freundlich nach meinem Vater. Wie es ihm und der Familie so ergangen sei, wollte er wissen. Was er über meinen Aufstieg zum Innenminister sagen würde. Warum ich bei meinem väterlichen Hinterland nicht bei Gysis linker Truppe angelandet wäre und vieles andere, sehr Persönliche mehr. Ich war völlig baff, was die alles über mich zusammengetragen hatten. Ich hatte das Gefühl, der kannte unseren ganzen Familienstammbaum auswendig.«

Als Krjutschkow dann auch noch Sakuski, eine typische russische Vorspeise, zu der Wodka getrunken wird, servieren lässt, ist es bis zu den ersten Trinksprüchen nicht mehr weit. Diestel:»Da verlor Krjutschkow plötzlich sein – ich nenne es mal – Buchhaltergesicht und strahlte sehr viel

Wärme aus. Natürlich war mir auch klar, dass die mich testen wollten. Aber wehe, ich hätte nicht kräftig mitgemacht oder mich im glückseligen Suff danebenbenommen. Das wär's gewesen.« War es nicht. Diestel: »Zum Abschied hat mich der KGB-Chef dann umarmt wie einen Sohn und Tränen glänzten in seinen Augen.«

Als Diestel in die Heimat zurückkehrt, hat er zwar die Geheimnisse des KGB-Imperiums nicht gelüftet – aber wer hat das je? Zumindest hat er zwei Dinge erreicht. »Nach diesem Besuch im Innersten der Geheimdienst-Macht standen mir in Berlin bei den Geheimdienstlern Türen offen, von denen ich bislang nicht einmal ahnte, dass es sie gibt. Das hat meine Arbeit ungemein erleichtert.« Und er bekommt von den Russen sogar ein Dokument, das jahrzehntelang streng gehütet in ihren Archiven vergraben war. Es ist die Übersicht aller zehn KGB-Speziallager »zur Isolierung missliebiger Personen« auf dem Gebiet der späteren DDR. Danach waren das von 1945 bis 1950 die Lager: Mühlberg, Buchenwald, Berlin-Hohenschönhausen, Bautzen, Ketschendorf, Lieberose, Sachsenhausen, Frankfurt/O., Fünfeichen und Torgau/Forst Zinna. Doch was noch wichtiger und für Diestel sehr erschreckend ist, ist die Wahrheit, dass in diesen Lagern der Stalin-Zeit insgesamt 122 671 Personen deutscher Nationalität inhaftiert waren. Ihre Schicksale in nüchternen Zahlen: 42 889 Gefangene verstarben an Hunger, Mangelkrankheiten und Unfällen; 756 wurden durch Militärgerichte zum Tode verurteilt; 6 680 in Kriegsgefangenenlager überführt; 12 770 Häftlinge wurden zur Zwangsarbeit in die Sowjetunion deportiert; und 14 202 Menschen wurden 1950 dem MdI der DDR übergeben, dort weiter inhaftiert bzw. in den Waldheimer Prozessen verurteilt. Nur 45 262 Personen wurden den KGB-Akten zufolge freigelassen.

Diestel: »Nach meiner Heimkehr ließ ich das Material von den Experten im Innenministerium prüfen und präsentierte es dann der Öffentlichkeit. Nun gab es für viele betroffene Familien wenigstens Gewissheit, was mit ihren Angehörigen in jenen finsteren Zeiten geschehen war.«

***

Verständlich, dass Diestel seine Kontakte zu den Russen künftig auch für weitere spektakuläre Alleingänge nutzt. Die Rede ist von seinem Besuch bei Erich Honecker[138] im sowjetischen Militärhospital in Beelitz bei Berlin. Ab 3. April 1990 war hier der einst mächtigste Mann der DDR nach seinem Auszug beim Pfarrerehepaar Holmer[139] aus der kirchlichen Einrichtung Lobetal untergekommen. Diestel: »Honecker war und ist für mich ein sehr, sehr tragischer Fall, der zeigt, wie unwürdig Menschen sich verhalten. Nach seinem Sturz durch die eigenen Leute fielen sofort jene, die ihm jahrelang in den Hintern gekrochen waren, über ihn her und schoben ihm alle Schuld zu, die man einem Menschen nur zuweisen kann. DDR-Juristen, die einst willfährig im Dienste der Partei ihre Anklagen formuliert hatten, fanden sich plötzlich bereit, auch gegen Honecker eine Anklage zusammenzuschustern. Es gab meines Wissens sogar eine eigene Arbeitsgruppe beim Ministerium für Staatssicherheit, die sich damit befasste, für diese Ermittlungen Material zu liefern. Honecker war plötzlich für alle Mitläufer der Popanz, an dem viele ihre eigenen schmutzigen Hände abwischen wollten. Das ist schäbig und traurig – aber so ist der Mensch.« Also müssen Diestels Kollegen und Freunde, die beiden Honecker-Anwälte Professor Wolfgang Vogel und Friedrich Wolff, den Innenminister nicht lange bitten, sich trotz dieser auch von den Medien aufgeputschten Atmosphäre hinter den Kulissen diskret um ihren Mandanten zu kümmern. Eine Atmosphäre, die bereits Honeckers erster Asylgeber, der Lobetaler Pfarrer Uwe Holmer beschreibt: »Wir erhielten bezüglich der Aufnahme von Honecker fast 3000 Briefe.«[140] Einige davon hat Holmer in seinen Erinnerungen an jene Tage ausgewählt. So heißt es in einer Zuschrift an ihn: »Als Erstes möchte ich Ihnen danken für ihre Menschlichkeit gegenüber der Familie Honecker. Ich bin nur eine einfache Rentnerin, war nie in einer Partei und habe nach meinem 18. Lebensjahr jede Beziehung zur Kirche abgebrochen. Aber das wird jetzt anders. Ich bin so froh, dass es noch Menschen wie Sie gibt.«[141]

Doch es gibt auch andere Meinungen. Meistens artikulieren sie sich so: »Ich verstehe nicht – bei aller christlichen Nächstenliebe – dass Sie Erich Honecker aufgenommen haben.«[142]

Übrigens wird dieser tapfere Kirchenmann Holmer zwei Jahre später seinen einstigen Quartiergast noch einmal im Gefängnis besuchen. Die beiden werden über Gott und den Tod reden, und Holmer wird nach dieser Begegnung notieren: »Ein bisschen habe ich ihm auch unrecht getan. Denn dies ist ebenso der Irrtum anderer Ideologien, aber auch der Weltanschauung des modernen Liberalismus und Humanismus. Man denkt, der Mensch sei gut und werde glücklich durch die Änderung der äußeren Verhältnisse. Anfangs habe auch ich gemeint: Jetzt, wo Deutschland wieder vereinigt wird, wird es wunderbar bei uns werden. Jedoch, obgleich wir uns vor Freude in den Armen gelegen haben, von beiden Seiten der Mauer her, ist es dann doch nicht so schön geworden, wie wir zunächst dachten. Auch bei uns hat der Egoismus so viel verdorben.«[143]

Natürlich weiß Diestel, dass er sich mit diesem Honecker-Besuch schon wieder auf ein Minenfeld begibt. Denn im Hintergrund der Einquartierung liefen bereits innerhalb des Apparates der Russen mehrere Machtspiele. In der Öffentlichkeit war zwar immer davon die Rede, dass sich der UdSSR-Botschafter Wjatscheslaw Kotschemassow für diese Entscheidung das O.K. von Michail Gorbatschow höchstselbst geholt hat. Andere Quellen hingegen favorisieren die Version, dass die Hardliner unter dem damaligen Verteidigungsminister Dimitri Jasow die Einquartierung Honeckers in Beelitz in eigener Regie vorgenommen haben.

Welche Variante auch immer stimmt, das Ehepaar wird zunächst in Ruhe gelassen. Streng schirmen die Sowjets den Zutritt zu ihrem Militärgelände ab – zu Honeckers darf nur der hinein, der von ganz oben autorisiert ist. Die Familie war auf exterritorialem Gebiet, die Modrow-Regierung war eine ideologische Sorge los, und für die nachfolgende de Maizière-Mannschaft wurde der Fall trotzdem zum Problem.

Mitte Juli meldet dann auch schon die Presse: »DDR-Vizepremier Diestel bei Honecker.« Und der kommentiert seine Aktion gelassen: »Honecker trieb, vom Hass der Straße gejagt, obdachlos durch die Welt. Es ging mir als Christ vor allem darum, für ihn Ausweispapiere zu besorgen, Rentenfragen zu klären und sogar einen möglichen Umzug nach Berlin in eine Wohnung in der Leipziger Straße zu besprechen, denn Honecker hatte alle bürgerlichen Rechte und war zu diesem Zeitpunkt nicht angeklagt.«

An jenem 14. Juli 1990 trifft Diestel mit Honeckers Anwälten in Beelitz im sowjetischen Militärhospital ein. Hinter der fast zwei Meter hohen Betonmauer stehen in einem Fichtenwald mehrere Gründerzeitbauten, Krankenhäuser, Arztvillen und Pavillons. Für Diestel eine etwas gespenstische Atmosphäre: »An vielen Gebäuden hingen martialische Lenin-Plakate. Das Ganze mutete an wie eine Filmszene aus den dreißiger Jahren. Und im Park dieses, vor den Toren der deutschen Hauptstadt angelegten einstigen Lungensanatoriums spazierten kranke Soldaten umher. Die trugen lange, braune Bademäntel.«

Margot und Erich Honecker haben eine Dreizimmerwohnung im Parterre einer alten Arztvilla ganz in der Nähe des Eingangstores bezogen. Diestel: »Das Zimmer, in dem ich die beiden antraf, war so düster, dass ständig eine blinkende Leuchtstoffröhre in Betrieb war. In den Räumen standen alte Möbel aus DDR-Produktion. In der Mitte ein ovaler Tisch. Fünf Stühle drumherum. Die uralte Tapete an der einen Wand verbarg ein Glasschrank. Der war mit russischen Büchern vollgestellt. In einer Ecke des Raumes, in dem wir unser Gespräch führten, standen zwei riesige Sessel. Die waren zu einem – wenn ich nicht irre – alten Staßfurt-Fernseher hin ausgerichtet.«

Erich Honecker beschreibt später die Lebensumstände in Beelitz so: »Wir stehen im Durchschnitt zwischen sieben und halb acht auf, gegen neun ist Frühstück, anschließend gehen wir im Wald spazieren. Dann erfolgt die medizinische Behandlung und die tägliche Untersuchung durch den Arzt … Der Tageslauf ist weiterhin eingeteilt durch das Lesen von Zeitungen und Büchern. Das Letztere ist sozusagen eine Hauptbeschäftigung von Margot (Anmerkung des Verfassers: Margot Honecker beherrscht die russische Sprache, liest Literatur im Original und hilft auch bei der Kommunikation zwischen ihrem Mann und den Ärzten), während ich mich nach dem Zeitungslesen stark mit dem Fernsehen beschäftigte. Nach dem Mittagessen gehen wir wieder dreißig bis vierzig Minuten spazieren und nach dem Abendbrot ebenfalls.«

Mit dem Diestel-Besuch kommt Abwechslung in das Leben der Honeckers. Diestel erinnert sich: »Ich traf auf einen kleinen, verbitterten, von Krankheit gezeichneten alten Mann. Honecker trug einen Präsent-20-Anzug, und eigentümlicherweise behielt er die ganze Zeit während unseres Gespräches seinen Hut auf dem Kopf. Als ich ihm die Hand gab, sprach er mich respektvoll mit Herr Minister an. Das war schon ein sehr eigenartiges Gefühl.«

Wie eine Glucke überwacht Margot Honecker die ersten Minuten dieser Begegnung. Diestel: »Als ich sie erstmals so *face to face* sah, ließ ich jedes von den Medien aufgebaute Vorurteil von der ›Hexe Margot‹ fahren. Sie war eine sehr gepflegte, außerordentlich gewandte und sehr starke Frau, der man die Grande Dame sofort abnahm.« Erst als Margot Honecker davon überzeugt ist, dass von diesem Gespräch mit dem jungen Innenminister keine Gefahr für das angeschlagene Nervenkostüm ihres Mannes ausgeht, verlässt sie den Raum.

Diestel:»Honecker fragte mich sehr interessiert, wie ich zu meinem Posten als Innenminister gekommen wäre. Er wollte dann ganz genau wissen, was ich denn zur DDR-Zeit gemacht hätte. Er jedenfalls kenne mich nicht.« Diestels Antwort ist, wie meist in solchen Situationen, schlagfertig und verblüffend ehrlich:»Ich war ja auch nur ein kleiner, unbedeutender Jurist. Und ich hatte auch nichts gegen den Staat, Herr Honecker, aber der hatte etwas gegen mich. Sonst hätte man mich ja Anwalt werden lassen können.«

Die Antwort, die ihm der einst mächtigste Mann im DDR-Staat darauf gibt, wird Peter-Michael Diestel nie vergessen:»Honecker sagte: ›Ja, ja, die Arbeit mit den Kadern war schon immer eines unserer großen Probleme.‹« Und die darauffolgende Erwiderung ist ein typischer Diestel:»Da mögen Sie recht haben, Herr Honecker. Denn nicht einmal ihre ehemaligen SED-Freunde halten Ihnen jetzt noch die Treue – allein wenn ich an alle die Genossen Staatsanwälte denke, die Sie jetzt verfolgen.«

Nach diesen Sätzen traten Honecker die Tränen in die Augen, erinnert sich Diestel und sagt:»Das hat jedes böse Gefühl gegen diesen kranken alten Mann bei mir weggeblasen. Ich hatte nur noch Mitleid. Und sogar als Objekt für abstrakten politischen Hass war dieser Honecker für mich nicht mehr geeignet.«

Einige Tage nach dieser Begegnung kommt Diestel dann noch einmal nach Beelitz. Er übergibt Honecker und seiner Frau die Unterlagen für ihren Rentenantrag. Der spätere Bescheid für Honecker beläuft sich auf eine Grundrente von 510,00 DM, zudem steht ihm eine Zusatzrente als antifaschistischer Widerstandskämpfer zu. Sie beträgt 1700,- DM.

***

Am 30. November 1990, also nur wenige Wochen nach der Einheitsfeier, erlässt die nunmehr gesamtdeutsche Berliner Staatsanwaltschaft einen weiteren Haftbefehl gegen Honecker wegen des Verdachts, dass er den Schießbefehl an der innerdeutschen Grenze 1961 verfügt und 1974 bekräftigt habe. Der Haftbefehl aber ist nicht vollstreckbar, da Honecker sich in Beelitz auf sowjetischem Gebiet befindet. Am 13. März 1991 dann scheint das Problem Honecker für alle Beteiligten wenigstens für die nächsten Monate gelöst: Das Ehepaar wird mit einem sowjetischen Militärflugzeug von Beelitz nach Moskau ausgeflogen.

Doch etwas mehr als ein gutes Jahr später, Diestel ist da schon längst als Rechtsanwalt tätig, kommt am 29. Juli 1992 die Personalie Honecker erneut auf den deutschen Richtertisch. Er wird in der Regierungszeit Boris Jelzins nach langem diplomatischen Hickhack nach Berlin ausgeflogen. Hier wird er sofort verhaftet und in die JVA Moabit gebracht. Margot Honecker dagegen hat es besser getroffen. Sie reist von Moskau aus per Direktflug mit der Aeroflot nach Santiago de Chile. Den traditionell freundschaftlichen Beziehungen zur dortigen KP ist es zu danken, dass sie mit ihrer Tochter Sonja dort unterkommt.

Honecker werden derweil in Deutschland am 30. Juli 1992 zwei Haftbefehle eröffnet. Vorgeworfen wird ihm seine Verantwortung für Todesschüsse an der DDR-Grenze und versuchter Totschlag in insgesamt 68 Fällen. Zwölf davon werden dann zum Gegenstand der geplanten Hauptverhandlung. Doch Honeckers Anwälte protestieren wegen des Gesundheitszustandes gegen diese Verhandlung »gegen einen Sterbenden«. Sie haben Erfolg. Am 12. Januar 1993 wird das Verfahren gegen Erich Honecker vom Landgericht Berlin eingestellt und der Haftbefehl aufgehoben. Einen Tag später dann fällt auch der zweite Haftbefehl, der die Veruntreuung von Staatsgeldern zum Gegenstand hat.

Das Ergebnis dieses typisch deutschen Beispiels für den Versuch einer Geschichtsaufarbeitung mit juristischen

Mitteln: Honecker wird nach insgesamt 169 Tagen aus der U-Haft entlassen und fliegt unmittelbar darauf nach Santiago de Chile zu seiner Frau Margot und seiner Tochter Sonja. Diestel fällt in diesem Zusammenhang eine Geschichte von Kurt Tucholsky ein. Der karikiert zwar den Zustand in einer deutschen Partei, die Geschichte ist aber sehr wohl auch ein gutes Beispiel für deutsche Reaktionen, die meist sehr lautstark beginnen, sich aber dann mit kleinen armseligen Feigheiten begnügen – nun, hier ist sie: »Die Protagonisten diskutierten einst eine Protestnote gegen die unsägliche Ausbeutung in der dritten Welt. Als alles in gepfefferte Worte gestanzt war, da meldete sich plötzlich ein Kaufmann und erklärte, dass dies zwar schlimm wäre, er aber befürchte, dass in der Folge solchen geharnischten Protestes die Preise exotischer Waren ansteigen würden. Andere pflichteten ihm bei. Nach längerer Moraldebatte entschied die Gruppe, dass man diese Protestnote natürlich schon so, wie verfasst, abschicken solle – allerdings, zur Sicherheit mit unleserlicher Unterschrift.«

Honecker in Chile – wohl für alle die beste Lösung, trotz der Proteste von Bürgerrechtlern, die den Mann am liebsten abgeurteilt gesehen hätten. Die beste Lösung aber auch für alle anderen, von den Modrow-Linken bis hin zu den Bundespolitikern, die sich einst mit Honecker auf Fotos präsentierten und diese »Peinlichkeit« natürlich auch zu gern vergessen machen wollen – und im Grunde auch für die Jelzin-Mannschaft, die froh ist, den kranken, traurigen Asylanten endlich los zu sein.

Für Peter-Michael Diestel ist die ganze Angelegenheit Honecker ein »tragisches Theaterstück«, und es bestätigt ihn in seiner Meinung: »Dieser Prozess war absolut unwürdig. Wenn überhaupt, hätte nur das Strafrecht der DDR auf diesen Mann Anwendung finden dürfen. Und auf dieser Grundlage war es schwierig, Honecker überhaupt zu verurteilen. Ich will damit sagen, dass es ein

Missverhältnis gibt zwischen den Möglichkeiten des Strafrechts und einer großen moralischen Schuld, die ein Mensch auf sich geladen hat. Ich war schon vor dem Prozessbeginn sehr gespannt, wie man das Scheitern später erklären will. Ich denke, die Methode, mit der hierzulande bisweilen Geschichtsbewältigung mit unzulänglichen juristischen Mitteln betrieben wird, ist dümmlich, wie etwas nur dümmlich sein kann. Im Prinzip wurde Honecker mehr als zwei Jahre lang von durchschnittlichen Politikern und ihren Medienverbündeten benutzt, weil sie sich vor dem Wahlvolk profilieren wollten, während alle anderen, die im Laufe der deutsch-deutschen Teilung mit diesem Mann zu tun hatten, sich tunlichst raushielten und nicht äußerten. Unsäglich!«

***

Auch die letzte Geschichte in diesem Kapitel hat mit Diestels Beziehung zu den KGB-Leuten und ihren ostdeutschen Verbündeten zu tun. Sie gehört zu jenen Aktionen des Innenministers, um die es immer wieder die wildesten Spekulationen gibt und die deshalb schon mehrfach sogar vor Gericht verhandelt werden musste.

Es geht um die Festnahme der mit internationalem Haftbefehl gesuchten RAF-Leute auf dem Territorium der DDR, wenige Monate vor der deutschen Einheit. Doch wer nun vermutet, dass die Medien, die den DDR-Innenminister allzeit scharf im Visier hatten, ihm dafür wenigstens diesmal ungeteilt Beifall zollen, der irrt. Das Gegenteil ist der Fall. Den Tenor der Berichterstattung dokumentiert ein Beitrag der in Hamburg erscheinenden Wochenzeitschrift *Die Zeit*. Darin heißt es: »›Ein ›international beachtlicher Fahndungserfolg‹, wie DDR-Innenminister Peter-Michael Diestel frohlockte, war es nicht. Eher ein Glückstreffer, Folge der DDR-Revolution, die auch den Eisernen Vorhang um den Staatssicherheitsdienst lüftete. Bereits

Mitte der achtziger Jahre hatten Ermittler der Bundesrepublik Hinweise bekommen, dass sich Susanne Albrecht in der DDR aufhielt. Generalbundesanwalt Kurt Rebmann hatte schon vor Jahren eine Anfrage an die Staatsanwaltschaft der DDR gerichtet, seinerzeit aber nur die pflaumenweiche Antwort erhalten: ›Wir wissen nichts.‹«[144]

Diestel lacht, als er diesen Beitrag aus seinem Archiv holt und sich in jene Zeit vor zwanzig Jahren zurückversetzt: »Mächtig naiv, diese Einschätzung. Ach, wenn es doch nur so ein Zufall gewesen wäre, wie die Redakteure hier schreiben. Diesem Fahndungserfolg und der anschließenden Festnahme gingen sehr viele sehr hartnäckige Gespräche meinerseits mit den zuständigen MfS-Leuten im Separee hinter meinem Ministerzimmer voraus. Ich musste hier, auch das sei gesagt, sehr deutliche Worte sprechen und immer wieder betonen, dass es sich bei den von mir verlangten ›zweckdienlichen‹ Hinweisen zum möglichen Aufenthalt der betroffenen RAF-Leute nicht um einen Geheimnisverrat handelt und dass es schlicht und einfach in höchstem Maße strafbar ist, den mit internationalem Haftbefehl Gesuchten wissentlich Deckung zu geben. Kurzum: Ohne die Rückendeckung aus Karlshorst und ohne die – wenn auch anfangs zögerliche – Mitarbeit der zuständigen MfS-Leute, dazu rechne ich insbesondere Oberst Horst Franz, der lang und sehr hart mit sich ins Gericht ging, bei der Frage, mich zu unterstützen, wären wir der Gesuchten mit unseren normalen kriminalistischen Mitteln nicht habhaft geworden. Um eine Person zu finden, muss man nun einmal ihren Namen wissen. Und da ihnen nach der Einreise in die DDR vom MfS neue Identitäten verpasst worden sind, wäre die Suche nach den Terroristen ohne Ergebnis geblieben.«

Denn bis dahin gab es auf der westlichen Seite immer nur Vermutungen, dass die Erben von Ulrike Meinhof in der DDR ein neues, zweites Leben angefangen haben. Erst im Verlauf der Ermittlungen kommt dann ans Licht, wie und warum der unglaubliche Deal zwischen der DDR und den RAF-Leuten überhaupt zustande gekommen war. Diestel: »Auch wenn Honecker das immer wieder empört von sich gewiesen hat, war die ganze Geschichte von ihm höchst selbst abgesegnet worden und Mielke hatte sie zur Chefsache gemacht. Das Motiv für diese unheilige DDR-RAF-Allianz bestand darin, dass die DDR-Führung hoffte, sich damit selbst Schutz vor terroristischen Anschlägen zu verschaffen.«

Eingeweiht in diesen Geheimplan waren nur ganz wenige. Diestel: »Nach der Einreise über den Flughafen Berlin-Schönefeld wurden die jeweiligen RAF-Leute zuerst zur Befragung in die Stasi-Haftanstalt in Blumberg, nahe Berlin, gebracht. Danach ging es in der Regel in irgendein weiteres Geheimobjekt – beispielsweise ins »Forsthaus An der Flut« nahe der Ortschaft Briesen kurz vor Frankfurt/Oder. Dort bekamen die DDR-Neubürger ihre neue Legenden, falsche Papiere und neue Wohnstätten irgendwo in der Republik. Unter normalen Umständen wären sie von da an nicht mehr auffindbar gewesen. Denn nur noch ganz wenige Personen hielten über die Jahre hinweg den weiteren Kontakt.«

Erst nach der Festnahme der Betroffenen wurden Stück für Stück die weiteren Einzelheiten bekannt: So kam beispielsweise Susanne Albrecht alias Ingrid Jäger, gesucht wegen ihrer Beteiligung am Attentat auf den Dresdner-Bank-Chef Jürgen Ponto 1977, zunächst als Technische Assistentin in Cottbus unter, und Inge Viett, gesucht unter anderem wegen Beteiligung an der Ermordung des Berliner Kammergerichtspräsidenten Günter von Drenkmann 1974, fand als Reprofotografin erst in Dresden und später dann in Magdeburg ein Domizil. Christine Dümlein, damals gesucht wegen Unterstützung einer terroristischen Vereinigung, fand Anfang der achtziger Jahre als Sekretärin im Braunkohlerevier der Niederlausitz Unterkunft, und Werner Lotze, der 1978 an der Ermordung eines Polizisten bei Dortmund beteiligt gewesen sein soll, fand Arbeit als Kraftfahrer im Synthesewerk Schwarzheide in der Niederlausitz. Die beiden hießen dort dann fortan Manfred und Katharina Jansen.

Die Nächste im RAF-Reigen war Sigrid Sternebeck, gesucht wegen angeblicher Beteiligung an der Ermordung eines US-Soldaten 1985. In Schwedt allerdings kannte man sie nur als die Fotolaborantin Ulrike Eildberg, und ihr »Ehemann« unterzeichnete dort mit dem Vornamen Jürgen. Er arbeitete im Papierkombinat – in Wirklichkeit aber handelte es sich bei ihm um Baptist Ralf Friedrich, der ebenfalls auf der Liste der bundesdeutschen Fahnder stand. Genauso gut versteckt hatten die MfS-Leute Henning Beer als Dieter Lenz und Silke Maier-Witt, gesucht wegen Beteiligung an der Entführung und Ermordung des Arbeitgeberpräsidenten Hanns Martin Schleyer 1977, getarnt als seine Ehefrau Susanne. Diese beiden lebten in Neubrandenburg – er arbeitete beim VEB Geothermie, sie in einem Pharmabetrieb. Das letzte Paar in der illustren Runde ist der Arzt Ekkehard Freiherr von Seckendorff-Gudent, als einstiger Sanitäter der RAF gesucht, und die mit ihm verheiratete Monika Helbing, die wegen Beteiligung im Fall Schleyer auf der Fahndungsliste stand. Beide lebten, bis alles herauskam, in Frankfurt/Oder.

Diestel: »Allein schon diese Fakten zeigen, wie ausgeklügelt und perfekt die Integration der Betroffenen vorgenommen worden ist. Von einem Zufall kann bei unserem Fahndungserfolg nun wirklich keine Rede sein.«

Dass Diestel übrigens nach der Bekanntgabe der Verhaftung von Susanne Albrecht plötzlich von den Verfassungsschützern als hochgefährdet eingestuft wird, ist der Fluch der guten Tat. Diestel: »Ich hatte ein längeres Gespräch zu dieser Thematik mit meinem Amtsbruder Wolfgang Schäuble. Der riet mir dringend, dass ich mich trotz meiner allseits bekannten Lässigkeit im Umgang mit solchen Sicherheitsmaßnahmen diesmal an die Regeln halten solle.« Zu diesen Regeln gehört auch, dass Diestels Familie nach Berlin umzieht. »In unserem Leipziger Haus war Sicherheit nach diesen neuen Kriterien nach Meinung der Experten nicht zu garantieren.« Also zieht die gesamte Diestel-Familie ins bereits gut mit Sicherheitsanlagen ausgestattete Gästehaus des Innenministeriums in Zeuthen. Prompte Reaktion der Nachbarn: »Da hat sich dieser Innenminister aber ein wunderbares Schnäppchen unter den Nagel gerissen.« So ein Skandal ist natürlich Goldstaub für die Boulevardpresse. Diestel: »Nach einigem juristischen Hickhack war ich es leid, trat vom Hauskauf zurück und landete zu meinem Glück im friedlichen Mecklenburg.«

Doch nicht nur für Diestels Sicherheit sind die RAF-Leute ein Problem. Sie belasten im Grunde auch das deutsch-deutsche Verhältnis, denn eine sofortige Auslieferung ist bei aller neuen Freundschaft nicht machbar. Diestel: »Ich sage es mal ohne dieses umständliche Juristendeutsch. Zwischen beiden deutschen Staaten herrschte in Sachen Auslieferung etwa ab Mitte der siebziger Jahre Eiszeit. Es gab aus vielerlei Gründen kein Abkommen.« Und schon deshalb kommt es in Bezug auf diese Diestel-Aktion immer mal wieder zu Irritationen. So sagte beispielsweise Diestels Freund Gregor Gysi einmal in einer Diskussionsrunde: »Ich muss feststellen, die waren zu diesem Zeitpunkt, wenn auch auf dem Weg der Verleihung, Bürgerinnen und Bürger der Deutschen Demokratischen Republik, und eine Auslieferung in ein anderes Land hätte nach der Verfassung der DDR nicht stattfinden können ...« Diestel antwortet darauf: »Ich habe die gleichen juristischen Fragen gründlich prüfen lassen ... Es handelte sich um BRD-Bürger ...« Und weiter: »Es ging nicht um die Festnahme von Rechtsverletzern, es ging um die Festnahme von Kapitalverbrechern, von Menschen, die sich am Leben und am Eigentum anderer Menschen vergangen hatten. Meine Pflicht als Innenminister war es, diese Bürger festzunehmen und der Justiz zu übergeben. Dann hat die Justiz das gemacht, was sie glaubte, tun zu müssen. Ich war rechtlich lediglich für die Fahndung und die Festnahme verantwortlich ...« Doch Gysi wäre nicht Gysi, ließe er bei so einer Antwort locker: »Ist mir doch klar, dass du für die Festnahme und nicht für die gerichtliche Entscheidung zuständig warst ...« Dann aber kritisiert er die Entscheidung des Berliner Stadtgerichtes in zweiter Instanz, das begründete, »... dass eine Auslieferung nach der Verfassung der DDR nicht erlaubt sei, dass aber im Vorfeld der zu erwartenden Vereinigung die Auslieferung schon stattfinden könne.«

Gysis Fazit: »Das war natürlich ein klarer Fall von Rechtsbeugung.« Diestel kontert schon damals in dieser Frage sehr polemisch: »So betrachtet ist die gesamte friedliche Revolution, die ganze Entwicklung in der Wendezeit rechtswidrig und in höchstem Maße verfassungswidrig. Es war in der DDR nicht vorgesehen, dass es irgendwann eine solche Entwicklung gibt. Und in diesem Sinne bedarf es heute auch keiner Entschuldigung. Das haben Revolutionen an sich, dass der eine oder andere Paragraf oder Artikel in einer Verfassung mitunter mit Füßen getreten wird. Das ist nun einmal so.«[145]

Doch aus heutiger Sicht ist das, was vor zwanzig Jahren so locker in einer Talkrunde dahergeplaudert wurde, auch nur die halbe Wahrheit. Diestel, der sich schon mehrfach zu dieser komplizierten Thematik auch juristisch äußerte und der sogar seinem Freund und Anwaltskollegen de Maizière wegen einer, lässig hingeworfenen Bemerkung zu dieser Thematik die Zähne zeigen musste, stellt klar: »Die zehn RAF-Aussteiger, die ab 1980 mit Hilfe des MfS in der DDR sesshaft wurden, wurden erstens nicht gegen ihren Willen ausgeliefert, sondern einige auf eigenen Wunsch den Behörden der Bundesrepublik Deutschland überstellt, andere kamen überhaupt erst nach dem Beitritt der DDR zur BRD in den Gewahrsam der Strafvollstreckungsorgane der Bundesrepublik, während sie vorher in der DDR, nach kurzer U-Haft-Zeit, wieder auf freiem Fuß waren. Im Übrigen entschied nicht der Innenminister über das weitere Schicksal der RAF-Leute, sondern die Justiz – wir waren doch keine Bananenrepublik, auch wenn manches verständlicherweise, der Hitze unseres kurzen Gefechts geschuldet, bis zum Tag der Wiedervereinigung etwas unorganisiert war.«

***

Und diese Wiedervereinigung oder genauer, diese historische Nacht vom 2. auf den 3. Oktober erlebt Peter-Michael Diestel so: »Ich hatte ein gutes Gefühl. Habe den Teil, den ich zu verantworten hatte, geordnet übergeben. Einen sauberen Schreibtisch hinterlassen. Dafür habe ich mich am Vormittag in einem Fernschreiben bei allen mir unterstellten Polizisten und Freunden herzlich bedankt. Später setzte ich mich mit meinen engsten Beratern im Ministerium noch ein Stündchen zusammen. Nein, Wehmut kam dabei nicht auf. Mehr Stolz auf das, was wir gemeinsam in dieser kurzen Zeit so alles hingekriegt hatten. Danach ging es noch ins Berliner Schauspielhaus. Hier begann um 21 Uhr der Festakt zur Vereinigung. Natürlich dirigierte Kurt Masur Beethovens Neunte.« Als gegen Mitternacht die Einheitsglocken läuten, steht Peter-Michael Diestel auf einer Volksfest-Einheitsfeier an der Glienicker Brücke[146] in Potsdam. »Hier fand dann nach Mitternacht eine Schlägerei statt – Rechte und Skins prügelten aufeinander ein. Dieser Neuanfang ging mir mächtig unter die Haut und machte mich sehr nachdenklich …«

Der Vollständigkeit halber sei noch gesagt, dass Diestel nach diesem Vereinigungsereignis noch bis 1994 der aktiven Politik treu blieb. Zwar verlor er als Oppositionsführer der CDU bei der Landtagswahl am 14. Oktober 1990 und unterlag seinem Freund Manfred Stolpe, doch er sah das locker. Damals in einem Interview: »Oppositi-onsführer liegt mir im Grunde ja auch sehr viel besser.« Doch 1994 stieg Diestel in Brandenburg aus der Politik aus. Sein Kommentar: »Es gibt Punkte im Leben eines Men-schen, da ist das Maß voll. Der war bei mir wieder einmal erreicht. Ich sagte mir: Peter-Michael, jetzt lass das mal die machen, die meinen, sie packen das. Zum Glück habe ich ja als ordentlicher Ostdeutscher gleich mehrere Berufe: Ich könnte Schwimmmeister machen, Jägerprüfungen abneh-men, bei der Ausbildung zum Fischereischein schulen, mich als Hundetrainer anbieten, natürlich auch Rinder züchten und Kühe melken oder als Anwalt mein Brot ver-dienen. Ich habe mich natürlich für den Anwalt entschie-den – gekonnte Verteidigung ist ja bekanntermaßen der beste Angriff.«

Möglicherweise trifft er sich bei diesem Lebensgefühl dann ja auch mit dem sehr viel älteren Volkspolizei-Gene-ral Schmalfuß. Der Pensionär erzählte einmal völlig unauf-geregt und lässig eine wunderbare Geschichte, die auch mit der Einheit und dem Leben danach zu tun hat. Schmal-fuß erinnert sich, dass ihm wenige Tage vor dem Beitritt zur Bundesrepublik ein Berater aus dem anderen Teil des Landes mitgeteilt habe, dass es einfach nicht anginge, ihn trotz aller Verdienste um die Deutsche Einheit weiter fest angestellt als General zu beschäftigen …

Der alte General lächelt in sich hinein, als er diese Epi-sode auflöst: »Ich fragte meinen ansonsten wirklich sehr freundlichen und kompetenten Westkollegen damals nur: Woher nehmen Sie eigentlich die Gewissheit, dass ich das je gewollt hätte …?«

Peter-Michael Diestel wischt sich bedächtig seinen fein ziselierten Hirschfänger an der Lederjägerhose ab, als ich ihm diese Episode von dem alten General erzähle, der ihm 174 Tage lang die Treue hielt. Dann sagt der letzte Innenminister des vergangenen Landes DDR, in dem wir einst artige, böse, hinterlistige, verliebte, abenteuerlustige, unberechenbare, jähzornige – aber allesamt unmündige Kinder waren: »Ja, ja, so sind se ...«

Mehr sagt Diestel nicht. Aber er guckt danach einige Zeit andächtig hinauf in seinen ganz privaten sternenklaren Mecklenburger Himmel.

Schluß!

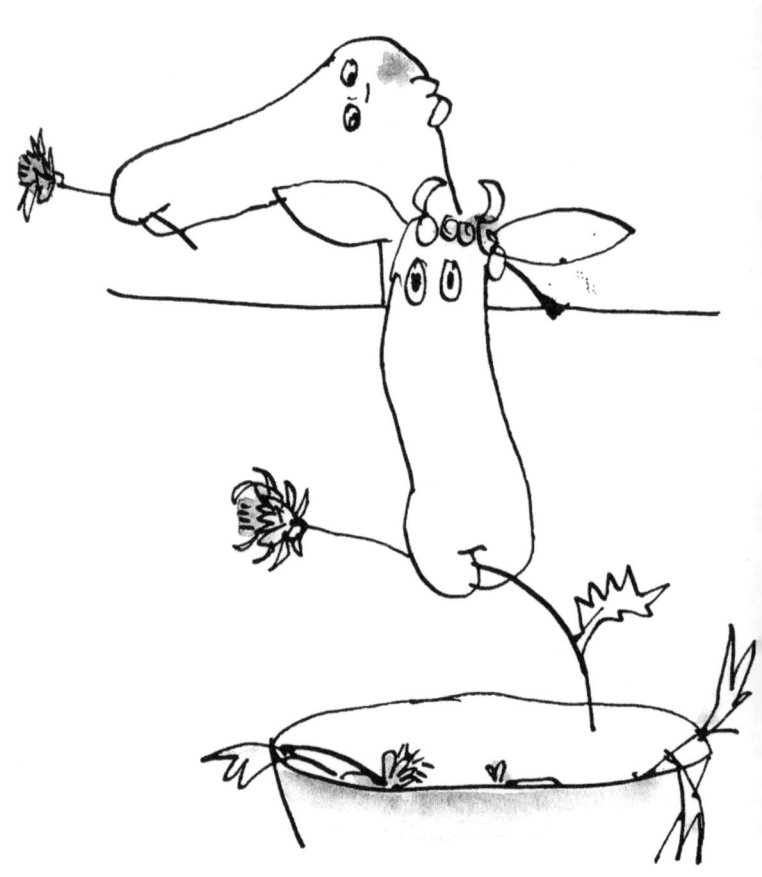

Vizepremier für 174 Tage
Lieber Vater – ein Nachwort in eigener Sache

Mein lieber Vater,

ich habe Dir versprochen, nur für Dich, die letzten Jahre aufs Papier zu bringen.Damit habe ich mir leider viel Zeit gelassen, vielleicht zu viel Zeit, so dass Dich meine Zeilen wohl nur auf Umwegen erreichen.

Aber sie werden Dich erreichen!

Deine fünf Söhne sind alle gut über die Zeit gekommen, haben ihren Platz im geeinten Deutschland gefunden – und ganz besonders dein zweitältester.

Seit den Jahren 1989/1990 haben sich die Ereignisse für mich überschlagen, aber ich habe es gut überstanden, auch wegen Deiner Geschichten und Erzählungen aus alter Zeit, in der wir wieder leben, und sie gefällt mir.

Als wir noch in Warnemünde/Hohe Düne wohnten, hatte ich nur den Wunsch, gesund 65 Jahre alt zu werden und dann mal in den Westen zu fahren oder mit einem Schiff auf die Ostsee hinaus, mit so einem großen, wie sie immer bei uns an der Ostmole rein- und rausfuhren, als wir dort Schollen, Makrelen und Knurrhähne geangelt haben.

Mein Hintern tut mir heute noch weh, wenn ich daran denke, wie Du mir denselben versohlt hast, als ich einmal den Knurrhähnen Korken an die Stacheln gesteckt habe und sie so nicht mehr abtauchen konnten – abtauchen in die Welt des tiefen Wassers, in die Freiheit, wo sie hingehören.

Das war Tierquälerei.

So etwas tut man keinem Lebewesen an, ihm die Freiheit zu rauben. Ähnliches habe ich seit dieser Zeit für die Menschen in der DDR und für mich empfunden, in einer unerträglichen Art und Weise eingesperrt zu sein.

Das war Menschenquälerei!

Wie kann man auf die Idee kommen, 17 Millionen Menschen auf 108 000 km² einzusperren und ihnen dann noch zu verordnen, dass sie glücklich zu sein haben?! Darüber habe ich mich immer geärgert und mich auch gewundert, wie das alle mitgemacht haben.

Heute weiß ich warum und will dir hierzu einiges erzählen. Leider tun die Mächtigen in diesem Land zwanzig Jahre nach der Deutschen Wiedervereinigung immer noch so, als hätten wir Ossis uns dieses tragische und komische System selbst gewählt. Es wird dabei tunlichst vergessen, dass in Teheran und Jalta die Siegermächte festgelegt haben, dass ein Teil der Deutschen nach dem 08. Mai 1945 unter dem Einfluss der Sowjetunion, also in einer kommunistischen Diktatur zu leben hatten. Wir haben uns das nicht ausgesucht, sondern haben für alle Deutschen, auch für die mit dem Glück der »westlichen Geburt«, das Kreuz des Kommunismus getragen.

Die Ostdeutschen waren es dann ganz allein, die mutig und couragiert dieses Kreuz abgeworfen, die Krallen des Kommunismus geöffnet und die furchtbare Mauer eingetreten haben! Nicht Frau Bohley oder Frau Lengsfeld und schon gar nicht Herr Gauck – es waren die Ostdeutschen, und fast alle waren dabei! Dazu komme ich noch.

Deine Ratschläge, lieber Vati, denen ich nachgekommen bin, haben mich stets weitergebracht – nicht Offizier zu werden, wie es in unserer Mecklenburger Gutsbesitzerfamilie üblich war, und nicht in die SED zu gehen. Beides hätte mit der Aufgabe meiner Weltanschauung und meines Glaubens einhergehen müssen. Diesen Weg der Anpassung bin ich nie gegangen – und ich werde ihn auch nicht gehen. Meine Disziplin hat sich verbessert, ist aber immer noch nicht meine starke Seite. Meine Lust, unerforschte und weite Wege zu gehen, habe ich ausgelebt, bin aber gelegentlich mit dem Kopf an die eine oder andere Wand gestoßen.

Nachdem ich alle denkbaren Qualifikationen, vom Doktor der Rechtswissenschaften, über den Rettungsschwimmer zum Schwimmmeister, zum Landwirt und Wettkampfmelker absolviert hatte und immer vorneweg marschiert bin, haben die Genossen stets gesagt: »Herr Diestel, Sie nicht!« Das hat letztendlich dazu geführt, dass ich mich eingemischt habe. Zuerst in Kirchenkreisen in Leipzig, dann in der CSD (Christlich-Soziale Partei Deutschland) und später in der DSU, deren Generalsekretär ich wurde.

Bei den Bauern in der Agrar-Industrie-Vereinigung Delitzsch-Eilenburg habe ich mich eigentlich sehr wohl gefühlt. Dort habe ich vor der Wende festgestellt, dass der Riss durch die gesamte Gesellschaft ging und auch die Genossen und Mitglieder der Blockparteien das System verändern wollten.

So viele angebliche Bürgerrechtler gab es gar nicht, wie Menschen zu den Montagsdemonstrationen gingen. Eigentlich waren es doch alle Demonstranten, die für Bürgerrechte eintraten – auch die Genossen unter ihnen. In dieser Zeit kam mir öfter der Gedanke, dass das Volk eigentlich eingesperrt gehört für die lustigen und ironischen Plakate und Sprüche während der Demonstrationen. Damals wurde den politischen Widersachern, die durchaus auch noch mächtig waren, mit menschlichem Maß und Witz und Toleranz entgegengetreten.

Es ist gut, dass in der Zeit der friedlichen Demonstrationen in Ostdeutschland und in der Zeit der Wiedervereinigung die Laternen zum Ausleuchten der Straßen und nicht zum Aufhängen von Menschen genutzt wurden. Wenn sich heute viele darüber mokieren – insbesondere bei Theologen erscheint mir dies unverständlich –, so will ich hierzu sagen, dass ich den Frieden in dieser Zeit immer als das größte Glück empfunden habe.

Lieber Vater, der Weg in die Politik war für mich folgerichtig, aber in gewissem Maße auch ein Ausrutscher.

Als unser Volk am 18. März 1990 das erste Mal seit 1933 frei wählen durfte, hat es deinen Sohn an die zweite Stelle des Staates verschlagen. An die erste Stelle hat man einen ehemaligen Bratscher und exzellenten Juristen gestellt, den ich zuerst für spröde und kauzig gehalten habe. Er hat sich bei den Gesprächen über die »Allianz für Deutschland« in der Berliner Pücklerstraße gelegentlich beim Kanzler über mich beschwert, weil ich ihn und seine Partei öffentlich infrage gestellt oder auch etwas deftiger bezeichnet habe.

Später haben wir uns dann wechselseitig die Flanken gedeckt, und Lothar de Maizière wurde für mich ein guter Freund. Inhaltlich hatte ich immer die Unterstützung von meinem Vorturner, auch wenn es ihm gelegentlich, wie am 13. September 1990, als die DSU mit der SPD gegen mich putschte, schwerfiel. Lothar war immer der Klügste im Kabinet, und ich habe es immer als große Ehre empfunden, wenn ich die Regierung in seiner Abwesenheit als Stellvertreter des Ministerpräsidenten führen durfte.

Helmut Kohl und Lothar de Maizière waren die Helden, Wolfgang Schäuble das Gehirn der Wiedervereinigung unseres Vaterlandes! Bundeskanzler Dr. Kohl und Wolfgang Schäuble haben zum Glück den Dank und die Anerkennung für diese eigentliche Lebensleistung erhalten.

Lothar de Maizière hat dagegen nicht mal die niedrigste Stufe des Bundesverdienstkreuzes – das sogar fast jeder erhalten hat, der in der damaligen Volkskammer gegen die Deutsche Einheit gestimmt hat. Der Verdienst um die Deutsche Einheit ist natürlich das Edelste und Löblichste, was es in der deutschen Politik anzuerkennen gilt. Es ist zum Totlachen, welche Pappnasen heute dafür verantwortlich gemacht werden. Offensichtlich erscheint es zweckmäßig, Lothar de Maizière und seiner Mannschaft diese Anerkennung zu versagen.

Diesen abwegigen Gedanken folgend, stellt sich der Westen heute so dar, als habe er sich mit sich selbst vereinigt. Und weil dies so abwegig ist, erscheint vielen altbundesdeutschen Politikern immer noch die Deutsche Einheit als ihr Sieg über den Osten. Zu den Feiern anlässlich der Deutschen Einheit bin ich noch nie eingeladen worden, was an einem Feiertag nicht unangenehm sein muss. Das heißt, einmal doch, und dieses eine Mal vielleicht irrtümlich. Da saß ich in Dresden in der allerletzten Reihe – dort wo Taugenichtse hingehören. Aber die erste flache Rede hat mich angehalten, den Standort zu wechseln, und ich konnte so eine sehr nette Mitarbeiterin aus dem Kanzleramt kennenlernen. Aber das, lieber Vati, wollte ich dir nicht erzählen.

Ich erinnere mich noch sehr gern an Deine entsetzten Anrufe, wenn Dein Sohn durch die deutschen Medien ging. Die Behauptungen, »er sei IM, er sei ein FIM, ein hauptamtlicher Stasi-Vernehmer, der als zwanzigjähriger Oberstleutnant Bürgerrechtlern zusetzte, sei Schwiegersohn von Erich Mielke, sei KGB-Spion bzw. KGB-Agent und ein israelischer Einflussagent«, haben Dich immer sehr aufgeregt.

Weißt Du, Vater, diejenigen, die so etwas Dummes in die Welt setzen, die sind doch nicht ganz dicht. Auf jeden Fall haben diese Leute erreicht, dass ich weit über hundert presserechtliche Verfahren führen musste und dabei viel Kraft ließ. Ich habe aber in diesen Verfahren auch viel für meinen Beruf als Rechtsanwalt gelernt und konnte anderen Menschen mit meinen Kenntnissen helfen.

Geld habe ich dabei auch verdient.

Das Lachen ist mir dabei zeitweise schwergefallen, ich habe mir jedoch nie anmerken lassen, dass ich getroffen bin. Beim Weinen hat mich nie einer erwischt; dafür ist der Wald um Zislow herum viel zu groß.

Mit einem Freund, der mich verstanden hat, habe ich einen Teil meiner Erlebnisse zu Papier gebracht, aber nur den Teil, über den man reden kann.

Ich habe Dir damals versprochen, die mir anvertrauten Offiziere und Mannschaften der Volkspolizei und die der anderen bewaffneten Organe anständig zu behandeln, wie man halt mit Menschen umgeht, die freiwillig die Waffen und damit die Macht abgegeben haben. Das habe ich damals getan, als ich Minister war, und das tue ich auch heute noch als Einzelkämpfer in meinem Beruf als Rechtsanwalt. Es gibt leider wenig Verständnis für meine wertkonservative und auch äußerst zweckmäßige Haltung. Lothar de Maizière, Helmut Kohl und Wolfgang Schäuble haben mich bei diesem Anliegen stets unterstützt.

Ein Bundesverdienstkreuz, und zwar das in der allerhöchsten Stufe, habe ich auch bekommen, jedoch kann ich dieses nicht an der Brust tragen. Es ist die Freundschaft und die Anerkennung vieler Menschen, die meine Haltungen verstanden und die mir geholfen haben. Dabei gab es sehr viele Menschen mit anderer Weltanschauung und anderer Religion. Ich habe fantastische Freundschaften durch die Deutsche Wiedervereinigung erleben können. Diese haben mich reich gemacht. Dabei denke ich an meinen Freund Sven aus Hamburg, Heny und Tobias aus Stuttgart, Gerd und Bärbel aus Gütersloh und Franz-Josef aus Essen, Gregor und Lothar von der Linken, die beiden Egons aus der deutschen Geschichte usw.

Trotzdem, lieber Vati, bin ich müde geworden. Aber nicht so müde, dass ich nicht mehr zurückschlagen würde. Den Gauck greife ich nicht an, weil wir uns nach einem von mir gewonnenen Rechtsstreit die Hand gegeben haben, um uns zu vertragen. Das zählt für mich.

Deine Telefonnummer 0381 800 23 55 habe ich noch im Kopf, kann sie aber seit über vier Jahren nicht mehr anrufen. Mein Brief kommt vier Jahre zu spät, aber meine Gedanken erreichen Dich. Daran glaube ich ganz fest!

Und jetzt weißt Du auch, ob nach dem »Taugenichts« ein Fragezeichen angebracht ist oder nicht.

Dein Sohn
Peter-Michael

Toter Briefkasten
Dokumente und Zeitzeugnisse

```
                    MINISTERRAT
    DER DEUTSCHEN DEMOKRATISCHEN REPUBLIK
            DER MINISTERPRÄSIDENT



    Herrn
    Dr. Peter-Michael Diestel

    Berlin




    Werter Herr Dr. Diestel!

    Zu Ihrer Wahl zum Mitglied des Ministerrates durch
    die Volkskammer der Deutschen Demokratischen Republik
    spreche ich Ihnen meine Glückwünsche aus und berufe
    Sie zum

            Stellvertreter des Ministerpräsidenten
            und Minister für Innere Angelegenheiten

    Ich bin davon überzeugt, daß Sie Ihre ganze Kraft
    für das Wohlergehen unseres Volkes in Frieden
    und Freiheit, für eine humane und demokratische
    Gesellschaft, für Rechtsstaatlichkeit und soziale
    Sicherheit sowie die Einheit unseres deutschen
    Vaterlandes einsetzen werden.

    Bei der Erfüllung der vor uns liegenden Aufgaben
    wünsche ich Ihnen von Herzen Erfolg, Schaffenskraft
    und persönliches Wohlergehen.

                Mit vorzüglicher Hochachtung



    Berlin, den 12. April 1990
```

Markus Wolf   Berlin, 28. Juli 1990
Werner Großmann
Bernd Fischer

Persönlich

Stellvertreter des
Ministerpräsidenten
und Minister des Innern
Herrn Dr. Diestel

Werter Herr Minister!

Entsprechend der mit Brief vom 16. Juli dieses Jahres
unterbreiteten Überlegungen und Vorschläge zur
nachrichtendienstlichen Problematik im deutschen
Einigungsprozeß bestätigen wir in Hinsicht auf den
Zweiten Einigungsvertrag die mit genanntem Brief
übermittelte Loyalitätserklärung gegenüber der
Regierung der DDR und der künftigen Regierung
Deutschlands.

Als frühere Leiter der Hauptverwaltung Aufklärung
bzw. mit der Auflösung der HV A betrauter amtierender
Leiter erklären wir eidesstattlich:

Zum Zeitpunkt der vollständigen Einstellung der
nachrichtendienstlichen Tätigkeit hat es unter
den ehemaligen Kundschaftern der HV A in der
BRD und in Berlin (West) keine

M i n i s t e r ,   S t a a t s s e k r e t ä r e ,
M i n i s t e r i a l d i r e k t o r e n ,
M i n i s t e r i a l d i r i g e n t e n   bzw.
Beamte oder Offiziere vergleichbarer Dienst-
stellungen oder Dienstgrade gegeben.

Wir versichern, daß dies auch für einen zurückliegenden
Zeitraum von   m i n d e s t e n s   10 Jahren in
vollem Umfang zutrifft.

Markus Wolf (signature)
Markus Wolf
(Leiter der HV A bis November 1986)

Werner Großmann (signature)
Werner Großmann
(Leiter der HV A bis März 1990)

Bernd Fischer (signature)
Bernd Fischer
(mit der Auflösung der HV A
betrauter amtierender Leiter
bis 30. Juni 1990)

Anlage

Bemerkungen:

Die Anzahl der in der BRD und Westberlin ehemals
tätigen IM der Hauptverwaltung A hat zu keinem
Zeitpunkt den Bereich dreistelliger Zahlen überschritten. Die Zahl der Kundschafter im engeren
Sinne lag immer unter 500, dabei Quellen im eigent-
lichen Sinne maximal ca. 350 - 400.

Die Gesamtzahl schlüsselt sich wie folgt auf:

- ca. 1/3   in Bereichen staatlicher und
            kommunaler Verwaltung sowie
            in Parteien, im militärischen Bereich,

- ca. 2/3   in Bereichen der Wirtschaft und
            Wissenschaft, in Bildungs- und
            Forschungseinrichtungen sowie
            weiteren Bereichen wie Medien,
            Verbänden u. ä.

Dr. jur. Peter-Michael Diestel

DDR 7030 Leipzig
Nödeleimannweg 2
Tel. 67 26 78

Bundesvorstand der DSU
z. Hd. des Vorsitzenden
Wiegandstraße 2

Leipzig

7033

Sehr geehrter Herr Nowack!

Hiermit erkläre ich meinen Austritt aus der Deutschen Sozialen
Union.

Dieser Schritt, zu dem ich mich schweren Herzens und mit großem Bedauern gezwungen sehe, findet in der jüngsten Entwicklung
der Partei seine Ursache.

Als einer der Begründer der Deutschen Sozialen Union wollte ich
eine christlich-konservative Volkspartei schaffen, die sich als
wesentliches Ziel setzt, Verantwortung für die Menschen, für die
neue demokratische Gesellschaft, für den zu schaffenden demokratischen Rechtsstaat zu tragen, eine Partei, die sich den christlichen Werten ebenso verpflichtet fühlt, wie sie sich in ihrem
Handeln den Regeln von Recht und Gesetz unterwirft, eine Partei,
die Wohlstand und soziale Gerechtigkeit durch konsequente Ableh-
nung von Willkürmaßnahmen, von Intoleranz und von nicht legiti-
mierten gesellschaftlichen Kräften erreichen will, eine Partei, die
sich der bayerischen CSU, in der ich viele Freunde gefunden habe,
politisch eng verbunden fühlt.

In meiner Funktion als Stellvertreter des Ministerpräsidenten
und Minister des Innern ließ ich mich jederzeit von dieser
Programmatik, die ihren Niederschlag auch im Parteiprogramm
fand, leiten, setzte mich konsequent für die Entwicklung und
Festigung des neden, freiheitlichen demokratischen Staates,
für die Grundrechte und Interessen der Bürger dieses Landes ein.

Ich bemühe mich, daß das Zusammenwachsen unseres deutschen Vaterlandes in einem geordneten und friedlichen Rahmen erfolgt und
allen aufrichtigen Menschen dabei eine Chance gegeben wird.

Seit einiger Zeit muß ich mit großer Sorge verfolgen, daß sich in
meiner Partei Entwicklungen vollziehen, die ich nicht bereit bin,
länger mitzutragen.
So werden unterschiedliche Meinungen nicht offen und in gegensei-
tiger Achtung vorgetragen. Vorwürfe, ich würde mich nicht entschieden auf die Zerschlagung des ehemaligen Machtapparates, wie das
Ministerium für Staatssicherheit, konzentrieren, werden hinter
meinem Rücken erhoben und im offenen Gespräch wieder fallengelassen.
Unkontrollierte Profilierungsabsichten einzelner Funktionäre fügen
dem Ansehen der Partei ernsten Schaden zu.

Mit großer Enttäuschung nahm ich zur Kenntnis, daß Teile der DSU-
Fraktion die Volkskammererklärung zum 8. Mai und zur Oder-Neiße-
Grenze nicht mittrugen, sich damit gegen die Lehren der eigenen
Geschichte und gegen die Hoffnungen der Zukunft stellten, die auf
ein geeintes deutsches Vaterland und eine friedliche Überwindung
aller Grenzen in Europa gerichtet ist.

Für sich offenbart sich darin ein bedauerliches aber deutliches
Abrücken von der ursprünglichen Programmatik der Partei.
Die Bestrebungen, die Deutsche Soziale Union über die Bundesrepublik auszudehnen und damit einen Keil in das konservative Lager zu
treiben, lehne ich auf das entschiedenste ab.

3

Diese und andere Erscheinungen sind Beweggründe, um mich von der
Partei zu trennen.

Die Menschen unseres Landes, für die ich als Innenminister Verantwortung trage, haben über 40 Jahre Unrecht ertragen.
Dies zwingt uns, jetzt mit Toleranz und Verantwortung die Zukunft
unseres Landes zu gestalten. Es ist deshalb nicht die Zeit, tiefe
Gräben zwischen den Menschen unseres Landes aufzureißen, sondern
den Weg gemeinsamer Arbeit in einer Solidargemeinschaft zu suchen.

Nichts und niemand wird mich jedoch auch künftig davon abhalten,
für christlich-konservative Ideale und rechtsstaatliche Vorstellungen zu wirken.

Ich werde alles tun, um die weitere Vereinigung unseres deutschen
Vaterlandes auf friedlichem Wege sobald als möglich zu vollziehen.
Ich bekenne mich zu meiner bisherigen Arbeit, die ich in völliger
Übereinstimmung mit dem Statut der Deutschen Sozialen Union gelei-
stet habe.

Ihnen, verehrter Herr Nowack, und allen anderen politischen Freunden
wünsche ich Erfolg auf dem Weg unserer alten, ehrlichen politischen
Ideale. Bitte gehen Sie davon aus, daß auch mich diese Zellen stark
berühren.

Die Entscheidungen als Abgeordneter der Volkskammer und als Innenminister müssen sich von meinen christlichen Idealen und meiner
rechtsstaatlichen Überzeugung leiten lassen.
Deshalb bitte ich um Verständnis für meinen schwerwiegenden Entschluß.

Mit freundlichem Gruß

Dr. Peter-Michael Diestel

ATELIER ARNO BREKER
DÜSSELDORF

NIEDERRHEINSTRASSE 239
D-4000 DÜSSELDORF 30 · LOHAUSEN
TEL. (02 11) 43 43 00

Ministerrat
der Deutschen Demokratischen
Republik
Herrn Minister
Dr. Peter Michael Diestel
Mauerstraße 34-38
1086 Berlin

den 22. August 1990

A 3490/90

Funde von Bronzefiguren, die von mir geschaffen worden
- Klärung der Eigentumsfrage -

Sehr geehrter Herr Dr. Diestel,

vielen Dank für Ihr freundliches Antwortschreiben v. 14.d.M.

nur zur weiteren Information in obiger Angelegenheit übersende
ich Ihnen zwei Auszüge in Fotokopie aus meinem Buch "Im Strahlungsfeld der Ereignisse", das 1972 im Verlag K.W. Schütz KG,
Preußisch Oldendorf, erschien, leider vergriffen ist, sonst
hätten wir Ihnen das Original übersandt.

Sie werden aus meiner damaligen Veröffentlichung ersehen, daß
es sich hier um "Raubgüsse" handelt, die auf Wunsch von Göring
seinerzeit bei meinem Gießer Rudier in Paris von ihm in Auftrag
gegeben wurden, ohne um meine Erlaubnis zu fragen und ohne Bezahlung an mich.

Wir sehen Ihren weiteren Nachrichten gern entgegen und danken
Ihnen im voraus für Ihre Bemühungen.

Mit freundlichen Grüßen

Arno Breker   Charlotte Breker

2 Anlagen

POSTGIROAMT KÖLN 427-501 (BLZ 370 100 50) · COMMERZBANK DÜSSELDORF 4 103 743 (BLZ 300 400 00)

MINISTERRAT

DER DEUTSCHEN DEMOKRATISCHEN REPUBLIK

DER MINISTERPRÄSIDENT

Herrn
Dr. jur.
Peter-Michael Diestel

Berlin

Sehr geehrter Herr Dr. Diestel,

mit dem Beitritt der Deutschen Demokratischen Republik
zur Bundesrepublik Deutschland gemäß Artikel 23 des
Grundgesetzes am 03. Oktober 1990 endet die Tätigkeit
des Ministerrates.
Gemäß Beschluß des Ministerrates vom 26. September 1990
berufe ich Sie mit Wirkung vom 03. Oktober 1990 als

    Stellvertreter des Ministerpräsidenten und
    Minister des Innern

ab.

Für Ihre umsichtige und verantwortungsvolle Arbeit sowie
Ihr hohes persönliches Engagement in Verwirklichung
unseres Regierungsprogrammes zur Vollendung der Einheit
Deutschlands in Frieden und Freiheit danke ich Ihnen
herzlich.

Mit vorzüglicher Hochachtung

Lothar de Maizière

Lothar de Maizière

Berlin, den 03. Oktober 1990

Gesucht & Gefunden
Quellen und Anmerkungen

1 »Gegendarstellung«, *Der Spiegel*, 14.12.2009

2 In der alten DDR-Eidesformel hieß es: »Ich schwöre, dass ich meine Kraft dem Wohle des Volkes der Deutschen Demokratischen Republik widmen, ihre Verfassung und die Gesetze wahren, meine Pflichten gewissenhaft erfüllen und Gerechtigkeit gegenüber jedermann üben werde.« Die von der CDU neu eingebrachte Formel, angelehnt an den Text im Artikel 56 des Grundgesetzes, lautete: »Ich schwöre, dass ich meine Kraft dem Wohle des deutschen Volkes widmen, die Grundsätze eines freiheitlichen, demokratischen und sozialen Rechtsstaates wahren, meine Pflichten gewissenhaft erfüllen und Gerechtigkeit gegenüber jedermann üben werde. So wahr mir Gott helfe.«

3 Archiv Autor: Interview

4 Peter-Michael Diestel in einem Interview mit der Zeitschrift *Zuerst* über Bundeskanzlerin Angela Merkel

5 »Die rechtliche Gestaltung der Kooperationsbeziehungen der LPG, VEG und anderer Kooperationspartner unter den Bedingungen der Zusammenarbeit in einer Agrar-Industrievereinigung«, Dissertation Peter-Michael Diestel, Karl-Marx-Universität Leipzig 1986

6 Hans-Dieter Schütt, *Rebellion tut gut*, Dietz Verlag Berlin 1992

7 Andreas Kießling, *Die CSU. Machterhaltung und Machterneuerung*, VS Verlag für Sozialwissenschaften 2004

8 Archiv Autor: Interview

9 ebenda

10 Eine Pressekonferenz mit Günter Schabowski im Internationalen Pressezentrum in der Ost-Berliner Mohrenstraße 38 (jetzt Teil des Bundesjustizministeriums) wurde zum Auslöser für die Maueröffnung. Am Ende der

Pressekonferenz um 18.53 Uhr stellte der italienische Korrespondent der Agentur ANSA, Riccardo Ehrmann eine Frage zum neuen Reisegesetz. Laut Protokoll der PK grammatikalisch nicht ganz korrekt: »Sie haben von Fehlern gesprochen. Glauben Sie nicht, dass es war ein großer Fehler, diesen Reisegesetzentwurf, das Sie haben jetzt vorgestellt vor wenigen Tagen?« Schabowski antwortete sehr umständlich und sagte dann unter anderem: »Und deshalb haben wir uns dazu entschlossen, heute eine Regelung zu treffen, die es jedem Bürger der DDR möglich macht, über Grenzübergangspunkte der DDR auszureisen.« Zwischenfrage eines Journalisten »Ab wann tritt das in Kraft? Ab Sofort?« Schabowski sah auf seine Notizen und antwortete: »Das tritt nach meiner Kenntnis […] ist das sofort, unverzüglich.«

11 Archiv Autor: Interview

12 ebenda

13 Helmut Kohl, *Erinnerungen 1982–1990*, Droemer Verlag 2005

14 Archiv Diestel: Brief von Friedrich Merz an Martin Wisser vom 12. Februar 1990

15 Andreas Kießling, *Die CSU. Machterhaltung und Machterneuerung*, VS Verlag für Sozialwissenschaften 2004

16 Hans-Dieter Schütt, *Rebellion tut gut*, Dietz Verlag Berlin 1992

17 Tamara Danz kam im thüringischen Breitungen zur Welt – als Tochter einer Kindergärtnerin und eines Maschinenbauingenieurs. Beide kamen aus kommunistisch-sozialistischem Umfeld (Hermann Danz, KPD-Mitgründer in Schmalkalden/Thüringen). Tamaras Vater war später als DDR-Handelsrat tätig. Ihre Kindheit verbrachte sie in Rumänien und Bulgarien, sprach daher perfekt russisch. 1971 legte sie das Abitur in Berlin ab. Ihr Philologie-Studium brach sie nach zwei Jahren ab und bewarb sich an der Hochschule für Musik »Hanns Eisler« in Ost-Berlin. Dort wurde sie abgelehnt. Von 1973

bis 1976 hatte sie ihr erstes Engagement bei der legendären Horst-Krüger-Band, bekam dann endlich 1977
ihren Berufsausweis als Sängerin an der Musikschule
Friedrichshain. 1978 stieg Tamara Danz bei »Familie
Silly« ein und galt seither als die ostdeutsche Antwort
auf Janis Joplin. Sie wurde sieben Mal von Kritikern der
DDR-Musikszene zur »Sängerin des Jahres« gewählt.

18 Archiv Autor: Interview

19 »Der Kern schmilzt«, *Der Spiegel*, 5.10.1992

20 *Die Zeit*, Nr. 50/1999

21 »Keiner war legitimiert«, Peter Grimm in *Horch und
Guck*, Heft 01/2009: »Reinhard Schult blieb allzu großen
Erwartungen gegenüber eher skeptisch. Als das Neue
Forum über seine Teilnahme am Runden Tisch beriet,
blieb ihm eine Warnung von Jens Reich im Ohr, wonach
man sich bewusst sein müsse, dass keiner der Gesprächspartner in irgendeiner Weise demokratisch legitimiert
sei. Die Opposition habe von niemandem ein Mandat.
SED, Blockparteien und Regierung ohnehin nicht.«

22 Im November 1949 beschloss der DDR-Ministerrat die
Staatshymne »Auferstanden aus Ruinen«. Den Text
schrieb Johannes R. Becher, die Melodie Hanns Eisler.
Das Eingangsmotiv ist dem op. 119, Nr. 11 von Beet-
hoven entlehnt. Nachdem Willy Brandt 1972 auf eine
Äußerung von Willi Stoph, dass es zwei deutsche Staaten gebe, erwiderte: »*Sie selbst singen doch in Ihrer Hymne
von Deutschland einig Vaterland.*«, durfte die National-
hymne nur noch instrumental aufgeführt werden.

23 Wolfgang Schnur bzw. »IM Torsten« bzw. »Dr. Ralf
Schirmer« hatte stets enge Arbeitskontakte zu Horst
Kasner, dem Vater Angela Merkels. Der war nach seiner Übersiedlung aus der Bundesrepublik dann in Tem-
plin langjährig als Leiter des Pastoralkollegs der Evangelischen Kirche in Berlin-Brandenburg tätig. Kasner
galt als ein wichtiger Mittelsmann zwischen Kirche und
Staat in zentraler Kirchenfunktion, u.a. im »Weißenseer

Arbeitskreis«, einer aus SED-Sicht freundlich eingestellten Gruppierung, die zwischen Staat und Kirche mehrfach vermittelte. Zum 1. Februar 1990 stellte Schnur die spätere Bundeskanzlerin als hauptamtliche Mitarbeiterin beim DA ein und machte sie dann zu seiner Pressesprecherin.

24 Archiv Autor: Interview

25 David Gill/Ulrich Schröter, *Das Ministerium für Staatssicherheit*, Rowohlt Verlag Berlin 1991

26 Uwe Thaysen (Hg.), *Der Zentrale Runde Tisch der DDR*, Wortprotokoll und Dokumente. 5 Bände. Wiesbaden. Zusätzliche Informationen: Die personelle Zuordnung des Statements zur HVA-Auflösung in diesem Protokoll (S. 1124) ist falsch. Der tatsächliche Sprecher war vermutlich Günter Eichhorn, der Leiter des Staatlichen Komitees. Vgl. »Zur Auflösung der Stasi – ein Interview mit Peter Neumann«, *Horch und Guck*, 2000, Heft 29

27 Archiv Autor: Interview

28 Ed Stuhler, *Die letzten Monate der DDR*, Ch. Links Verlag 2010

29 ebenda

30 Helmut Kohl, *Erinnerungen 1982-1990*, Droemer Verlag 2005

31 Helmut Kohl, *Erinnerungen 1982-1990*, Droemer Verlag 2007

32 ebenda

33 Archiv Autor: Interview

34 Helmut Kohl, *Erinnerungen 1982-1990*, Droemer Verlag 2007

35 Archiv Autor: Interview

36 ebenda

37 ebenda

38 Ed Stuhler, *Die letzten Monate der DDR*, Ch. Links Verlag 2010

39 ebenda

40 ebenda

41 Regierungserklärung des Ministerpräsidenten Lothar de Maizière, abgegeben vor der Volkskammer der DDR am 19. April 1990. Der Ministerpräsident schließt mit Zeilen aus Hölderlins *Hyperion*: »Du räumst dem Staate denn doch zuviel Gewalt ein. Er darf nicht fordern, was er nicht erzwingen kann. Was aber die Liebe gibt und der Geist, das läßt sich nicht erzwingen./Das lass er unangetastet, oder man nehme sein Gesetz und schlag es an den Pranger!/Beim Himmel! der weiß nicht, was er sündigt, der den Staat zur Sittenschule machen will./Immerhin hat das den Staat zur Hölle gemacht, daß ihn der Mensch zu seinem Himmel machen wollte.«

42 Archiv Autor: Interview

43 Archiv Diestel: Aus der Familienchronik der Diestels: »Was etwa geführte Wappen und Siegel anbetrifft, so existieren solche in unserer Breitenfelder Sippe so gut wie nicht. Nur hier und da findet sich das von den westpreußischen Diestels geführte Wappen: ein Distelfink auf einem Feldstein und als Helmzier drei beblätterte Diestelblütenköpfe. Oberstleutnant Diestel in Brandenburg a.d. Havel etwa hat es in Gebrauch ... 1851 stiftete Siegfried Diestels Großvater (also die hannoversche Sippe) zusammen mit seinen Geschwistern ein eigenes Wappen: zwei Distelstangen mit je vier nach außen geneigten, auf den einander abgewandeten Stangenseiten befindlichen Distelköpfen und eine Taube als Helmzier. Unser Urgroßvater Ludwig Diestel-Leezen führte kein Wappensiegel. Im Übrigen will Siegfried Diestel im Vaterländischen Museum zu Hannover an einem Bäckerinnungsprunkpokal das Wappen seines Ahnherrn Diederich Diestel von 1689 ebenfalls mit der Distel gefunden haben. Das ist natürlich von besonderer Bedeutung: denn fühlten noch 1689 die Diestels ihren Namen mit der Distel verwandt, dann sollte man heute besonders bedenklich in der sprachwissenschaftlichen Aberkennung solches möglichen Zusammenhanges sein.«

44 Archiv Autor: Interview

45 ebenda

46 ebenda

47 Karl-Heinz Schmalfuß, *Innenansichten*, Helios Verlags- und Vertriebsgesellschaft 2009

48 Archiv Diestel: Liste über Einstellungen von MfS-Leuten vom 15.März 1990 – also weit vor Diestels Amtsantritt. Die Ausarbeitung trägt den Vermerk: Zustimmung von Herrn Ewert (Gruppe Sicherheit am Runden Tisch) mündlich erteilt. Es handelt sich um die Neueinstellung bzw. Weiterbeschäftigung der Offiziere: Jürgen R., Gunthard M., Heiner B., Alfred K., Jürgen B., Ralf S., Detlef S., Heinz-Jürgen S., Lutz H. und Werner S.

49 Archiv Autor: Interview

50 Karl-Heinz Schmalfuß, *Innenansichten*, Helios Verlags- und Vertriebsgesellschaft 2009

51 Archiv Autor: Interview

52 Karl-Heinz Schmalfuß, *Innenansichten*, Helios Verlags- und Vertriebsgesellschaft 2009

51 Archiv Autor: Interview

53 ebenda

54 ebenda

55 ebenda

56 Archiv Diestel: Kalendernotiz

57 Archiv Autor: Interview

58 »Diestel: Merkel-Besuch bei Birthler-Behörde ein ›falsches Signal‹«, *LVZ*, 1. Januar 2009

59 2006 sprach der Schauspieler Ulrich Mühe in einem Interview zu dem mit einem »Oscar« ausgezeichneten Film über vermeintliche Stasi-Kontakte seiner zweiten Ehefrau, der Schauspielerin Jenny Gröllmann. Die erwirkte daraufhin vor Gericht eine einstweilige Verfügung gegen die Veröffentlichung und gegen ihren Ex-Mann. Den Widerspruch Mühes wies das Gericht ab und untersagte ihm, Jenny Gröllmann weiterhin als IM zu bezeichnen.

60 »Das Ende einer Legende« *Der Spiegel*, 18. Januar 1999

61 Der Westfälische Friede ist die Gesamtheit der Friedens-verträge, die zwischen dem 15. Mai und dem 24. Oktober 1648 in Münster und Osnabrück ausgehandelt wurden und den Dreißigjährigen Krieg in Deutschland beendeten. Aus heutiger Sicht ist der Westfälische Friede ein bedeutsames völkerrechtliches Beispiel für eine europäische Friedensordnung gleichberechtigter Staaten und zum friedlichen Miteinander der Konfessionen.

62 Bernd Fischer, der Diestel während seiner Zeit als Innenminister in vielen ganz praktischen Geheimdienst-Fragen vor allem mit seinem fundierten Kopfwissen über Geheimdienst-Vorgänge und Strukturen ein loyaler Ratgeber war, bekam zum Dank dafür später eine Stelle als Büroleiter in Diestels Kanzlei.

63 Archiv Autor: Interview

64 ebenda

65 ebenda

66 ebenda

67 ebenda

68 »Wolf im Schafspelz«, *Der Spiegel*, 21. Mai 1990

69 Archiv Autor: Interview

70 »Ich ziehe keinen Schafspelz über«, *Der Spiegel*, 2. Juli 1990

71 Archiv Autor: Interview

72 ebenda

73 Archiv Diestel: Eidesstattliche Versicherung von Harry Ewert

74 Bernd Küster, *Max Liebermann – ein Malerleben*, Hamburg: Ellert & Richter 1988: »Ich kann nicht so viel fressen, wie ich kotzen möchte«. Liebermann beim Betrachten eines Fackelzugs zu Hitlers Machtübernahme

75 Archiv Diestel: Erinnerungen

76 Archiv Autor

77 »Die Kunst der leisen Töne«, *Der Spiegel*, 8. Oktober 1990

78 Gregor Gysi, *Neue Gespräche über Gott und die Welt*, Schwarzkopf & Schwarzkopf Verlag 2000

79 ebenda

80 David Gill und Ulrich Schröter, *Das Ministerium für Staatssicherheit*, Rowohlt Verlag Berlin 1991

81 Archiv Autor: Interview

82 Archiv Autor

83 »Stasi-Prügler wurden Polizisten«, *Der Spiegel*, 8. Oktober 1990

84 Archiv Autor: Interview

85 Archiv Autor: Telefoninterview

86 Ed Stuhler, *Die letzten Monate der* DDR, Ch. Links Verlag 2010

87 ebenda

88 »Erklärung der Bundesrepublik Deutschland und der Deutschen Demokratischen Republik zur Regelung offener Vermögensfragen«, 15. Juni 1990

89 Ed Stuhler, *Die letzten Monate der* DDR, Ch. Links Verlag 2010

90 ebenda

91 ebenda

92 BStU, MfS-BdL/Dok 009031 (Zusätzliche Informationen: Der Deutsche Bundestag hat Anfang der neunziger Jahre, in der 12.Wahlperiode, einen Untersuchungsausschuss zu Schalck-Golodkowski und den Bereich Kommerzielle Koordinierung eingerichtet. Protokolle und Ergebnisse liegen als fünfbändige Bundestagsdrucksache vor: BT-DS 12/3462, 12/3920, 12/7600, 12/7650.)

93 »Pack und Gesindel«, *Der Spiegel* 4. September 2000

94 »Blick von der Tribüne«, *Berliner Zeitung*, 10. September 2000

95 Tonbandabschrift: Dienstbesprechung anlässlich der Einführung des Generalleutnant Schwanitz als Leiter des Amtes für Nationale Sicherheit durch den Vorsitzenden des Ministerrates der DDR, Hans Modrow, 21. November 1989, BStU, ZA, ZAIG 4886, Bl. 60

96 »Hinweise für die Vernichtung von operativen Materialien und Informationen«, BStU, MfS, BdL/Dok 008996

97 BStU, MfS-BdL/Dok 008977

98 dpa-Beitrag vom 05. April 2000, gesendet um 07.19 Uhr

99 Innenausschuss 11. WP, 29. März 1990, 81. Sitzung

100 www.horch-und-guck.info/hug/archiv/2004–2007/heft-57

101 Helmut Kohl, *Erinnerungen 1990–1994*, Droemer Verlag 2007

102 »Eventuell fließt Blut«, *Der Spiegel*, 4. Juni 1990

103 »Schatzsucher, Neugierige und Nazis pilgern nach Carinhall«, *Berliner Zeitung*, 9. Dezember 1997

104 Archiv Diestel: Bericht vom August 1990 zum Rittergut Schwepnitz, unterzeichnet KR Förster

105 In Schloss Hubertusstock, in den Jahren 1847 – 1849 von Friedrich Wilhelm IV., als Jagdschloss errichtet, jagte später auch die SED-Spitze der DDR. Hier empfing am 3. Dezember 1981 Erich Honecker auch den damaligen Bundeskanzler Helmut Schmidt. Der erinnert sich an dieses Treffen in der Wochenzeitschrift *Die Zeit* (31/Juni 2003): »In Schloss Hubertusstock, wo auch das Foto auf dem grünen Sofa entstand, haben wir uns korrekt und zugleich offen und kollegial verhalten. In allen unseren Begegnungen habe ich mich Honecker gegenüber – im Interesse aller Deutschen auf beiden Seiten – um ein gutes persönliches Verhältnis bemüht. Ich habe ihm innerlich seine langen Zuchthausjahre unter den Nazis und die Standhaftigkeit zugute gehalten, mit der er an den kommunistischen Idealen seiner Jugend festgehalten hat. Aber im Gespräch benutzte er oft vorgeprägte Redensarten. Er ist mir als ein Mann von beschränkter Urteilskraft erschienen. Er war zwar ein freundlicher Gastgeber, für mich ist er jedoch ein Gegner geblieben, bis zu seinem Tode im Exil auch ein Gegner der deutschen Vereinigung.«

106 Archiv Diestel

107 Archiv Autor: Interview

108 Archiv Diestel

109 ebenda

110 »Klaus Staeck – 60 Jahre, 60 Werke«, *Art – das Kunst-magazin*, 15. Mai 2009

111 Eidesstattliche Erklärung von Heinrich Peter Suhr-kamp

112 Archiv Diestel

113 ebenda

114 Arno Breker, *Im Strahlungsfeld der Ereignisse*, Verlag K.W. Schütz KG, Preußisch Oldendorf; Privatarchiv Diestel. So schildert Breker beispielsweise eine Begegnung mit Göring, der anlässlich einer Ausstellung die Breker-Plastiken bewunderte: »… der Appetit wuchs. So kam der Moment, wo ich – ohne seine Begeisterung zu verletzen – ihm sagen musste, dass ich nicht berechtigt sei, die ausgestellten Skulpturen zu verkaufen, da sie für ganz bestimmte architektonische Pläne im Rahmen der Neugestaltung Berlins bestimmt seien. Mein Argument schien ihn gar nicht zu erreichen – mit einem vieldeutigen Lächeln ging er darüber hinweg. Die Qualität der ausgestellten Bronzen fiel ihm auf, er fragte nach dem Namen des Bronzegießers …« Ein Jahr später besucht Breker dann im Beisein Albert Speers das Göring-Anwesen in Carinhall und stellt erstaunt fest, dass er hier »einige Bronzen im Rosengarten wieder, vereint mit dem herrlichen Diana-Relief Benvenuto Cellinis, dessen Original der Louvre hütet« wiederfand. Brekers Fazit: »Göring hatte den Weg« zu seinem Gießer Rudier gefunden, »aber von beiden wurde ich wohlweislich nicht über diese gemeinsame Aktion unterrichtet … Mein Einverständnis setzte Göring als selbstverständlich voraus; kein Wort wurde darüber verloren … bezahlt wurde es nie.«

115 Wolf Biermann war nach jahrelangem Auftrittsverbot im Osten zu einer Konzertreise auf Einladung der

IG Metall in die Bundesrepublik Deutschland eingereist und hatte dort am 13. November 1976 ein vom WDR live übertragenes Konzert in der Kölner Sporthalle gegeben. Während dieses Konzerts hatte Biermann die DDR kritisiert. Das reichte dann den Oberen vom Politbüro als Vorwand, den kritischen Dichter »wegen grober Verletzung der staatsbürgerlichen Pflichten«, wie die volkseigene Nachrichtenagentur ADN dann drei Tage später verbreitete, die Heimkehr zu verbieten. Viele, auch sehr berühmte Personen in Ost und West, protestierten gegen Biermanns Ausbürgerung. Den Beginn des Protestes markiert ein am 17. November 1976 veröffentlichter Brief, den dreizehn namhafte DDR-Schriftsteller unterzeichneten. Aufgesetzt wurde das Schreiben von den Dichtern Stephan Hermlin und Stefan Heym. Darin haben sie an die DDR-Führung appelliert, die Biermann-Ausweisung zurückzunehmen. Nichts geschieht. Folge: Wenige Tage später schließen sich rund 100 weitere Schriftsteller, Schauspieler und bildende Künstler diesem Protest an. Was zum Ergebnis hat, dass sich die politischen Führer alsbald zu einer noch härteren Gangart bei der Durchsetzung ihrer Kunst- und Kulturinteressen entschließen und dass viele der Protestierer sich künftig auch für ein Leben im anderen Teil Deutschlands entscheiden.

116 Der in Chemnitz als Helmuth Flieg in jüdischer Familie geborene Stefan Heym nahm 1943 die USA-Staatsbürgerschaft an, kam als Geheimdienst-Offizier nach Europa zurück und wurde Ende 1945 wegen »pro-kommunistischer« Haltung aus der US-Army entlassen. Er ging dann 1952 aus den USA weg, erst in die ČSSR, und siedelte 1953 in die DDR über. Hier bekam er, anfangs hofiert, ein Haus in Berlin-Grünau. Nach den Ereignissen am 17. Juni kam es jedoch zu ersten Zerwürfnissen mit der DDR-Führung. Doch Heym ließ sich jahrzehntelang nie unterkriegen, zog nicht in Erwägung, das Land

zu verlassen und gab auch seine kommunistische Überzeugung nie auf. Weltruhm erlangte Heym als Mitglied der German American Writers Association mit seinem verfilmten Roman *Hostages / Der Fall Glasenapp* (1943) sowie mit *The Crusaders/ Kreuzritter von heute* (1948). Im November 1994 hielt Stefan Heym als Alterspräsident des Deutschen Bundestages die Eröffnungsrede. Es kam zu einem Eklat, denn viele Abgeordnete der CDU/CSU verließen während der Ansprache aus Protest gegen den linken Schriftsteller, der sich immer zum Kommunismus bekannte, den Raum. Entgegen den üblichen Gepflogenheiten wurde diese Rede dann auch nicht im Regierungsbulletin veröffentlicht. Bereits ein Jahr später legte Heym dann sein Abgeordnetenmandat aus Protest gegen eine geplante Verfassungsänderung im Zusammenhang mit der Erhöhung der Abgeordneten-Diäten nieder.

117 Archiv Diestel

118 Archiv Autor: Interview

119 ebenda

120 ebenda

121 Ed Stuhler, »Das Wasser war viel zu tief«, Stern.de, 17. April 2007

122 ebenda

123 Archiv Autor: Interview

124 Andreas Beckmann, Regina Kusch, *Gott in Bautzen: die Gefangenenseelsorge in der* DDR, Ch. Links Verlag 1994

125 Diestels Einschätzung über die Situation in den Haftanstalten findet sich auch im Protokoll der 25. Tagung der Volkskammer am 19. Juli 1990.

126 Klaus Bischoff, »Situation in Brandenburg in Haftanstalt gespannt«, *Berliner Zeitung*, 12. Dezember 1989

127 Pachmann/Bischoff, »Aufruhr in der Strafanstalt«, *Berliner Zeitung*, 1. Dezember 1989

128 Andreas Beckmann, Regina Kusch, *Gott in Bautzen: die Gefangenenseelsorge in der* DDR, Ch. Links Verlag, 1994

129 ebenda

130 Birger Dölling, *Strafvollzug zwischen Wende und Wiedervereinigung*, Ch. Links Verlag 2009

131 Wjatscheslaw Kon, *Komsomolskaja Prawda*, 2. April 1992

132 »Aktion Reißwolf mit Eppelmanns Segen«, *Berliner Zeitung*; 06.06.1994

133 »Ich ziehe mir keinen Schafspelz über«, *Der Spiegel*, 2. Juli 1990

134 Markus Wolf, *Geheimnisse der russischen Küche*, Rotbuch Verlag 1995. Spätestens seit dem berühmten Buch und Film *Es muß nicht immer Kaviar sein* von Johannes Mario Simmel weiß man, dass Kochkunst und Nachrichtendienst keineswegs weit auseinanderliegen. Wolf präsentiert sein Buch dann auch sehr hintersinnig. Beispiel: »In der Tat versagten die Pelmeni nie ihre wunderbare Wirkung, wenn ich einem unserer Kundschafter aus dem Westen (in den Strafprozessen als ›Agenten‹ bezeichnet) eine besondere Aufmerksamkeit erweisen, ›ihn in den Bann meines Einflusses ziehen‹ wollte, wie die Ankläger meinten. Befragt nach dem Inhalt der Begegnungen mit mir, bekundeten im Prozessverlauf mehrere Spitzenquellen als Zeugen, bei den Treffen mit mir hätten vor allem auch kulinarische Geheimnisse eine herausragende Rolle gespielt.« Und zum Moderator der Buchpräsentation, dem bekannten Journalisten Menge, sagt er bei der Buchvorstellung im Berliner Grophius-Bau: »Der Drang der Menschen, Geheimnisse zu erfahren, ist groß. Was der Küche die Gerüche, sind der Nachrichtenküche die Gerüchte. Die besten Köche allerdings nehmen ihre Rezepte mit ins Grab.« Worauf Wolfgang Menge übrigens artig kontert und Wolf als »kulinarischen Verräter« entlarvt.

135 David Gill, Ulrich Schröder, *Das Ministerium für Staatssicherheit*, Rowohlt Verlag Berlin 1991

136 Archiv Autor: Interview

137 »Lubjanka« – der dreigeschossige Neorenaissance-Bau (1897/98) war einst als Haus einer Versicherungsge-

sellschaft erbaut und nach der Oktoberrevolution vom Gründer des sowjetischen Geheimdienstes Felix Edmundowitsch Dserschinski für seinen Dienst requiriert worden. Umgangssprachlich wird das nach der gleichnamigen Metro-Station benannte Haus als Synonym für Unterdrückung von Regimegegnern eines Staates gebraucht. Die Lubjanka verfügt in ihren Kellerräumen über ein ausgedehntes Zellensystem, in dem seit 1920 mehrere hunderttausend Menschen verhört, gefoltert und auch hingerichtet wurden.

138 Am 5. Dezember 1989 wurde gegen Erich Honecker ein Ermittlungsverfahren eingeleitet. Er war »verdächtig, seine Funktion als Vorsitzender des Staatsrates und des Nationalen Verteidigungsrates der DDR und seine angemaßte politische und ökonomische Macht als Generalsekretär des ZK der SED missbraucht« und »seine Verfügungsbefugnisse als Generalsekretär des ZK der SED zum Vermögensvorteil für sich und andere missbraucht zu haben«. Er musste seinen Wohnort in der Waldsiedlung in Wandlitz räumen und kam, trotz schwerer Krankheit, zeitweise in Haft. Am 30. Januar 1990 wurde Erich Honecker wieder aus der Haft in Rummelsburg entlassen. Das zuständige Stadtbezirksgericht hatte den Haftbefehl aufgehoben. Denn Honecker war nach einem Gutachten der Ärzte Haft- und Vernehmungsunfähigkeit attestiert worden. Das Ehepaar Honecker war aber inzwischen ohne Wohnung. Mit einem Hilferuf wandte sich daher Rechtsanwalt Wolfgang Vogel an die Evangelische Kirche Berlin-Brandenburg. Die sprach Pastor Uwe Lohmer in Lobetal an und der beherbergt das Ehepaar mehrere Monate lang im Pfarrhaus der Hoffnungsthaler Anstalten. Das Ehepaar siedelte dann am 3. April 1990 in das sowjetische Militärhospital Beelitz über.

139 Uwe Holmer, *Der Mann bei dem Honecker wohnte*, SCM Hänssler 2009

140 ebenda

141 ebenda

142 ebenda

143 ebenda

144 »Susanne Albrecht in Berlin festgenommen«, *Die Zeit*, 16. Juni 1990

145 Gregor Gysi, *Neue Gespräche über Gott und die Welt*, Schwarzkopf & Schwarzkopf 2000

146 Die Glienicker Brücke zwischen Berlin und Potsdam über die Havel galt als internationales Symbol für den Kalten Krieg. Hier fanden die spektakulärsten Agententransfers zwischen den Geheimdienstlern aus Ost- und West statt. Weltbekannt war der Austausch zwischen der CIA und dem KGB im Jahre 1962. Damals wurden dort die beiden Agenten Francis Gary Powers und der russische Agent Rudolf Iwanowitsch Abel ausgetauscht. Seither ist das Bauwerk eine beliebte Location in Agenten-Thrillern.

Stars und Nebenrollen
Personenregister

Bildnachweis: © Simone Diestel, außer: I oben (dpa Nr. 2426375, Fotograf: Tim Brakemeier), II oben (Bundesarchiv, Bild 183-183-1990-0709-016, Fotograf: Wolfgang Kluge), III oben (dpa-Zentralbild Nr. 14401279, Fotograf: Thomas Uhlemann), III unten (Bundesarchiv Bild 183-1990-0719-020, Fotograf: Robert Roeske), VI/VII (dpa Nr. 2254726, Fotograf: Wolfgang Kumm), XI unten (Bundesarchiv Bild: 183-1990-0618-405, Fotograf: Karl-Heinz Schindler)

ISBN 978-3-360-01998-1

1. Auflage
© 2010 Verlag Das Neue Berlin, Berlin
Umschlaggestaltung: Verlag unter Verwendung
eines Motivs von Paul Eisel
Druck und Bindung: GGP Media GmbH, Pößneck

Ein Verlagsverzeichnis schicken wir Ihnen gern:
Das Neue Berlin Verlagsgesellschaft mbH
Neue Grünstr. 18, 10179 Berlin
Tel. 01805/30 99 99
(0,14 €/Min., Mobil max. 0,42 €/Min.)

Die Bücher des Verlags Das Neue Berlin
erscheinen in der Eulenspiegel Verlagsgruppe.

www.das-neue-berlin.de